Julia Friedrichs

IDEALE

Auf der Suche nach dem, was zählt

WILHELM HEYNE VERLAG
MÜNCHEN

Verlagsgruppe Random House FSC® N001967

Das für dieses Buch verwendete FSC®-zertifizierte Papier

Holmen Book Cream liefert Holmen Paper, Hallstavik, Schweden.

Taschenbucherstausgabe 08/2013

Meinem Sohn und seiner Großmutter,
die fehlt

Inhalt

Prolog 11
Eigentlich müsste man 14
Gefallene Helden 24
Zum Kanzler 33
Dann eben Verräter 48
Glattgeschmirgelt und ein Gewissen 60
Und jetzt? 71
Yasemin oder: gescheitert 80
Mein Traum: Eine Villa, ein Auto und ein
sprechender Chicken Burger 89
Ganz ohne 98
Für mich das meiste 109
Das Leben nach dem Haken 121
Dann also Gutmensch 134
Die Idylle in der Platte 148
Zu viel Blut 159
Keine Villa, kein Auto, kein Haus 164
Im Gleis 176
Einer gegen den Rest der Welt 190
Auf einen Trüffel mit Peter Hartz 202
Ratlos 206
Bei den Kröten 212
Es wird immer Gaddafis geben 228
Latte 238
Die Schnecke 245
Epilog 259

Dank 267
Literatur 268

Warst du nicht fett und rosig?
Warst du nicht glücklich?
Was hat dich bloß so ruiniert?
Dass sie nicht zuhören wollten oder nichts glauben?
Was hat dich bloß so ruiniert?

Die Sterne,
Was hat dich bloß so ruiniert

Prolog

Ein Abend in der Karibik, gleich wird die Sonne untergehen. Noch immer sind es über 20 Grad. In meiner Hand halte ich ein Bier, vor mir das Meer, in dem babyblaue Fische mit runden Mündern schwimmen. Tintenfische, überzogen von einem glitzernden, übergroßen Hautlappen, gleiten durch ihre türkisfarbene Heimat wie kleine Raumschiffe, und Hummer staksen auf ihren knochigen Beinen über den gelben Grund. Früher, als hier noch keine Menschen lebten, haben auch paddelnde Riesenschildkröten über den Fischen ihre Runden gedreht. Wie Felsen hätten damals ihre Panzer aus dem Meer geragt, sie seien überall, staunte Kolumbus, als er 1503 vorbeisegelte. »Las Tortugas« beschriftete er dieses Stück Land südlich von Kuba dann auch auf seiner Karte.

Als die Menschen nicht mehr nur vorbeisegelten, sondern blieben, wurden die Riesenschildkröten nach und nach immer weniger. Man fesselte sie an den dicken Ärmchen, zog sie an Land, und dann verspeiste man sie. Erst die, die direkt vor der Küste lebten, dann die, die weiter draußen schwammen, schließlich musste man fast bis nach Honduras segeln, um noch Schildkröten zu finden. Heute versucht man auf einer kleinen Farm, sie nachzuzüchten. Aber Felsenketten aus Schildkrötenpanzern wird es hier wohl nie wieder geben.

Es ist nicht überliefert, ob sich damals Protest regte, ob sich Menschen fanden, die die Schildkröten schützen wollten; oder welche, die den anderen klarzumachen suchten, dass es dumm sei, die auszurotten, von deren Existenz man lebt. »Es ist normal, die Kröten zu töten«, hätten vermutlich diejenigen entgegnet, die man darauf angesprochen hätte, oder: »Das war schon immer so, das machen alle.«

An diesem Abend sitze ich hier mit einem Wirtschaftsprüfer. Er lebt von dem, was zum Geschäft der Insel wurde, nachdem man mit den Schildkröten fertig war. Die Tortugas heißen heute »Kaimaninseln«, sie sind der fünftgrößte Finanzplatz der Welt. 50000 Menschen leben hier, aber es gibt 90000 Firmen. Die meisten dieser Firmen haben keine Belegschaften, keine Lagerbestände, keine Maschinenparks, sie produzieren nichts. Genau genommen ist ihr Zweck eher, etwas zu vernichten: die Steuersumme, die ihr Inhaber andernorts zahlen müsste. Die Kaimaninseln, britisches Überseegebiet, kennen keine Steuern. Weder das Einkommen noch das Vermögen, weder der Gewinn noch das Erbe werden besteuert.

Fast jeder zweite Hedgefonds der Welt ist auf diesem kleinen Stück Land registriert. Das Geld hat den Weg über das Meer gefunden, weil es sich hier sicher fühlt, weil es sich mehren kann. Dass es andernorts die Aufgabe hätte, Kindergärten zu errichten, Arbeitslose zu ernähren und Rentner zu versorgen, ist dem Geld egal. Den meisten Menschen, die ich hier treffe, auch. Der Wirtschaftsprüfer, der einen großen Schluck aus seinem Gin-Tonic-Glas nimmt, mag diesen Ort. Was er nicht mag, ist, wenn man die Insel *tax haven* nennt, was das englische Äquivalent zur »Steueroase« ist. *Tax neutral* ist ihm lieber, »steuerneutral«. Als könnte man das Problem allein durch die Wortwahl lösen. Aber das, was man früher mit den Schildkröten machte, nannte man auch lieber »ernten« als »ausrotten«.

Ob er nicht England, dem Land, aus dem er stammt, schade, will ich wissen. »Nein«, sagt er. »Okay«, sage ich, wenig überrascht, denn das »Nein« des Wirtschaftsprüfers ist eine Variation dessen, was ich in den vergangenen Tagen in all meinen Gesprächen mit den Menschen hier über ihr Leben und Arbeiten in der Steueroase gehört habe. Die Kritik an den Kaimaninseln sei aufgebauscht, sagen sie, dann bekomme Europa, bekomme Deutschland eben weniger Steuergelder. Dort jammere man doch sowieso auf höchstem Niveau, meint ein Deutscher. Ob er Verwalter von Hedgefonds kenne, die überlegten, ob es falsch sei, hier Fonds um Fonds zu erschaffen, die an dem, was sie tun, zweifelten, vielleicht sogar nach der großen Krise Schuld empfänden, wollte ich von einem anderen wissen. »Nein«, sagte er, so etwas habe er auf der Insel noch nie gehört, »wer so denkt, der macht den Job wohl nicht«.

Während ich dasitze und dem Wirtschaftsprüfer zuhöre, dabei immer wieder aufs Meer schaue und mir vorstelle, wie es wohl aussah, als hier noch Schildkröten schwammen, passiert etwas – plötzlich ist die Verunsicherung der letzten Monate für einen Moment verschwunden. Es gibt und gab größere Probleme auf diesem Planeten als eine Steueroase, die eigentlich von Schildkröten umgeben sein sollte, ich hätte viele andere Möglichkeiten gehabt, mich zu empören. Aber es geschieht hier, hier in dieser Bar über dem Meer scheint mir zumindest für einen Abend alles ganz klar zu sein.

Man kann nicht immer nur zusehen, denke ich, man kann nicht immer nur danebenstehen, mit den Schultern zucken, abwiegeln, sich raushalten; nicht immer nur Abstand halten, weil die Welt so kompliziert ist, weil es uns so schwerfällt zu entscheiden, was richtig ist und was falsch. Denn dann ist man mitverantwortlich dafür, dass andere nur das tun, was gerade den meisten Nutzen verspricht – möglichst viel Geld über die Konten einer winzigen Insel zu buchen zum Beispiel oder alle Schildkröten zu essen, die es nicht bis nach Honduras schaffen.

Damit endet dieser Abend, eine Etappe einer langen Reise. In den vergangenen Monaten habe ich vieles getan, was ich vorher ein wenig seltsam gefunden hätte. Ich bin nicht nur in diese Steueroase in der Karibik geflogen, um über Schildkröten und ziemlich viel Geld nachzudenken. Ich bin auch mit einer Liste voller Fragen durch Deutschland gereist. Ich war in Hannover im Büro des ehemaligen Kanzlers Gerhard Schröder. In einem abgelegenen Haus an einem kleinen Wald bei Ratzeburg traf ich den Literaturnobelpreisträger Günter Grass. Ich war im hintersten Eckchen, in Saarbrücken, bei dem Mann, nach dem die Arbeitsmarktreform benannt wurde, bei Peter Hartz. Ich saß in Schriftstellerwohnungen in Berlin, in Kindergärten im Osten des Landes und in Krankenhäusern im Westen. Auf meiner Liste standen Fragen, die so grundsätzlich waren, dass ich sie noch vor kurzem höchstens ironisch beantwortet, sie vermutlich sogar als ziemlich moralisch verspottet hätte: Wofür kämpfen Sie in Ihrem Leben?, wollte ich wissen. Haben Sie Ideale? Und wenn ja, was machen Sie, damit die für immer halten? Oder haben Sie das, woran Sie glaubten, längst aufgegeben?

Dass mich so etwas plötzlich so interessiert, liegt daran, dass sich in meinem Leben einiges geändert hat und dass ich meine, mit Ironie und Spott nicht mehr wirklich weiterzukommen. Deshalb diese Reise, deshalb diese Fragen. Aber der Reihe nach, beginnen wir an einem Silvesterabend in Berlin.

Eigentlich müsste man

Da liegt er. Die Lippen leicht geöffnet, das blonde Haar steht in alle Richtungen, wirr und weich, noch nie geschnitten. Mein Sohn, unser Baby, schläft. Er steckt in einem weichen roten Schlafsack, liegt auf dem Bauch und atmet ruhig, im Vertrauen darauf, dass alles gut ist. Es ist sein erstes Silvester, draußen knallt es. Rot und golden leuchtet der Hinterhof vor unserem Fenster. Berlin feiert die ersten Minuten des neuen Jahres. Früher war ich in dieser Nacht immer da draußen auf der Straße. Ich zündete Raketen, wich aus, wenn einer einen Böller warf. Ich trank und tanzte und fiel am Morgen ins Bett, um den ersten Tag des neuen Jahres zu verschlafen. Abgesehen davon, dass sich die Hand in den ersten Wochen stets verschrieb, wenn es galt, das Datum zu notieren, fand ich diesen Termin nie sonderlich einschneidend. Ein Jahr ging, eins kam, na und? Das Leben konnte so weiterlaufen.

Und jetzt? Jetzt sitze ich hier in unserer zum Kinderzimmer umgebauten Kammer an einem hölzernen Gitterbett und hoffe, dass der Knall der Raketen, der über den Hof hallt, das Baby nicht wecken wird. Es ist nicht so, dass das Kind aus mir einen völlig neuen Menschen gemacht hätte. Noch immer wäre ich gerne da draußen, um zu trinken und zu tanzen. Noch immer mag ich das, was mir vorher lieb war: meinen Freund, meine Arbeit, Fußball schauen. Aber seit es meinen Sohn gibt, hat sich etwas in meinem Hirn breitgemacht, das mir vorher ziemlich fremd war: Plötzlich ist da diese Beunruhigung, das Gefühl, dass das da draußen nicht einfach alles so weitergehen kann, sondern dass ich, seit es ihn gibt, eine Verantwortung dafür trage, dass wirklich alles gut ist, dafür, dass er in Ruhe schlafen kann.

Ich meine nicht diese kleinen Sorgen, die uns, seit er auf der Welt ist, wie Mücken umschwirren: dass es draußen zu laut sein könnte oder drinnen zu kalt; dass der Schlafsack zu groß ist und der Kopf des Kindes zu klein; dass er darin verschwindet; dass er erstickt; erfriert; oder einfach so aufhört zu atmen. Wenn ich mit dem Kinderwagen unterwegs bin, begegnet mir diese Art der Sorge überall. Im Kinderladen, im Café, beim Arzt. Junge Eltern sind Experten dafür, diese Probleme zu vervielfachen. Soll das Baby noch Reisschleim essen oder schon Karottenbrei? So eine Frage, das weiß ich inzwischen, kann sich binnen Sekunden zur Grundsatzdebatte auswachsen. Das Essen – selbst gekocht oder fertig gekauft? Und die Wäsche – aus Baumwolle oder aus Schurwolle? Friert er dann nicht, oder kratzt es ihn? Ich fühle mich bei diesen Gesprächen oft und schnell etwas fehl am Platze, denn ich fürchte, dass das nicht die eigentlichen Probleme sind. Ich weiß, dass mein Sohn aller Wahrscheinlichkeit nach nicht ersticken wird, dass es egal ist, ob er Reisschleim isst oder Brei, ob er die Wolle vom Schaf oder von der Pflanze trägt.

Was mich beschäftigt, ist die Sorge, dass die Welt, die ihn da draußen erwartet, nicht in Ordnung sein könnte. Seit es ihn gibt, wächst dieses ungute Gefühl, das ich habe, wenn ich mir vorstelle, wie alles sein wird, wenn er zehn, zwanzig oder dreißig Jahre alt ist. »Eine Bedrückung, die immer größer wird«, wird der Schriftsteller Ingo Schulze das später nennen. Wir wissen inzwischen, dass vieles von dem, was wir tun, die Chance, dass man noch lange auf dieser Erde leben kann, nicht gerade erhöht – zu viele Autos bauen, Autos betanken, Autos fahren, zum Beispiel; oder zu viel Kohle ausgraben, Kohle verarbeiten, Kohle verbrennen; zu viele Handys, Computer und kleine Kameras kaufen und wieder wegwerfen. Wir machen das trotzdem. »Obwohl wir ahnen, dass dieser Alltag auch etwas Mörderisches bewirkt«, wird Ingo Schulze später sagen.

Diese Silvesternacht ist nicht mehr nur der Moment, in dem sich die letzte Ziffer des Datums ändert, es ist das Ende des Jahres, in dem mein Sohn geboren wurde. Wenn er nur ein wenig älter wird als der Durchschnitt seines Jahrgangs, kann er das Jahr 2100 noch erleben. Ich habe gerade gelesen, dass Klimaforscher davon ausgehen, dass ohne rasantes und entschlossenes Gegensteuern die Durchschnittstemperatur dann um vier bis sieben Grad Celsius gestiegen sein wird und dass unsere Nachkommen, so hieß es, »eine Atemluft vorfinden, wie sie heute nur in engen und stickigen Unterseebooten herrscht«. Ich will nicht, dass er einmal in einem U-Boot leben muss. Und sonst? Wie sieht es eigentlich da draußen aus, in dem Jahr, in dem er geboren wurde?

In diesem Jahr schauten die Menschen in Deutschland jeden Tag im Schnitt 223 Minuten fern, elf Minuten mehr als im Jahr zuvor. So viel wie noch nie. Die meiste Zeit saßen die Leute in Sachsen-Anhalt vor den Bildschirmen, sie schafften einen Durchschnitt von 276 Minuten am Tag – über viereinhalb Stunden. Man kann sich zu Recht fragen, was einen so lange an den Fernseher bindet.

Bis zu 30 Prozent der Zuschauer gucken am Nachmittag »Familien im Brennpunkt«, ein Riesenerfolg auf RTL. Die Folge, die ich gesehen habe, sah so aus: Das Auge des Mannes zuckt nervös. Er hat eine weiße Schürze um, an der noch Blutreste kleben. Gerade hat ihn seine Frau Sabine aus der gemeinsamen Wohnung geworfen. »Du siehst ekelhaft aus«, hatte sie geschrien. »Hast du vergessen, dass es zwischen uns aus ist?« – »Meine Olle hat einen Dachschaden«, pöbelt der Mann in die Kamera. »Asoziale Bagage«, schreien die Nachbarn. Schon stürmen zwei Polizisten die Wohnung. Auch sie brüllen: »Was ist hier los?« Die Kamera schwankt und zoomt, das Bild ist schlecht. Alle schreien. Selten sah ich etwas, was mich so sehr stresste. Nichts ist echt in dieser Sendung. Menschen sagen auswendig gelernte Sätze auf, kämpfen sich durch bizarre Drehbücher. Aber es soll so aussehen, als wäre es die Wirklichkeit, als wäre die Kamera im Leben kaputter Familien die ganze Zeit dabei.

Scripted Reality heißt das, »nachgeschriebene Realität«. Es ist der größte Schund, den ich je gesehen habe, aber es ist das Erfolgsformat des letzten Jahres. »Wir müssen diese Entwicklung brandmarken, die Abwärtsspirale geht immer weiter«, sagte der Programmdirektor des Norddeutschen Rundfunks Frank Beckmann auf einer Tagung. In seinem Sender sieht das nicht jeder so. Zuvor hatten Redakteure des Norddeutschen Rundfunks sondiert, ob diese Formate nicht auch den Öffentlich-Rechtlichen gute Quoten für ganz wenig Geld bringen könnten. Nach unten scheint es keine Grenzen zu geben – weder für die Menschen, die Fernsehen produzieren, noch für die, die 223 Minuten pro Tag davorsitzen.

Den letzten Urlaub im Winter vor der Geburt meines Sohnes verbrachte ich in New York. Es war alles wunderschön. Im Central Park lag Schnee, es drehten sogar ein paar Eisläufer ihre Runden, wie im Kino. Dann aber gingen wir zum Times Square. Wir sahen eine Schlange vor einem Geschäft, die sich meterlang über den Bürgersteig wand. Aus Neugierde gingen wir hinein. Wir hätten es besser lassen sollen, denn wir betraten eine Konsumhölle. Menschen schoben und drückten, drängten und schubsten – ohne Rücksicht auf die, die rechts und links, vor und hinter ihnen standen. Ich rettete mich hinter ein Regal. Die Leute griffen scheinbar wahllos zu, immer wieder, füllten Tüten und Körbe, schauten kaum hin, wollten mehr und mehr. Ihre Gesichter waren angespannt, jede Faser war Gier. Unten an der Rolltreppe stand eine Frau in Uniform. Mit einem Megaphon in der Hand versuchte sie, die Massen zu beruhigen. Vergeblich. Es ging nicht um die letzten Konserven vor dem großen Sturm. Es ging nicht um den letzten Liter Wasser vor dem Ritt durch die Wüste, die Menschen kämpften, weil sie 20 Zentimeter große Figuren aus Plastik haben wollten, die so aussahen wie Schokolinsen – Schokolinsen mit Augen und Mund, als Freiheitsstatue oder Superheld verkleidet, die man vielleicht drei Tage lang ins Regal stellt und dann wegwirft.

»M & M's World«, so hieß der Laden, ein dreistöckiges Geschäft voller Schwachsinn. Es wurde Energie verbraucht, um die Dinger herzustellen, herzubringen, und die Leute haben gearbeitet, um sie jetzt zu kaufen. »Das ist schon irgendwie der Schlusspunkt des Kapitalismus«, sagte mein Freund, als auch er sich hinter das Regal gerettet hatte. »Ein Laden voller Schrott, und die bringen sich fast um.« Ich weiß nicht, ob der Autor und Philosoph Richard David Precht jemals in der M & M's World am Times Square war, aber es hört sich so an, wenn er schreibt: »Wir vergiften die Atmosphäre, plündern im Wettlauf mit den anderen immer schneller die Ressourcen des Planeten und verfuttern im Eiltempo das Erbe künftiger Generationen. Und das alles, um Dinge zu produzieren, die wir vielfach nicht brauchen und die unser Glück nicht mehren, manchmal sogar behindern oder verkleinern.«

Na ja, und dann war da noch der Tag vor der Geburt meines Sohnes. 36 Stunden brannte es lichterloh, dann sank die Ölplattform Deepwater Horizon im Golf von Mexiko. Die Firmen hatten Zeit und Geld sparen wollen und deshalb offenbar geschlampt. Sie hatten das Bohrloch nicht ausreichend stabilisiert, die Ergebnisse von Drucktests vor der Bohrung ignoriert. 1500 Meter unter dem Meer war nun ein Loch im Grund, aus dem 85 Tage lang unkontrolliert Rohöl floss. Und während wir das schreiende Kind durch das Zimmer trugen, während wir die Nuckel für die erste Flasche abkochten und die ersten zu klein gewordenen Strampler schon wieder in den Schrank räumten, lief das Öl immer weiter ins Meer – 800 Millionen Liter bis Mitte Juli. Mit Chemikalien löste BP den Ölteppich auf, nun sah man die Katastrophe zumindest nicht mehr. Noch Monate später stießen Forscher auf tote Korallenriffe, immer wieder entdeckten sie Ölschichten am Boden der Tiefsee.

Die Aktie des Eigentümers BP hat sich mittlerweile aber wieder erholt, berichtet die *Frankfurter Allgemeine Zeitung*. »Wer den Mut hatte, sich die Papiere auf dem Höhepunkt der Ölkatastrophe ins Depot zu legen, kann inzwischen auf einen Gewinn von 62 Prozent zurückblicken«, schreibt der Autor und kommentiert: »Auf diese Weise zeigt sich einmal mehr, dass Krisen dieser Art für Mutige immer auch Chancen bieten.«

Fassen wir also zusammen: Die Atmosphäre wird, wenn nichts passiert, am Ende des Lebens meines Sohnes U-Boot-Qualität haben. Während die Temperatur steigt und steigt, schauen wir alle im Durchschnitt fast vier Stunden pro Tag in einen kleinen Kasten, um dort zum Beispiel zu sehen, wie sich ein Laienschauspieler, der eine blutbefleckte Schürze trägt, anbrüllen lässt. Und wir kaufen Plastikschrott, für dessen Herstellung man Öl benötigt, das wir unter anderem aus der Tiefsee holen. Und weil wir das Geld brauchen, um Schokolinsenfiguren zu kaufen, sparen wir bei der Ölförderung, auch wenn dann mal was schiefgeht und das Öl statt in die Plastikfabrik ins Meer läuft. Dass währenddessen auch die Polkappen schmelzen, überall auf der Welt die Kluft zwischen denen, die etwas haben, und denen, die abgehängt werden, wächst, dass eine Krise die nächste jagt – die Finanzkrise die Schuldenkrise und die wiederum die Eurokrise –, lassen wir mal der Übersichtlichkeit wegen außen vor. Apokalyptische Gedanken? Mag sein. Das könnte an dem Geknalle da draußen liegen. Formulieren wir es nüchtern: Ich habe nicht das Gefühl, meinem Sohn eine gute Welt zu übergeben. Und jetzt kommt mein Problem: Das ist schade, das ist schlimm, aber damit wird er wohl zurechtkommen müssen – denn ich mache nicht gerade viel, um daran etwas zu ändern.

Meine letzte Demo ist über zehn Jahre her. Damals bin ich noch zur Schule gegangen. Als ein Freund im vergangenen Herbst für vier Tage ins Wendland fuhr, um gegen den Castor-Transport zu protestieren, musste ich arbeiten. Die anderen Male war auch immer gerade irgendetwas. Das Flugzeug, das

IDEALE

mich in den Kurzurlaub nach New York brachte, hat allein für meinen Transport über zwei Tonnen Kohlendioxid in die Luft gepumpt. Ich kaufe nicht sehr gerne ein, aber wenn ich etwas unbedingt haben will, denke ich selten darüber nach, ob das Produkt einwandfrei ist. Natürlich habe ich mir ein iPhone gekauft, weil ich es schick finde. Dass Nokia viel ökologischer produziert, dass Apple-Arbeiter in Entwicklungsländern oft für einen kargen Lohn zu miesen Bedingungen schuften, ist mir dann egal. Und ich liebe die hohen Wände unserer Wohnung, auch wenn die großen Räume viel zu viel Heizenergie schlucken. Je länger ich nachdenke, desto mehr Sätze in meinem Kopf fangen mit »eigentlich müsste man« an. Eigentlich müsste man sein Leben ändern – vegetarisch essen, nicht fliegen, keine Wegwerfprodukte kaufen. Und eigentlich müsste man auch die Welt ändern – protestieren, spenden, in Parteien gehen. Eigentlich mache ich davon dann trotzdem nichts. Zu verstehen ist das nicht, oder?

Doch, würden Soziologen sagen. Ich bin Teil einer Generation, die sie »pragmatisch« nennen. Sie urteilen: »Während es vor allem in den 1970er und 1980er Jahren noch zum guten Ton gehörte, als junger Mensch politisch interessiert zu sein, so kippte diese Haltung spätestens bis Mitte der 90er Jahre« und habe sich bis heute zu einer »bemerkenswerten Politik-Abstinenz« ausgewachsen. Drei Viertel der jungen Deutschen waren in den letzten fünf Jahren auf keiner Demonstration. 71 Prozent sagen, es sei »out«, sich politisch einzumischen. Nur 16 Prozent sind Mitglied einer politischen Organisation. Und das, obwohl die allermeisten es für absolut notwendig halten, dass sich etwas ändert. Weit über die Hälfte der Jungen glauben, die Zukunft der Gesellschaft sehe »düster« aus. Den Klimawandel zum Beispiel halten über drei Viertel für ein »relevantes Problem«, zwei Drittel fürchten sogar, dass dieser die »Existenz der Menschheit« bedrohe. Aber sie tun fast nichts, um etwas daran zu ändern. Nur neun Prozent der Jungen engagieren sich in Projekten für den Klimaschutz, nur sieben Prozent haben zumindest schon einmal Geld gespendet, damit andere diese Aufgabe erfüllen können. Offensichtlich haben wir gelernt zu verdrängen.

Die Jungen, schreibt der *Spiegel*, »lieben nicht die Utopien, sondern das Machbare. Sie haben keinen Entwurf von der Welt, wie sie sein sollte. Sie nehmen sie so hin, wie sie ist.« Timm Klotzek, der erst das Jugendmagazin *Jetzt* entwickelte, dann die Zeitschrift *Neon*, meint im selben Bericht, eine Beschreibung der jungen Generation könne nur langweilig klingen. Dann zählt er auf: Seine Leser seien pragmatisch, nicht organisiert, visionslos, leidensfähig und unideologisch. Ihre große Frage sei eben: »Was wird aus mir?« Und eben nicht: »Was wird aus der Welt?« Aber ist das nicht eine ziemlich unlogische Schwerpunktsetzung? Man bastelt am privaten Glück, und währenddessen wird aus der Welt, die einen umgibt, ein U-Boot?

Ich schaue auf das runde Gesicht vor mir im Bettchen. Wenn mein Sohn nicht schläft, kann er mit seinen riesigen Augen ziemlich bohrend gucken. Noch macht er nur Geräusche: »wah, wah, wah«, wenn er protestiert, »hö, hö, hö«, wenn ihm etwas gefällt. Aber irgendwann wird er vielleicht fragen. Und ich bin sicher, dass es dann nicht darum gehen wird, ob wir ihm Reisschleim oder Karottenbrei zu essen gaben, ob wir ihm Baumwolle oder Schafwolle anzogen. Was ist, wenn er irgendwann wissen will, warum wir zugelassen haben, dass da draußen so vieles schiefgeht? Wenn er fragt: Warum habt ihr nichts gemacht? War euch die Welt nicht wichtig?

Doch, klar, natürlich. Irgendwie schon. Aber, könnte ich ihm sagen, man weiß ja auch nicht, wo man anfangen soll. Es fehlte die Idee, die mich leitete, die Vision, die mich trieb, die Utopie, die mich anspornte. Wo findet man das noch? Ich glaube an keinen Gott. Ich bin in keiner Partei. Abgesehen von meiner Mitgliedschaft bei Werder Bremen bin ich noch nicht mal in einem Verein engagiert. Und mal ehrlich, könnte ich dem Kind sagen, woran soll man auch glauben? An Gerechtigkeit? An die Sozialsysteme? An Solidarität? Irgendwie ist mir das schon alles wichtig. Aber dafür kämpfen? Ich weiß nicht. Stünde man damit nicht ziemlich allein da? Und hätte ein solcher Glaube nicht auch etwas ganz und gar Lächerliches?

Bislang ging es mir mit dieser Distanz zu allem und jedem auch ganz gut. Es ist bequem, wenn man sich nicht festlegt; wenn man sich zum Beispiel nicht dafür verteidigen muss, in der Kirche zu sein, die diesen kauzigen, kondomfeindlichen Papst hat, wenn man nicht begründen muss, warum man ein FDP-Parteibuch hat, obwohl der Chef der Kompanie etwas von spätrömischer Dekadenz faselte; wenn man sich privat zusatzversichert und denkt: Dann fliegt euch die staatliche Rente halt irgendwann um die Ohren; wenn man nicht bei jeder Gelegenheit erklären muss, warum man kein Fleisch isst und, nein, auch wirklich keinen Fisch. Mir hat es bisher gereicht, einigermaßen überzeugend erläutern zu können, warum mein Herz für das Grüne und Weiße von Werder schlägt, obwohl ich doch früher mal Bochum-Fan war.

Zwanzig Minuten Knallerei hat er überstanden. Aber irgendein China-Böller in irgendeinem Gulli oder irgendeine extradicke Rakete waren dann doch zu viel. Erst wackelt mein Sohn, dann verzieht er das Gesicht, quakt leise, schließlich kräht er. Ich nehme ihn aus seinem Bett und zeige ihm das rote, das goldene, das silberfarbene Leuchten am Himmel über Berlin. Ganz ruhig schaut er hinaus. Und plötzlich finde ich meine eigenen Ausreden nicht mehr wirklich überzeugend. Kann ich mich wirklich raushalten, wenn ich doch weiß, dass die Gefahr besteht, dass er dann auf einer Erde endet, deren Luft dick wie in einem U-Boot sein könnte?

Kurz nach Mitternacht. Das ist doch der Moment für gute Vorsätze, oder? Vielleicht könnte ich eine Zeit lang aus der pragmatischen Generation ausscheren und versuchen, das da draußen nicht alles laufen zu lassen, überlege ich. Wenn es wirklich daran lag, dass mir Ideale, Visionen, Utopien fehlten, dann ist es eben Zeit, danach zu suchen. Denn irgendwann wird mein Sohn vielleicht tatsächlich einmal fragen, was für mich zählt, wofür ich mich einsetze, was mir so wichtig ist, dass ich dafür kämpfe. Dann hätte ich gern Antworten, dann möchte ich mehr bieten, als sagen zu können, welchen Fuß-ballverein ich mag.

Um vier Uhr am Morgen kommen unsere Freunde an diesem 1. Januar von einer Party zurück. Um halb sieben ist unser Sohn endgültig wach. Ich bin müde. Visionen, Utopien, Ideale? War da was? Wonach wollte ich suchen? Der Auftakt wird erst mal vertagt.

Gefallene Helden

Um die verlorene Zeit wieder reinzuholen, nehme ich mein Handy und erstelle auf einem virtuellen Notizzettel, den ich von nun an immer bei mir tragen werde, eine Liste. Es ist eine Art Sofortplan. Dinge, von denen ich denke, dass ich sie machen müsste, weil ich davon überzeugt bin, dass sie richtig sind; die ich aber aus unerklärlichen Gründen nie gemacht habe. Eine Liste mit vielen kleinen guten Vorsätzen. Als ich fertig bin, habe ich das gute Gefühl, dass das ein Anfang sein könnte.

Die Liste:

Ich werde versuchen, bei Unternehmen einzukaufen, die nach Tarif zahlen.

Ich will, wenn ich fliege, Geld an Projekte über-weisen, die das, was für mich an zusätzlichem Dreck in die Luft gerät, wieder ausgleichen.

Ich will das Geld, das ich spare, weil ich keine Kirchensteuer zahle, spenden.

Ich will Kindern in unserem Viertel, denen es nicht so gut geht, in der Schule helfen.

Und ich will endlich mal wieder demonstrieren. Wogegen, steht noch nicht fest.

Ich sag's ja, ein Anfang, mehr nicht. Ein bisschen umwelt-freundlicher sein, ein bisschen gerechter, ein bisschen solida-rischer. Eine Idealistin macht das noch lange nicht aus mir. Aber wie müsste ich dann überhaupt sein? Was heißt das – »Ideale« haben?

Wie immer, wenn ich nicht weiterweiß, beginne ich zu le-sen. Und weil die Frage, was man mit seinem Leben will, eine so grundsätzliche ist, fange ich ganz vorne an: mit Platons Höhlengleichnis, mit Aristoteles, der in seiner Ethik fordert, man müsse so leben, dass man »mit sich selbst befreundet sein« könne. Ich lese von Johann Gottlieb Fichte, der schreibt, er glaube an einen »Idealismus der Freiheit«. Dann Immanuel Kant, der meint, dass der Mensch seinen selbstgegebenen Ge-setzen folgen müsse, und der verlangt, dass ich nicht nur Gutes tue, sondern auch nur Gutes will.

Das alles klingt beeindruckend. Das Wort »Ideal« allerdings taucht in diesen Texten auch an Stellen auf, an denen ich es gar nicht erwartet hätte, in Passagen, die nichts mit Gut-Sein, mit Moral zu tun haben. Ich lese Definitionen, mache mich auf die Suche nach der Herkunft des Wortes und merke, dass es mir eine Falle gestellt hat, eine Falle, in die schon viele getappt sind. Denn das Wort »Idealismus« hat drei Bedeutungen, die zwar ein wenig miteinander zu tun haben, gleichzeitig aber völlig unterschiedlich sind. Wenn die, die sich auf Platon beziehen, von Idealen sprechen, meinen sie den Glauben an eine Idee, die allen Dingen vorangeht, die Überzeugung, dass alles, was wir sehen, nur der schale Abdruck eines vollkommenen Urbildes sei. Damals hoffte man, diesem Urbild durch Denken nahe zu kommen. Man entwarf die vier Kardinalwerte Weisheit, Tapferkeit, Tugend und Mäßigung, die man wohl auch heute als Ideale bezeichnen würde. Aber man spekulierte eben auch über den idealen Tisch, den idealen Stuhl und die ideale Tempelsäule – also über die vollkommenen Urbilder dieser Gegenstände.

Bis zur nächsten Hochzeit und zum Entstehen der zweiten Bedeutung des Wortes dauerte es über tausend Jahre, bis zur Epoche des Deutschen Idealismus. Eine Epoche, die mit Kants kritischer Philosophie 1781 begann und knapp hundert Jahre andauerte. Kant, Fichte, Friedrich Schelling und Georg Wilhelm Friedrich Hegel – sie alle nannte man Idealisten. Sie selbst wollten von dieser Bezeichnung zunächst nichts wissen. Es war ein »Bezichtigungsbegriff«, lese ich, eine Art Schimpfwort also. Idealisten nannte man nicht so, weil man klarmachen wollte, dass diese Menschen nach dem Guten streben. Damals stritt man viel darüber, wie man die Welt erkennt, was wahr ist, was wir wirklich wissen können. Idealisten waren die, die glaubten, dass die Welt der Dinge nicht unabhängig von unseren Vorstellungen existiert. Mit gutem und schlechtem Verhalten hatte das erst mal gar nichts zu tun.

»Idealismus und Materialismus bedeuten als philosophische Begriffe also etwas anderes als in der Umgangssprache«, lese ich. Während für uns ein Idealist jemand ist, der bestimmte Überzeugungen hat, an denen er sein Handeln ausrichtet, und ein Materialist einer, der nach einem bestimmten Lebensstandard strebt, der Geld will, ein Auto, vielleicht eine Jacht, meint das Begriffspaar in seiner philosophischen Bedeutung etwas ganz anderes. Der, der seinen Überzeugungen folgt, »kann im philosophischen Sinne sowohl ein Idealist als auch ein Materialist sein«, lese ich und bin erleichtert, dass das schon andere verwirrte. 1910 klagte der österreichische Philosoph Fritz Mauthner, der Idealismus sei »ein verhältnismäßig junges Wort; aber es war von Anfang an verworren«, und selten verstünden zwei Menschen, die das Wort gebrauchen, »unter Idealismus dasselbe«.

Und nun wird es wirklich komplex. Denn mit Immanuel Kant verfasste einer der Deutschen Idealisten, die so hießen, weil sie glaubten, dass die Welt nicht unabhängig von unserem Verstand existiert, etliche Schriften, in denen es darum geht, wie der Mensch leben solle, wonach er zu streben habe. Er veröffentlichte eine Tugendlehre, aber auch Bändchen, die so kuriose Titel trugen wie *Über den Gemeinspruch: Das mag in der Theorie richtig sein, taugt aber nicht für die Praxis*. In diesen Werken machte Kant klar, dass aus seiner Sicht das »moralische Gesetz« heilig sei. Er schrieb, dass es im Leben vor allem darauf ankomme, dass jeder, der nach der eigenen Glückseligkeit strebe, immer die Glückseligkeit der anderen mit einbeziehen müsse. Der Mensch dürfe den Menschen niemals als Mittel missbrauchen, war er überzeugt und entwarf seine berühmten Imperative, Regeln, von denen er meinte, dass sie den Willen der Menschen zum guten Handeln »nötigen« sollten. Und wenn er schreibt: »Handle so, dass die Maxime deines Willens jederzeit zugleich als Prinzip einer allgemeinen

Gesetzgebung gelten könne«, dann klingt das schon sehr nach dem, was wir auch heute als die Maxime eines Idealisten bezeichnen würden.

Nachdem ich mich und die Begriffe wieder geordnet habe, greife ich nach dem Duden und notiere die Definition der dritten, der zeitgenössischen Bedeutung des Idealismus. Der Idealist sei einer, heißt es dort, der die Neigung habe, »die Wirklichkeit nicht so zu sehen, wie sie ist, sondern wie sie sein sollte«. Ein Ideal, notiere ich, ist ein Leitbild, das unverrückbar über der Realität thront. Es ist größer als das, was wir immer »Werte« nennen, das Anständig-Sein, das Ehrlich-Sein. Ein Ideal ist mehr, etwas, das man anvisiert, dem man entgegenlebt. Und es regt sich in mir die leise Sehnsucht danach, so etwas zu haben. Ein paar Anker, die gegen das Gefühl helfen, zu treiben und zu driften, die Halt geben.

Schließlich lande ich bei denen, die bislang wohl die Letzten waren, die sich als idealistische Massenbewegung sahen, bei den Achtundsechzigern. Ich lese die Parolen der Pariser Studenten: »Es ist verboten zu verbieten«; Oskar Negt, der Kant umformulierte: »Handle so, als ob von deinem Handeln oder deiner Untätigkeit die Wendung des Schicksals der Welt abhinge«; und natürlich Rudi Dutschke: »Wir können eine Welt gestalten, wie sie die Welt noch nicht gesehen hat.« Offenbar haben sie vor vierzig Jahren ganz andere Konsequenzen daraus gezogen, dass ihnen so vieles in der Welt nicht gefiel, als ich das nun tue. Warum klingt das alles heute so unglaublich naiv? Ganz nett, ganz engagiert, aber völlig unglaubwürdig. Warum kann ich nicht darauf hoffen, dass ich die Welt ändern kann, sondern bin überzeugt, dass ich sie akzeptieren muss – mitsamt dem Öl im Meer, dem Plastikschrott in den Regalen und dem Schund im Fernsehen?

Wie ist es so weit gekommen? Warum tun wir uns so schwer mit den Idealen? Sind wir bequem oder vernünftig? Liegt es daran, dass wir verstanden haben, dass die Welt zu kompliziert ist für große Ideen? Oder eher daran, dass wir uns zu wenig mit der Welt und zu viel mit uns selbst beschäftigen? Und wie lebt es sich, wenn man, ganz gegen den Trend, doch auf Idealen beharrt? Wird man dann zum Außenseiter? Oder vielleicht sogar glücklich?

Was für Fragen. Ich kann das nicht alles vom Schreibtisch aus klären – lesend, denkend, Listen in mein Handy tippend. So komme ich nicht weiter. Ich will rausgehen, aufbrechen, losfahren: zu Leuten, die sich mit dieser Sache besser auskennen, weil sie darüber schon länger nachdenken als ich, zu Menschen, die mir von ihren Idealen erzählen könnten, die ich fragen kann, ob es taugt, Visionen zu haben, oder ob ich damit gar nicht erst anfangen soll. Ich werde mich auf eine Suche nach den Idealen machen, auf eine Suche, an deren Ende ich hoffentlich sagen kann, was zählt.

Aber wo fängt man da an? Wen kann man fragen? »Vorbilder«, sagt mein Freund. »Das wären die Leute, die das vertreten, was man gut finden könnte, die einen mitreißen.« Und so setze ich mich hin und schreibe auf: *Wer sind meine Vorbilder?* Als Unterzeile wähle ich: *Fußballer sind wegen mangelnder Relevanz ausgeschlossen.* Eine Stunde ist vergangen, und der Zettel bleibt leer. Nach längerem Grübeln ändere ich die Frage: *Wer waren meine Vorbilder?* Und da fallen mir dann allerhand ein. Enttäuschungen, die mich lehrten, skeptisch zu sein.

Meine Zuneigung zu Jan Ullrich war grenzenlos. Sie begann, als ich noch ein Teenager war und endete im Sommer 2006. Ich liebte ihn, weil er stark war, ausdauernd und ehrlich. Sein sorgsam gepflegtes Image war das des einsamen Aufrechten in einer Welt der Betrüger, jemand, der Ideale hatte und lieber verlor, als ihnen zuwiderzuhandeln. Damals wollte ich noch Sportjournalistin werden. Jan Ullrich war mir der lebende Beweis dafür, dass Ehrlichkeit auch im Leistungssport mehr zählen kann als Erfolg. Ich habe Jan Ullrich zehn Sommer meines Lebens geschenkt. In meinem letzten Jahr an der Universität habe ich eine Prüfung verschoben: Am selben Tag zur selben Stunde kämpfte sich Jan Ullrich dem Ziel einer Bergetappe entgegen. Ihm dabei via Fernsehen zuzuschauen, war mir wichtiger, als problemlos meinen Seminarschein zu erhalten. Als ich das erste Mal mit meinem Freund Paris besuchte, zwang ich ihn, sechs Stunden an einem rot-weiß gestreiften Gitter zu stehen. Auch er sollte sehen, wie Jan Ullrich die letzten Runden auf den Champs-Élysées drehte. Auch er sollte »*Dopeur!*« schreien, wenn Lance Armstrong vorbeifuhr. Armstrong würde siegen, weil er auch illegale Mittel genutzt hatte, Ullrich verlieren, weil er ehrlich war, erklärte ich meinem Freund.

Im Sommer 2006 war klar, dass Jan Ullrich mich verraten hatte. Ich hatte ihm vertraut, er hatte mich betrogen. Bei dem spanischen Arzt Eufemiano Fuentes, der Sportler schneller machte, indem er ihr Blut wusch, war auch ein Beutel mit dem Blut von Jan Ullrich gefunden worden. Auch er hatte also gedopt. »Wie fast alle«, hieß es danach. Mich konnte das nicht trösten. Als Jan Ullrich nach einem letzten kurzen Statement im Teambus verschwand, ließ er mich erschüttert zurück. Meine Hände und Füße froren, ich starrte minutenlang auf die Wand neben meinem Fernseher, konnte nichts sagen, nichts denken. Mediziner nennen das Schock. Heute nenne ich das Quatsch, kann kaum mehr fassen, dass ich so an ihn glaubte, ihn so bewunderte; dass ich mein Herz an einen Radfahrer hängte und ihm ziemlich viel abverlangte: Erfolg zu haben und dennoch ein ehrlicher, nicht bestechlicher Sportsmann zu sein, zu widerstehen, wenn er – wie alle – in Versuchung geführt wurde. Ich könnte mit ihm darüber sprechen, ob es ihn quälte, dass Leute wie ich ihn idealisierten, ob er meine Enttäuschung versteht. Aber ich möchte Jan Ullrich nichts mehr fragen. Man spricht mit dem Exfreund ja auch nicht über Liebesdinge. Jan Ullrich kann ich abhaken, auch wenn es schmerzt.

Meinen ersten Brief schreibe ich an jemand anderen. Lange sitze ich grübelnd vor dem weißen Bildschirm. *Sehr geehrte Alice Schwarzer*, tippe ich schließlich. *Ich wende mich an Sie mit der Bitte um ein Interview.* Dann erzähle ich ihr von den Studien der Jugendforscher, von dem Befund, dass es uns Jungen kaum mehr gelänge, Visionen zu haben, an Utopien zu glauben. Ich schreibe, dass ich ihr immer abgenommen habe, dass sie für ein Ideal stehe, für die Gleichberechtigung der Frau. *Sie haben dafür gekämpft, dass wir heute gleiche Rechte haben*, tippe ich, *dass wir selbstbestimmt leben dürfen und dass wir nicht auf unsere Körper reduziert werden. Sie haben sich dafür beschimpfen lassen und haben weitergemacht.*

Und dann, im Sommer 2007, kam diese verdammte Werbekampagne. Die Arme verschränkt, lächelte Alice Schwarzer von einem Plakat herab. Über ihr stand: »Jede Wahrheit braucht eine Mutige, die sie ausspricht.« Unter ihr prangte der Slogan: »BILD Dir Deine Meinung!« Ich war damals verwirrt und wütend. Während ich meinen Freunden immer vorplapperte, dass man die *Bild* nicht kaufen soll, weil sie noch immer vielen schade, während ich dafür plädierte, dass man sie auch nicht lesen muss, selbst wenn man Journalist ist, und mir selbst Ausnahmen von dieser Regel verbot, sogar wenn ich in der Zeitung Exklusives über Werder Bremen hätte lesen können, ließ Alice Schwarzer zu, dass *Bild* mit ihr warb. Die Zeitung, die Alice Schwarzer »Mannweib« und »Männerhasserin« genannt hatte. Die Zeitung, die jeden Tag ein halbnacktes Mädchen druckt und über deren Chefredakteur Kai Diekmann Alice Schwarzers *Emma* schrieb, er würde seinen »sehr persönlichen Trend zur Pornographie mit einem Massentrend« verwechseln. Auf ihrer Homepage versucht Alice

Schwarzer eine Erklärung: Sie schreibt, es sei »verständlich, dass viele glauben, dies sei ohne meine Zustimmung geschehen, denn mein kritisches Verhältnis zu *Bild* (und deren Wahrheitsgehalt) ist kein Geheimnis.« Das stimmt. Warum hat sie es dann trotzdem gemacht? »Ganz einfach«, meint Alice Schwarzer auf ihrer Homepage, »weil ich finde, dass es nicht schaden kann, wenn in so einer Runde – von Gandhi bis Willy Brandt – auch mal eine Frau auftaucht. Und eine sehr lebendige noch dazu.«

Ich glaube nicht daran, dass Frauen Fehler machen müssen, nur damit diese nicht exklusiv den Männern vorbehalten sind. In meinem Brief schreibe ich Alice Schwarzer nur, dass ich gerne mit ihr darüber reden möchte, warum sie an der großen Plakatkampagne mitgewirkt habe, *die*, füge ich ziemlich schüchtern hinzu, *viele irritiert hat.* Ich packe den Brief in ein Päckchen, lege ein Exemplar meines letzten Buches dazu und warte. Ich rufe an, frage nach, und nach zwei Monaten schreibe ich wieder, diesmal auch in Kopie an ihre Assistentin. *Ich würde die Bitte um ein Gespräch noch einmal erneuern,* tippe ich. Und: *Über eine positive Antwort würde ich mich sehr freuen.* Als Alice Schwarzer sich auch diesmal nicht meldet, ahne ich, dass es nicht so einfach werden wird, mit ihr über Ideale zu sprechen. Umso mehr freue ich mich, als auf einen meiner anderen Briefe eine Einladung folgt, dass jemand reden will, an den ich einmal glaubte. Und so fange ich mit meiner Suche in der Politik an, und zwar ganz oben.

Zum Kanzler

Es ist Viertel nach acht, und langsam wäre es wirklich gut zu wissen, wo ich bin. Wenn alles nach Plan liefe, müsste ich jetzt den orange und pink gestreiften Baumarkt auf der linken Seite der Gleise sehen. Aber da sind nur Wiesen und Wälder und Strommasten. Noch nicht einmal den Wolfsburger Retortensee mit Stadion und Schwan-Tretbooten haben wir passiert. Das ist kein gutes Zeichen. Vor eineinhalb Stunden ist dieser Zug in Berlin losgefahren. Eigentlich sollte er bald in Hannover sein, in den großen Bahnhof hinter dem Baumarkt einfahren. 10 Uhr: Gerhard Schröder. Seit Wochen steht dieser Termin in meinem Kalender. Drei Mal habe ich gestern die Uhrzeit überprüft, habe zwei Aufnahmegeräte und ein Päckchen Extrabatterien bereitgelegt, meinen Fragenkatalog doppelt ausgedruckt. Als ich um zwei Uhr morgens immer noch nicht schlafen konnte, habe ich eingeräumt, dass ich nervös bin. Wie eine Dreizehnjährige, die weiß, dass sie am nächsten Morgen zum Meet-and-Greet mit Justin Bieber oder dem Knaben aus der Vampir-Trilogie darf, habe ich mich hin und her gewälzt und bin immer, wenn ich doch mal länger die Augen schloss, panisch hochgeschreckt und habe gedacht: »Ich darf nicht verschlafen. Morgen bin ich beim Kanzler.«

Gerhard Schröder wurde ins Amt gewählt, als ich gerade 18 Jahre alt war. Bis dahin gab es für mich das Wort Kanzler nur in Verbindung mit Kohl. Damals fiel mir das mit den Idealen noch sehr viel leichter, irgendwie war meine Welt übersichtlicher, etwas simpler gestrickt. Meinem Helden Jan Ullrich ging es gut. Im Vorjahr hatte er die Tour de France gewonnen, und in diesem Sommer scheiterte er nur, da war ich mir sicher, weil der Konkurrent Marco Pantani nicht bloß mit sauberer Muskelkraft fuhr. Außerdem betraten in diesem Herbst kurz vor meinem Abitur neue Helden die Bühne. Ich war überzeugt davon, dass politisch vieles nur deshalb nicht so gut lief, weil die falschen Leute die Entscheidungen trafen. Dieser 27. September 1998, der Tag der Bundestagswahl, war für mich ein außergewöhnlicher Tag. Zum ersten Mal musste ich nicht draußen warten, als die Familie ihre Zettel in die Urnen warf, zum ersten Mal durfte ich mit und selber werfen.

Abends waren zwei Freunde zu Besuch. Wir simulierten eine Wahlparty, tranken Sekt, aßen Schnittchen und waren sehr begeistert. Das erste Mal dabei und gleich ein Sieg. Wir erwarteten, dass das Land sich nun ändern würde, dass es freier würde, gerechter, irgendwie schöner. Ich glaubte, dass viele der Ideale, die mein Vater mir als sozialdemokratisch erklärt hatte, nun real würden; dass den Starken genommen und den Schwachen gegeben werden würde, dass jeder die Chancen bekommen würde, die er verdiente; dass nicht mehr zählen würde, woher du kommst, sondern wer du bist. Ich weiß noch, wie zufrieden ich war, als die Tagesschau Kanzler zum ersten Mal mit Schröder kombinierte. Als ich kurz darauf auszog, hängte ich in meinem neuen Zimmer sogar eine Autogrammkarte neben mein Bett. Hätte ich damals schon einen Sohn gehabt, hätte ich ihm sagen können: »Schau her. Den finden wir gut.« Das alles kommt mir heute etwas fern vorn.

Aber ich war ja nicht die Einzige, die in diesem September dachte, dass das Land besser werden würde. »In der Nacht, als Helmut Kohl gestürzt wurde, glaubten viele, die Aufbruchstimmung der späten 60er und 70er Jahre könnte das Land durchströmen«, schreiben die *Spiegel*-Autoren Matthias Geyer, Cordt Schnibben und Dirk Kurbjuweit. Da war die Hoffnung auf »ein liberales und soziales, ein ökologisches und pazifistisches Deutschland« und der Glaube, die Grünen und die SPD seien die »Vollstrecker dieser Vision«. Und auch die, die dabei waren, teilten diesen Glauben. Zumindest behaupteten sie es. »Wir waren endlich angekommen«, schreibt Joschka Fischer in seinen Erinnerungen. »Kneif mich«, habe er seinem Freund und Ministerkollegen Otto Schily zugeflüstert. »Ich kann es einfach nicht glauben. Sag mir, dass es kein Traum ist.« Es sei ihm klar gewesen, dass diese Wahl eine Herausforderung sei, dass die »ökologische und soziale Erneuerung des Landes« gelingen müsse.

Ich habe meine bewundernde Beobachterperspektive relativ lange durchgehalten, aber irgendwann hatte ich das Gefühl, dass es doch nichts wird mit dem liberalen, sozialen, ökologischen und pazifistischen Deutschland. Ich hab dann die Schröder-Autogrammkarte von der Wand genommen und ein Christiano-Ronaldo-Poster aufgehängt. Der Traum von einem schönen Tor ersetzte den von einem gerechteren Land.

Ich will wissen, ob Gerhard Schröder sich selbst auch von der Wand genommen hätte. Glaubt er, dass er seine Ideale als Kanzler durchsetzen konnte? Oder ist er mit diesem Anspruch gar nicht erst gestartet? Wie hat er, als er jünger war, herausgefunden, wofür er steht? Oder schlingert er auch rum so wie ich – nur eben auf höherer Ebene?

»Wer hängt jetzt an Ihrer Wand?«, will Gerhard Schröder wissen. »Gerade keiner. Der Platz ist wieder frei«, sage ich. Wir sitzen in seinem Konferenzzimmer. Schröder lehnt sich zurück, nimmt einen Schluck Kaffee. Vor ihm liegt tatsächlich eine Zigarre. Rauchen wird er sie in den nächsten zwei Stunden aber nicht. Die Bahn hat mich doch noch nach Hannover gebracht. Statt einer Stunde und siebenunddreißig Minuten habe ich fast dreieinhalb Stunden gebraucht. Ich bin zu spät, aber Gerhard Schröder hat gewartet. »Kein Problem«, sagt er. Und schon finde ich ihn nett. Ich bin sicher, dass mir das Gespräch heute bei meiner Suche weiterhelfen wird, und frage mich, warum die Ersten, die mir einfielen, Alice Schwarzer

und Jan Ullrich waren. Wir leben in einem demokratischen
Land. Da sollte es doch selbstverständlich sein, sich an die ge-
wählten Politiker zu wenden, wenn man Orientierung sucht.
Ich glaube, dass das heute ein guter Tag wird.

Gerhard Schröders Büro ist schlicht: moderne Kunst an den
Wänden, ein paar Ledersessel zum Warten im Flur. Ein Raum
mit Schreibtisch, einer zur Besprechung. Gerhard Schröder
sieht älter aus, als ich gedacht hatte, ein bisschen müder. Seine
Krawatte ist verdreht. Es wird fast eine Dreiviertelstunde dauern, bis er das merken wird. Mir nimmt das die Angst. Gestern Abend hatte ich ewig überlegt, was ich anziehen soll.

Ich will wissen, was er tat, als er in meiner Lage war. »Erinnern Sie sich noch, wie aus Ihnen ein politischer Mensch geworden ist?«, frage ich. »Ich hab mich da sehr merkwürdig
genähert«, sagt Gerhard Schröder. »Ich bin in die Wahlveranstaltungen aller Parteien gegangen und habe immer Oppo-
sition gemacht. Ich habe mich fürchterlich verdreschen lassen
von den Profis, die die Mikrophone hatten, und langsam
wurde es immer etwas besser.« Bei diesem Testlauf durch die
Wahlkampfzelte sei ihm klar geworden, dass er bei der SPD
landen werde. »Wie kommt man denn auf so etwas?«, frage
ich, ehrlich überrascht. »Ich glaube, letzten Endes ist es so ein
bisschen der Wille aufzufallen oder sich bemerkbar zu machen«, sagt Schröder, »einen eigenen Platz in der Gesellschaft
zu finden.«

Das klingt gut. Aber bis zur nächsten Bundestagswahl ist
es noch ein bisschen. Und irgendwie zweifle ich auch daran,
dass es mir mit einer Tour durch alle Wahlkampfzelte gelingen
würde, einen festen Standpunkt zu finden. Gerhard Schröder
schloss sich dann bald einer SPD-Untergruppe an, die sich
Anti-Revisionisten nannte. Das gefällt mir, es hört sich apart
an. Ich will wissen, was das ist. Gerhard Schröder lacht, unge-
bremst und laut, ein bisschen schmutzig. Das ist das Schröder-

Lachen, denke ich. »Was das ist? Eine spezifische Position der frühen Sozialdemokratie.« Die Anti-Revisionisten, erklärt er mir, waren besonders theoriefeste und besonders revolutionäre Leute, die glaubten, dass die totale Umgestaltung der Gesellschaft Folge einer Massenbewegung sein würde. »Und das war deren Vorteil«, sagt er. »Denn solange es diese Massenbewegung nicht gab, war natürlich jede Reform zum Misserfolg verdammt. Denn die Massen selber sollten ja die revolutionäre Umgestaltung machen und nicht eine Avantgarde der Massen.«

»Das heißt, bis das dann klappt mit der Massenbewegung konnte man machen, was man wollte?«, frage ich. »Ja«, sagt Schröder. »Im Grunde war es ein Stück hochinteressante Theorie. Aber auch eine Ausrede, nichts zu tun.« Hmm. Nach Ausreden, nichts zu tun, suche ich gerade nicht. Die habe ich schon. »Gibt es die noch, die Anti-Revisionisten?«, will ich wissen. »Weiß ich nicht«, sagt Gerhard Schröder. »Wahrscheinlich sind sie ausgestorben.« Ich glaube eher, sie stellen inzwischen die Mehrheitsfraktion. Warten auf die Massenbewegung. Und währenddessen machen, was man will. Das kommt mir sehr bekannt vor. Bin ich eine Anti-Revisionistin?

Irgendwie kommen wir so nicht weiter. Ich glaube, ich frage falsch. Ich muss direkt zum Punkt kommen, direkt zu den Idealen. Ich habe zur Vorbereitung auf dieses Gespräch zwei Wochen lang Schröder-Bücher, Schröder-Essays, Schröder-Memoiren und Schröder-Artikel gelesen. Ich glaube, ich wollte damit meine Aufregung betäuben. Das Problem ist, dass ich nun Dutzende Aussagen über ihn, gegen ihn und von ihm in meinem Kopf herumschwirren habe. Und gerade das mit den Idealen war besonders unübersichtlich.

Einerseits schreibt Gerhard Schröder in seinen Lebenserinnerungen: »Mein ganzes Leben habe ich versucht, Grenzen immer wieder an den Horizont zu verschieben.« Ein schöner

Satz, finde ich. Es würde mir gefallen, wenn mein Sohn das mal über mich sagen würde: Sie hat immer versucht, Grenzen an den Horizont zu verschieben. Aber dafür müsste ich mich ziemlich gründlich ändern. Einer von Schröders engen Freunden, der Künstler Markus Lüpertz, hat in einem Dokumentarfilm gesagt, dass Schröder ein Visionär sei – einer, der an eine bessere Welt glaube, der dafür arbeite. »Sie dürfen ja nicht vergessen«, sah ich Lüpertz in die Kamera sagen, »er ist ein ganz starker Idealist.« Auch das klingt toll.

Immer wieder wird Gerhard Schröder aber auch mit einer gegenteiligen Aussage zitiert: »Für die Abteilung Wolkenschieberei« seien andere zuständig, sagte er und wehrte sich damit vehement dagegen, in der Politik mehr zu wollen als das, was gerade möglich scheint. Für diese Auslegungsvariante seines Naturells finden sich, ehrlich gesagt, auch mehr Kronzeugen: Schröder sei kein Mann mit einer Mission, nur einer mit einem Willen, tönt der *Spiegel*. Man fände den Kern seiner politischen Überzeugungen kaum, sosehr man schäle, klagen einige Genossen. Und so weiter. Gerhard Schröder sitzt ruhig und entspannt vor mir, gerade hat er eine Antwort beendet. Er spricht beeindruckend druckreif, betont. Als säßen wir nicht hier in diesem schlichten Büro, sondern irgendwo, wo über den Gang der Welt verhandelt wird. Jetzt liegen seine Altkanzlerarme auf dem Konferenztisch. Er blickt unter seinen buschigen Augenbrauen zu mir herüber, er wartet auf meine nächste Frage.

Okay, denke ich und appelliere an die vielen Zitate in meinem Kopf, endlich Ruhe zu geben. Ich brauche sie nicht mehr, ich kann ihn ja jetzt direkt fragen. Was meint er wirklich? Ist er Idealist oder nicht? Und kann man die Grenzen an den Horizont verschieben, ohne Wolken bewegen zu wollen?

Schröder lacht, als ich ihm von Lüpertz und meiner Verwirrung erzähle. »Das ist ja auch immer eine Frage der Definition«, sagt er. »Als Idealisten müsste man wohl jemanden bezeichnen, dem seine Ideale genug sind, ohne darüber nachzudenken, ob sie jemals in der Wirklichkeit ankommen. So verstanden, will ich keiner sein.« Also haben doch die recht, die ihn als Pragmatiker porträtieren, der Visionen als »Wolkenschieberei« abtut? »Das ist auch immer nur die halbe Wahrheit«, sagt Schröder. »Sie finden ein anderes Zitat, wenn Sie recherchieren, da steht dann dieses berühmte: ›Wer keinen Mut zum Träumen hat, hat keine Kraft zum Handeln.‹ Das habe ich bestimmt auch häufig gesagt.« Schröder und Lüpertz spielen ab und zu Skat zusammen. Vielleicht begreift der Maler deshalb – im Gegensatz zu mir –, dass ein paar Mal »Mut zum Träumen« eine Ablehnung der »Wolkenschieberei« aussticht und in Schröders Kampf der Überzeugungen deshalb doch der Idealist gewinnt. Ich sitze ratlos da. Was denn nun?, will ich fragen, traue mich aber nicht. »Um die Antwort nicht ganz so lang zu machen«, hilft mir Schröder, als habe er meine Gedanken gelesen, »Ideale ja, Idealist in der engen Definition wohl eher nein.« Aber was soll das heißen? Bis zu welchem Punkt würde er seine Ideale verteidigen? Und was sind seine Überzeugungen?

Schröder holt weit aus. »Es gab in der rot-grünen Zeit sehr bewusst ein paar Dinge, die viel weniger beschrieben wurden als die Frage Irak-Krieg oder Agenda 2010«, sagt er. »Zum Beispiel wird nicht zureichend darüber nachgedacht, dass durch diese Zeit sich der gesellschaftliche Umgang mit Zuwanderung total gewandelt hat. Wir haben die Situation der Immigranten in Deutschland doch entscheidend verbessert. Da haben wir ein Stück gesellschaftliche Veränderung erreicht.« – »Ist das ein Ideal?«, frage ich. »Wollten Sie ein offenes Land?« – »Das wäre so etwas«, sagt Schröder. »Ein Stück mehr an Offenheit. Ein Stück mehr an Internationalität.« Dann lobt er den Einsatz seiner Regierung für die Homosexuellen. »Ich meine, heute redet keiner mehr darüber, wenn der Außenminister oder ein Bürgermeister, etwa in Hamburg oder Berlin, als Schwuler öffentliche Akzeptanz erfährt«, sagt er. »Das ist nicht deren individuelle Leistung, sondern das ist eine gesellschaftliche Leistung, die auch damit zusammenhängt, dass wir Gesetze verändert haben.«

Außerdem habe während seiner Regierungszeit die »ganze, zunächst als Ansammlung von Körnerfressern verlachte Bewegung der Ökologie eine enorme gesellschaftliche Wirkung entfaltet«. Auch Nachhaltigkeit sei ein verwirklichtes Ideal, sagt Schröder. »Ich selber war nie die Vorhut dieser Bewegung«, räumt er ein. »Ich habe mich aber immer gerne damit auseinandergesetzt.« Es überrascht mich, dass Gerhard Schröder den Einsatz für Einwanderer, für Schwule und für die Umwelt als idealistische Errungenschaften seiner Politik darstellt, schienen ihm dies während seiner Kanzlerschaft doch eher Randthemen zu sein. Aber vielleicht habe ich ihn in meiner Enttäuschung falsch eingeschätzt. Vielleicht war es ein Versehen, dass ich dachte, ihn von der Wand nehmen zu müssen. Warum ich Christiano Ronaldo aufgehängt habe, weiß ich eh nicht mehr genau. Ich glaube, die Hüftknochen waren's.

Zuhören, denke ich. Denn nun spricht Gerhard Schröder doch über das, was er den Kern seiner Überzeugungen nennt, und es wird klar, dass Umweltschutz, Homo-Ehe und Zuwanderung nur eine idealistische Ouvertüre waren. »Eines ist immer mein Antrieb für Politik gewesen«, sagt er. »Das ist die Frage nach der Gleichheit in den Lebenschancen. Das hat mit meinem ganz besonderen Herkommen zu tun. Ich hätte ohne eine offene Gesellschaft, was die Zuteilung von Bildungschancen angeht, nicht erreichen können, was schließlich dann doch geworden ist.« Während ich Gerhard Schröder über fast zwei Stunden zuhöre, wird immer klarer, dass seine Herkunft und sein Lebensweg die Referenzpunkte für fast all seine Aussagen sind. Nie werde er ein Konservativer werden können, meint er, denn er habe immer das Gefühl gehabt, »dass diese Konservativen es für unziemlich halten, wenn jemand mit meiner Herkunft Ministerpräsident oder Bundeskanzler ist«. Gerhard Schröder hält genau das für eine Stärke dieses Landes: »Was die deutsche Gesellschaft nach dem Krieg auch ausgezeichnet hat«, sagt er, »war, dass jemand mit meinem sozialen Hintergrund Bundeskanzler werden konnte.« Sein eigenes Leben ist ihm quasi Beleg dafür, dass das Ideal des sozialen Aufstiegs in Deutschland Wirklichkeit wurde.

Genau das ist es, denke ich. Genau deshalb habe ich immer daran geglaubt, dass der, der vor mir sitzt, es verdient hatte, an der Wand zu hängen. Vor allem wegen dieser Lebensgeschichte, die sich verfilmt oder aufgeschrieben vermutlich des Vorwurfs ausgesetzt sähe, eine ziemliche Sozialschmonzette zu sein. Da ist der Junge, eine Halbwaise, der in einer Baracke neben dem Fußballplatz von Bexten aufwuchs, irgendwo im westfälischen Nirgendwo. Heute würde man die Lebensumstände höflich als »prekär« umschreiben. »Zwei kleine Zimmer und eine Wohnküche, durch deren Wände jeder Laut drang«, so beschreibt Gerhard Schröder die Behelfswohnung in seinen Erinnerungen. Seine Mutter ging putzen. Und weil das bisschen Geld, das sie verdiente, zwar zum Überleben reichte, nicht aber, um für die Schule des Sohnes zu zahlen, konnte Schröder nicht aufs Gymnasium gehen.

Er machte eine Lehre in einem Haushaltswarenladen und kämpfte sich hoch. Erst holte er das Abitur nach und studierte dann Jura, ziemlich schnell, weil er das Studium »als ungeheures Privileg« begriffen habe, sagt er. Noch als Teenager ging er auf Tour durch die Wahlkampfzelte, und schon drei Jahre später, mit zweiundzwanzig, habe Schröder getönt: »Ich gehe nach Bonn und werde Kanzler«, schreibt der ehemalige *Spiegel*-Journalist Jürgen Hogrefe. Am 27. September 1998, dem Tag, als ich zum ersten Mal wählte, endete diese Geschichte des gesellschaftlichen Aufstiegs mit dem bestmöglichen Happy End.

Das ist doch eine Geschichte, die verspricht, dass der, der es so weit gebracht hat, eine Politik macht, die zumindest ein Ideal nie verrät: Der, der unten ist, muss es nach oben schaffen können. Oder ist das verkehrt? Mache ich den Fehler, an dem auch das mit Jan Ullrich scheiterte? Erwarte ich zu viel? Verlange ich etwas, das ich selbst vielleicht auch nie einlösen würde? Ist es vielleicht sogar unverschämt, gerade noch festzustellen, dass man selber nichts oder zumindest fast nichts tut, um den Gang der Welt da draußen in eine günstige Richtung zu lenken und jetzt hier zu hocken und zu denken: Also bitte, Herr Schröder, warum haben Sie, mit Ihrer Lebensgeschichte, nicht mehr dafür getan, dass alle die gleichen Chancen haben? Wäre es nicht ein bisschen idealistischer gegangen?

In meinem Kopf wird ein neuer Film gestartet, der so etwas sein könnte wie Teil zwei der Schröder'schen Sozialschmonzette. Der Kanzler, der mal ein armer Junge aus Niedersachsen war, widmet seine Zeit ganz oben denen, die immer noch unten sind; denen, die in zu kleinen Wohnungen leben; denen, deren Mütter putzen; denen, die nicht aufs Gymnasium gehen. Er sorgt dafür, dass ihre Chancen steigen, Anwälte zu werden, Ärzte oder Angestellte. Er wird Pate derer, die viele »Verlierer« nennen, und kämpft, damit Deutschland endlich nicht mehr das Land ist, in dem vor allem die Herkunft über den Erfolg im Leben entscheidet. Am Ende laufen sie gemeinsam in Richtung Horizont, an dem keine Wolken mehr hängen, weil Schröder sie verschoben hat. Geigen setzen ein, ein Weichzeichner liegt über dem Bild, die Sonne versinkt. Dass diese Schlussszene so kitschig ist, dass sie es nicht mal in einen SPD-Wahlwerbespot schaffen würde, ist mir auch klar. Aber es hätte doch so schön sein können, oder?

Nun nimmt unser Gespräch eine Wendung, die mich noch

sprachloser werden lässt, als ich es in diesem Hannoveraner Büro ohnehin schon bin. Eine Wendung, die ich auch nicht begreife, nachdem ich das abgetippte Gespräch zu Hause ein halbes Dutzend Mal gelesen habe. Gerhard Schröder empört sich darüber, dass das Land ungerechter geworden sei. Er fürchtet, dass ein Leben wie seines in Zukunft kaum mehr möglich sein wird. »Diese Gesellschaft hat davon gelebt, dass sie offen war für unwahrscheinliche Karrieren – und es immer weniger wird«, sagt er. »Immer mehr wird geguckt: Wo kommst du her? Was hast du für einen Bildungshintergrund? Und vor allem: Wer war dein Vater? Wer war deine Mutter?« Schröder empört sich über den Druck, der auf den Jungen lastet. Als er Mitte der sechziger Jahre mit seinem Studium begonnen habe, sei doch noch völlig klar gewesen, dass der, der den Abschluss schaffe, auch eine Stelle bekomme. Mit dieser Gewissheit habe man sich natürlich unbefangener auf revolutionäre Theorien einlassen können. »Man musste gar nicht darüber nachdenken: Wie wird das, wenn ich fertig bin?«, sagt Schröder.

Heute sei die Perspektive unsicher. Und selbst wenn die jungen Leute Visionen für die Gesellschaft hätten, würden sich viele doch gar nicht trauen, diese zu äußern. »Das ist so eine Generation, von der man glauben könnte, dass viele schon mit dem Aktenkoffer auf die Welt gekommen sind, wenn man manche da so rumlaufen sieht«, sagt er. »Diese Art von Uniformität ist mir fremd, und ich finde es auch ein bisschen lächerlich.« Aber die jungen Leistungsträger mit den genormten Lebensläufen seien Ergebnis ihrer Zeit, Ergebnis eines Lebens unter Druck. »Die Tendenz in der Wirtschaft, die Leute sozusagen durch ständig neue, schlecht bezahlte Praktikumsstellen zu schicken, ist eine der ganz großen Schäbigkeiten«, sagt Schröder.

Und während er sich in Rage redet, versuche ich seine Anklage mit der Tatsache zusammenzubringen, dass der Mann, der gerade spricht, sieben Jahre lang der Chef der deutschen Bundesregierung war. Was soll das?, denke ich. Ich weiß, dass der Job bestimmt nicht immer leicht war. Aber wer hat denn Entscheidungen getroffen, die das Berufsleben unsicherer machen? Wer hat den Arbeitsmarkt dereguliert, die Leiharbeit befördert? »Das waren doch die Gründe, weswegen ich die Karte mit Ihrem Foto von der Wand nehmen musste«, will ich sagen. »Ich hatte doch so gehofft, dass Sie für mehr Gerechtigkeit sorgen würden. Das ist ja das Problem.« Aber ich traue mich nicht. Schließlich aber frage ich doch noch, ganz schüchtern. »Hätten Sie da nichts machen müssen?« – Schröder hält inne. »Was soll man da machen?«, fragt er. »Sie sind in der Politik nur begrenzt in der Lage, das, was Sie wollen, durchzusetzen. Wir haben einen Zuwachs an Individualisierung und einen Verlust an Zusammenhalt. Das ist so. Und das ist durch Politik nur begrenzt aufzuhalten.«

Während des Gesprächs in Hannover war ich an dieser Stelle nur kurz irritiert, zu fixiert auf meine Fragen, um den Gehalt der Antworten immer erfassen zu können. Später ließ mich diese Aussage lange nicht los: Wenn sogar der Mann, der mal Kanzler war, meint, die Politik könne nicht das durchsetzen, was geboten sei, wer hat denn dann die Macht? Die Wirtschaft? Lobbyisten? Klar, das raunt man sich zu. Aber das ist ja genauso unkonkret. »Ich wähl die doch, damit sie das tun, was sie für richtig halten«, sagt einer, dem ich später davon erzählen werde. »Wenn selbst Politiker sagen, sie seien dazu nicht in der Lage, dann ist das hier doch eine Farce.«

In Hannover überhöre ich das mit der mangelnden Macht des Bundeskanzlers, wie gesagt, ein wenig. Stattdessen frage ich weiter, nun schon etwas entschiedener: »Aber gerade in Ihrer Zeit ist das Land doch ein Stück ungerechter geworden. Reich und arm klaffen weiter auseinander, und der soziale Aufstieg ist schwieriger geworden. Das muss Sie doch ärgern?« – »In manchen Bereichen ist die Gesellschaft ungerechter geworden, in manchen gerechter«, sagt Schröder. »Und da ging nicht mehr?«, frage ich erstaunt. »Ich weiß nicht, ob da mehr gegangen wäre«, sagt er. »Für Sie mag es interessant sein, dieser Frage nachzugehen, aber für mich ist es müßig, weil ich alles getan habe, was politisch durchsetzbar war.«

Ist das die Lehre, die ich mit nach Hause nehmen soll? Soll ich meinem Sohn über Jahre sagen, dass das mit der Welt so auf Dauer nicht weitergehen kann, dass man da was machen müsste? Und dann, wenn ihm irgendwann auffällt, dass wir dafür aber nicht wirklich etwas getan haben, sage ich einfach: »Mein Lieber, es ist müßig, darüber nachzudenken?«

Okay, wenn man es recht besieht: Ein bisschen verhalte ich mich so. Das ist ja das, was mich so ärgert. Vielleicht ist Gerhard Schröder so inkonsequent wie wir alle – und es war falsch, so viel mehr zu verlangen, nur weil er Kanzler war, nur weil ich mich nach Vorbildern sehne.

Ich erzähle Gerhard Schröder von meiner ersten Wahl, die ihn an die Macht brachte, davon, dass ich tatsächlich geglaubt habe, dass das Land nun gerechter würde, und von meiner großen Enttäuschung, als ich merken musste, dass diese Hoffnung übertrieben war. »War das mein Problem? Oder Ihrs?«, will ich wissen. »War Ihrs und unser«, sagt Gerhard Schröder. »Erst Ihrs, insofern, als Ihre Erwartungen übertrieben waren. Unsers, dass wir Ihre Erwartungen nicht erfüllen konnten.« Okay, ihm scheint die ganze Sache mit meiner Enttäuschung nicht so sehr zu Herzen zu gehen wie mir. War vielleicht auch zu viel verlangt, denke ich.

»Haben Sie eigentlich Sorge, dass Ihr Lebenswerk nicht richtig anerkannt wird?«, frage ich zum Schluss. »Nee, eigentlich nicht«, sagt Gerhard Schröder. »Irgendwann wird man schon dahin kommen.« – »Okay, dann komme ich dann noch mal wieder«, sage ich. »Meine Mama ist siebenundneunzig«, antwortet Gerhard Schröder. »Da sind meine Voraussetzungen von den Genen her gut. Wenn ich neunzig Jahre alt geworden bin, können Sie gerne wiederkommen.«

Damit endet mein Besuch beim Kanzler, zumindest fast. Während unseres Gesprächs gab es zehn Minuten, in denen wir uns ausgesprochen einig waren. In diesen Minuten klagten wir uns gegenseitig unser Leid. Gerhard Schröders Kinder sind vier und neun Jahre alt. Ob ich nicht auch den Eindruck habe, dass Fahrradfahrer und Hunde in deutschen Städten mehr gelten würden als kleine Kinder, fragte Schröder. Ich nickte. Und er erzählte von seinem Ferienhaus auf Borkum. »Da gibt es einen Strandbereich, der für Fahrradfahrer gesperrt ist«, sagte Schröder. »Da gibt es große Schilder.« Dann empörte er sich, dass vor allem ältere Fahrradfahrer diese Sperrung einfach ignorierten; dass sie auch, wenn man sie ermahnte, einfach mit ihrem Rad über den Kinderstrand brettern würden. »Das ist unglaublich«, sagte Schröder. »Weil Deutschland so kinderfeindlich ist, laufen wir Gefahr, in einer Gesellschaft zu landen, die dominiert wird von den materiellen und ideellen Interessen der über Fünfzig-, über Sechzigjährigen.«

Ich nickte wieder. Die Rücksichtslosigkeit der Rentner. Das war eine der Thesen, die ich meinem Vater seit der Geburt meines Sohnes bei jeder Gelegenheit an den Kopf warf. »Ich fahre sehr viel öffentliche Verkehrsmittel mit dem Kind«, sagte ich. »Schon mehrfach bin ich nicht in Aufzüge gekommen, weil da ältere Fahrgäste mit ihren Rollkoffern reinwollten, die ja die Rolltreppe nehmen könnten.« Auch die nähmen keine Rücksicht, beschwerte ich mich. »Die sagen eher: Was will die denn hier mit dem Kinderwagen?« Diesmal nickte Schröder.

Und als ich sein Büro schon verlassen habe und die halbe Treppe Richtung Straße hinabgestiegen bin, kommt Gerhard Schröder noch einmal an die Tür: »Wissen Sie was?«, ruft er mir nach. »Beim nächsten Mal rammen Sie denen einfach den Kinderwagen in die Hacken und bestellen schöne Grüße von mir.« – »Mach ich«, sage ich. Und wieder finde ich, dass der, dessen Foto lange an meiner Wand hing, ein ziemlich guter Typ ist. Das macht es noch schwerer, von ihm enttäuscht zu sein.

Ich verlasse das Büro. Die Straße. Hannover. Als ich im Zug sitze, sehe ich, dass ich schon drei SMS und einen entgangenen Anruf habe. Mein Freund. Mein Vater. Zwei andere Freunde. Sie alle wollen wissen, wie es war. »Überraschend normal«, sage ich. »Wie ist das Büro?«, fragen sie. »Ein ganz normales Haus, ganz normale Räume«, sage ich. »Und er? Wie war das Gespräch?« – »Aufregend, natürlich«, sage ich. »Aber auch normal.« Als ich wieder zu Hause bin, spazieren mein Freund und ich durch Neukölln auf der Suche nach einem Café. Zur Nachbesprechung. »Hat's denn was gebracht?«, fragt er schon auf dem Weg. Ich sage, dass ich Gerhard Schröder immer noch nett finde. »Und für deine Suche nach Idealen? Konnte er dir helfen?« – »Ich weiß nicht«, sage ich. »Vielleicht hatte ich zu viel erwartet. Ein bisschen aneinander vorbeigeredet haben wir schon.« Es war ein warmer Tag. Er endet mit einem Wolkenbruch. Wir rennen nach Hause.

In den nächsten Wochen verkrieche ich mich in der Wohnung. Was hatte ich eigentlich erwartet? Eine Art Erweckungserlebnis? Ich gehe einfach zu dem, der mal Kanzler war, und der sagt: »Wenn du die Welt ändern willst, dann mach doch das und das. Ich habe an mir gemerkt, dass es nicht so einfach ist. Jetzt bin ich traurig und zeige dir, welche Fehler du vermeiden sollst.« – So etwas? Vielleicht, denke ich und sehe gleichzeitig ein, dass es eine ziemlich überhöhte Erwartung ist. Aber er hätte schon irgendetwas machen können, das mir den Glauben an die Politik zurückgibt, denke ich, ein wenig bockig. Irgendetwas, was plausibel macht, warum er das mit der sozialen Gerechtigkeit nicht entschiedener verfolgt hat, etwas, das mir meine Enttäuschung nimmt.

Während dieser Wochen in der Wohnung lese ich stapelweise die Biographien der alten Helden der rot-grünen Ära, Joschka Fischer, Otto Schily, sogar eine von Johano Strasser. Ich durchforste Abhandlungen über die Achtundsechziger und was aus ihnen wurde. Ich suche nach Gedanken, die mir helfen, das Gespräch mit Gerhard Schröder einzuordnen. Stattdessen werde ich immer unsicherer. Fast alle, von denen ich las, trieb zu Beginn die Idee an, die Welt zu verbessern. Also das, was ich suche. Die einen scheinen diesen Impuls ein Leben lang wahren zu können, während er den anderen offenbar irgendwann nicht mehr so wichtig war. Braucht man als Politiker Ideale? Oder ist deren Welt keine, in der ich nach Orientierung suchen sollte?

Dann eben Verräter

Natürlich habe ich mit Gerhard Schröder auch über »die Sache« gesprochen, die Sache mit Gazprom; die Frage, ob es richtig war, kurz nach der Kanzlerschaft einen Beraterjob bei einem Konsortium namens Nord Stream anzutreten. Ein Konsortium, in dem ein ehemaliger russischer Staatskonzern keine kleine Rolle spielt. Für viele, die ich kenne, war das Schröders Sündenfall. Über die Frage, ob die rot-grüne Regierung sozial gerechter hätte sein müssen, ob es ein Fehler war, deutsche Soldaten in Auslandseinsätze zu senden, könnte ich mit den meisten meiner Freunde zumindest noch streiten. Bei Gazprom aber sind sich dann doch fast alle einig. Sie empört, dass Schröder fast direkt aus dem Kanzleramt in die Wirtschaft gewechselt ist. Manche meinen sogar, er habe sich verkauft. »Da haben wir es«, sagen sie. »Das ist doch der Beweis, dass es mit dem Idealismus in der Politik nicht weit her ist.« Und manche sagen: »Warum sollen wir dann edel und gut sein? Wenn es nicht mal für die gilt?« Wenn man sich umhört, dann wird schnell klar, dass nicht nur meine Freunde die Sache mit Gazprom so sehen.

Der Schriftsteller Ingo Schulze zum Beispiel, ein eigentlich sehr sanfter und nachdenklicher Mensch, wird später an diesem Punkt ein wenig ausrasten, grob werden, seine intellektuelle Zurückhaltung aufgeben. »Ich finde es schon unter aller Sau, dass man trotz Kanzlerpension dann auch noch für Gazprom arbeiten muss«, wird er sagen. In dem Magazin der *Zeit* sagte Schröder dazu: »Mir hat noch nie jemand vorwerfen können, dass ich etwas getan hätte, was nicht rechtmäßig ist.« Um dann auch den Ton zu verschärfen: »Aber jenseits dessen ist es mein Leben und meine Freiheit. Und wer da meint, er müsse das kritisieren, der kann mich mal.«

Schröder sei doch kaum aus dem Amt gewesen, schon habe er sich bei dem russischen Energiekonzern verdingen müssen, wird Ingo Schulze schimpfen. »Das sind so Signale, wo ich finde, das hat nichts Gutes zu bedeuten.« Er habe ja als Kanzler schließlich nicht freiwillig aufgehört, hatte Gerhard Schröder mir gesagt. »Dass es danach für mich unmöglich ist, hier in Hannover die Hände in den Schoß zu legen oder nur noch Hecken zu schneiden, das muss doch jedem einleuchten.« Die Kritik an seiner Entscheidung sei »kleinkariert«. »Ich war früher Anwalt. Ich bin jetzt wieder Anwalt. Das ist offen, das ist transparent. Das weiß jeder, und dann ist das auch okay«, sagte Gerhard Schröder, um dann die Causa Gazprom mit einem letzten: »Aber inzwischen stört es mich auch nicht mehr, was andere davon halten« abzutun.

Ich verbringe einen Tag damit, eine Liste derer zu erstellen, die es Gerhard Schröder gleichtaten, und merke schnell, dass man fast von einer kleinen Rudelbewegung sprechen kann: Die Minister Joschka Fischer, Wolfgang Clement und Otto Schily, die Staatssekretäre Caio Koch-Weser, Matthias Berninger und Volker Halsch, sie alle wechselten aus der rot-grünen Regierung in die Wirtschaft. Die meisten von ihnen arbeiten heute für Unternehmen, über die sie einst als Politiker mitbestimmten. Die Linken ahmten nach, was ihnen Helmut Kohl, der nach seiner Kanzlerzeit Leo Kirch beriet, oder Martin Bangemann, der aus der EU-Kommission direkt zu einer spanischen Telefongesellschaft wechselte, über deren Netz er zuvor gewacht hatte, vormachten. Für manche wie zum Beispiel Wolfgang Clement, der immer schon als wirtschaftsnah galt, mag dieser Weg ein kurzer gewesen sein. Für andere wie Otto Schily, der einst als Rechtsanwalt Andreas Baader während des RAF-Prozesses in Stammheim verteidigte, der als Chefankläger im Untersuchungsausschuss all die, die sich von dem Industriellen Flick kaufen ließen, in die Ecke drängte, schien der Weg, der ihn bis in den Aufsichtsrat zweier Firmen für Überwachungstechnologie führte, ein recht weiter gewesen zu sein.

Ich greife noch einmal zu meinem Stapel mit Politikerbiographien, blättere die Bücher durch. Neonpinke Markierungen fast überall. Das sind die Stellen, die mich beeindruckten, Passagen, in denen die, über die ich las, klarmachten, wofür sie einstanden. Die meisten waren keine Zweifler, so wie ich. Wenn sich aber selbst viele derer, die früher ziemlich laut und ziemlich entschieden der Welt entgegengeschrien haben, wie sie zu sein hat, so weit von dem Punkt, an dem sie mal begannen, entfernt haben, dann lass ich das wohl besser mit den Idealen, oder? Wie soll ich das dann durchhalten, wo ich so viel unsicherer bin als sie? Oder ist es gar nicht so, dass solch ein Lebensweg ein Beleg dafür ist, dass jemand seine Ideale verkauft hat? Mache ich es mir zu einfach?

»Ich glaube schon, dass die recht flexibel im Kopf sind«, sagt mein Freund, als ich versuche, ihm den Grund meiner Zweifel nahezubringen. Aber ist das dann nicht ein Argument gegen jeden Idealismus – wenn man irgendwann doch das, woran mal glaubt, beiseiteräumt? Ist es dann nicht klüger, an nichts zu glauben?

Ich sitze im Kaffeehaus Einstein, auf der »Sonnenseite des Boulevards Unter den Linden«, wie der Inhaber im Internet wirbt. Hier treffen sich Politiker und Journalisten. Und hier wurden mit Sicherheit schon etliche alte Überzeugungen mit einer guten Tasse Wiener Melange heruntergespült. Ich bin hier heute mit einem verabredet, der im Kopf einer der Flexibelsten sein muss, einer, den die *Süddeutsche Zeitung* mal als »ideologisch freischwebend« charakterisiert hat; einer, dessen Leben bisher eine rasante Folge unterschiedlichster Überzeugungen war. Vor allem aber ist er einer, der dazu steht. Joschka Fischer, der heute als Unternehmensberater seine Ideen an die Supermarktkette Rewe, an Siemens, an BMW oder an den Energiekonzern RWE verkauft, hatte seine Sekretärin angewiesen, ein Interview zum Thema Ideale abzulehnen. Sein Freund Rezzo aber will reden.

Braun gebrannt und strahlend kommt mir Rezzo Schlauch entgegen. Gerade hatte mir der Kellner gesagt: »Der Rezzo Schlauch war heute schon zwei Mal hier, der kommt gleich wieder.« Ich denke noch darüber nach, dass Schlauch das Einstein mit einer enormen Frequenz besuchen muss, wenn er jetzt, am frühen Nachmittag, schon zum dritten Mal kommt, als er schon an meinem Tisch steht. Entspannt lässt er sich auf den Stuhl fallen. Er legt das Handy und den Autoschlüssel ab. Es geht ihm gut. Das sieht man.

Rezzo macht jetzt auch in Gas. Er betreut keine dicken Pipelines wie die beiden Platzhirsche Gerhard Schröder und Joschka Fischer. Aber Rezzo Schlauch war ja auch nicht Kanzler oder Vizekanzler der rot-grünen Regierung, sondern nur deren Staatssekretär im Wirtschaftsministerium. Im August 2010 berichtete die *Stuttgarter Zeitung*, dass das Nürnberger Unternehmen Goldgas Schlauch als Beirat angeheuert habe. Goldgas will von einem Kleinunternehmen zu einem »neuen europäischen Energiekonzern« wachsen, und Rezzo Schlauch packt mit an, damit das klappt. Man sei »froh, jemanden von diesem Kaliber gewonnen zu haben«, zitiert die *Stuttgarter Zeitung* den Goldgas-Gründer Michael Notzon. Er setze vor allem darauf, dass Schlauchs »internationale Kontakte« helfen werden, Goldgas groß zu machen.

Es ist die vorerst letzte Etappe eines Mannes, der in seinem Leben das weite Feld der Überzeugungen abgegrast zu haben scheint. Rezzo Schlauch wurde im Herbst 1947 in Gerabronn geboren. Ihn holte dieselbe Hebamme ins Leben, die sechs Monate später auch bei der Geburt des kleinen Joseph Martin Fischer assistierte. Schlauch wuchs als Sohn eines evangelischen Pfarrers in Bächlingen auf, ein 400-Einwohner-Nest, das sich in die schwäbischen Hügel schmiegt. Zum Studium zog Rezzo Schlauch nach Freiburg. Er wollte sich austoben nach der Jugend in der engen Provinz. Er lernte Leute kennen, mit denen er sich, wie er sagt, »saumäßig gut« verstand, und er schloss sich zum ersten Mal einer Gesinnungsgruppierung an: der pflichtschlagenden und farbentragenden Burschenschaft Saxo-Silesia. Im Speisesaal hängen Flaggen, im Sportraum ruhen die Floretts, und die Studenten versprechen noch heute, »unabhängig von den staatlichen Grenzen der Bundesrepublik Deutschland für die freie Entfaltung deutschen Volkstums« einzutreten.

Mir graust es, wenn ich vom deutschen Volkstum lese, vor allem, wenn dieses auch noch die Staatengrenzen überschreiten will. »Dass ich in der Burschenschaft war, hatte überhaupt keine politische Bedeutung«, sagt Schlauch. Er redet in schwäbischem Singsang. Nicht so abgehackt wie Jogi Löw, weicher, gemütlicher. Es ist ein Dialekt, der gedanklichen Sprüngen die Kanten schleift. Schon kurz darauf sei er der »typische linke Anarch« gewesen, sagt Schlauch. Krasser Wandel, denke ich. Schlauch findet das nicht. Er war dann eben einer, dessen Herz schneller schlug, als er 1968 Rudi Dutschke sprechen hörte, einer, der nächtelang im Studentenwohnheim in Heidelberg mit seinen Freunden »gegen den marxistischen Dogmatismus« diskutierte, einer, der kaum, dass er in Berlin angekommen war, eine Vereinskneipe im Rotlichtviertel am Stuttgarter Platz gründete, in der Strafgefangene ein Mal pro Woche den Freigang erproben durften. »Ich hatte damals die Vorstellung, dass, wenn man dreißig oder vierzig Sozialarbeiter in die Knäste schickt, dass das dann alles gute Menschen werden«, sagt Schlauch. »Diese Überzeugung haben mir die Knackis damals aus der Hand geschlagen.«

Und ich lausche der Erzählung. Sie lässt Bilder entstehen, kommentiert von ihm selbst in schwäbischem Dialekt. Der junge Rezzo Schlauch, der Dutschke zujubelte; der in der Kneipe mit den Gefangenen spricht. Fast vergesse ich, dass da noch dieses Bild vom Anfang ist: der Burschenschaftler. Das Bild, das immer noch nicht mit denen, die danach kommen, zusammenpasst. »Wie geht das, so ein heftiger Wechsel?«, frage ich. Es habe eben »klick« gemacht, sagt Schlauch, damals, als er, der Burschenschaftler, Rudi Dutschke sprechen hörte. Und das Linke sei ihm nun mal nicht in die Wiege gelegt worden. »Ich bin jetzt mit Sicherheit auch nicht durch und durch Idealist«, sagt Schlauch. »Aber es waren immer Ideale da. Die haben sich in der Intensität geändert und in der Richtung. Aber Motivation und Triebfeder meines Handelns waren immer Ideale.«

Gespannt höre ich, wie die Geschichte weitergeht: Nach seinem Jurastudium trat Schlauch einer Stuttgarter Kanzlei linker Anwälte bei. Er kämpfte für die, die keine Lobby hatten. Er vertrat die Armen in Mietsachen, die Ausländer, wenn sie Ärger mit ihren Chefs bei Daimler oder bei Bosch hatten, und die Anarchisten, wenn ihre Jugendzentren in Gefahr waren. »Ich habe das aus Überzeugung gemacht«, sagt er. Auch wenn er dafür auf das große Geld verzichten musste. »Die Sozialgeschichten habe ich entweder im Armenrecht oder ›for nothing‹ gemacht«, sagt Schlauch. Ab und zu musste er eine »bürgerliche Scheidung durchziehen«, um überhaupt etwas zu verdienen, aber sein Herz schlug für die Schwachen. »Damals habe ich das gelebt, und zwar voll gelebt«, sagt Schlauch.

Als linker Anwalt wurde er 1980 Mitglied der Grünen, der Partei, für die er 21 Jahre lang im Land- und Bundestag sitzen sollte und die ihn schließlich zum Fraktionsvorsitzenden wählte. 1980 waren die Grünen noch eine Partei mit vier fast heiligen Grundsätzen: »Ökologisch, sozial, basisdemokratisch und gewaltfrei« wollte man sein. Man wollte zeigen, dass man Politik machen kann, ohne das Machtgehabe der etablierten Parteien nachzuäffen, und vor allem auch, ohne die Ideen zu verraten, die einen einst antrieben. Und so schufen die Grünen eine Reihe von Regeln, die jene, die an die Macht gelangten, davor schützen sollten, dieser zu verfallen. Ein Abgeordneter sollte nicht mehr als ein Arbeiter verdienen. 1950 Mark netto durfte er behalten. Den Rest seiner Bezüge musste er an Ökoprojekte verschenken. Die Hälfte der Posten wurde von Frauen besetzt. Wer ein Mandat hatte, durfte nicht auch noch ein Parteiamt übernehmen, und die Zeit an der Macht sollte begrenzt werden. Die Grünen wollten ihre Abgeordneten rotieren lassen, ein Prinzip, das ich nur als taktisches Mittel vom Fußball kenne. Politische Aktionen waren damals auch für die grüne Führung ein Muss.

1985 fuhren diese Utopisten nach Pretoria, um sich in der deutschen Botschaft aneinanderzuketten und die Freilassung Nelson Mandelas zu fordern. Ein Jahr später besetzten grüne Abgeordnete Teile der Zentrale von Bayer in Leverkusen, campierten einen Tag auf dem Fußboden, um sich gegen die Verschmutzung des Rheins zu wenden. Abgesehen von der Frauenquote, hat keines der Prinzipien den grünen Griff nach der Macht überstanden. Ob es mir damals leichter gefallen wäre, zu entscheiden, wofür es lohnt, einzustehen? Wäre ich damals auf der Suche nach Vorbildern schneller fündig geworden? Oder hätten mich solche Prinzipien abgeschreckt? Die Vorstellung, dass sich Spitzenpolitiker wie Cem Özdemir irgendwo anketten, wirkt heute auf jeden Fall fast skurril. Und von den vier heiligen Grundsätzen hat, wenn überhaupt, nur das Ökologische überlebt. Natürlich scheinen diese Dogmen, die die Grünen in ihrem ersten Überschwang aufstellten, heute ein bisschen naiv, manche sogar ziemlich bescheuert. Aber ist es nicht trotzdem falsch, dass Politik sich heute in vieler Hinsicht zum genauen Gegenstück gewandelt hat? Dass alles verwaltbar und verhandelbar wirkt? Dass man kaum weiß, wer wofür steht? Ist es das, was meine Distanz zu all dem, was zwischen Reichstag und Kaffeehaus Einstein geschieht, so sehr vergrößert hat, seit ich damals voller Begeisterung bei meiner ersten Wahl mitstimmte?

Und weil Rezzo Schlauch, der mir im Polohemd bei einer Tasse Espresso gegenübersitzt, mir keine Scheu einjagt, wie es der staatsmännisch formulierende Gerhard Schröder tat, frage ich jetzt, ohne zu zögern: »Warum haben sich nicht zumindest die Grünen die Ideale des Anfangs bewahrt, die doch vielen so wichtig waren?« Rezzo Schlauch schaut, als möge er mich rügen: Bleib mal auf dem Teppich. Er sagt: Diese ganzen Prinzipien habe er alle von Anfang an bekämpft, »so etwas liegt auch meinem Naturell nicht so sehr«. Er war gegen das Rotationsprinzip, gegen die Diätenregelung, gegen einen sofortigen Atomausstieg, für Hartz IV und in allem »immer ein Pragmatiker«. Vor allem, als die Grünen dann in der Regierung waren. »Natürlich wurden bei den Idealen viele Abstriche gemacht«, sagt Schlauch. »Aber ich habe das dann auf der professionellen Ebene abgehandelt. Als Anwalt vertreten Sie ja auch Sachen, von denen sie nicht überzeugt sind.«

Ich merke, dass ich genervt bin. Langsam ist mir das alles etwas zu flexibel im Kopf. Ist nicht genau das der Unterschied zwischen einem Anwalt und einem Politiker? Der eine vertritt gegen Geld die Interessen seines Mandanten, der andere, von seinem Gewissen geleitet, die der Allgemeinheit? Und was ist schlimmer: Wenn Politiker ihre Überzeugungen wechseln wie andere den Telefonanbieter? Oder ganz offen sagen, dass sie das mit den festen Positionen schon immer genervt hat?

Das, was Gerhard Schröder sagte, als ich ihn zum wiederholten Mal fragte, warum er das eine getan habe und das andere gelassen, fiel mir erst später wieder ein – nicht, während ich mich ganz hinten am Tisch im Café Unter den Linden an etwas labe, was man Selbstgerechtigkeit nennen könnte. Gerhard Schröder sagte nämlich: »Man muss sich natürlich, wenn man darüber wie Sie in einem Buch richtet, fragen: Wo kommt man selber irgendwann an?« Mir blieb da nur ein vages: »Mal gucken«, und ich wusste, dass das als Antwort nicht ausreicht. »Mal gucken.« Mehr fiel mir nicht ein. Denn so unflexibel sind meine Überzeugungen auch nicht.

Es gab schon mal Zeiten, in denen ich mehr hatte als einen schnell hingetippten elektronischen Notizzettel mit ein paar vagen guten Vorsätzen. Damals hatte ich einen ganzen Katalog von Verhaltensregeln im Kopf. Ich aß kein Fleisch. Ich weigerte mich, ein Handy zu besitzen, weil ich nicht dauerhaft zur Verfügung stehen wollte. Ich protestierte dagegen, dass in unserer Wohngemeinschaft gegen Geld Aufnahmen für eine Serie von

PRO 7 gemacht werden sollten, weil ich fand, dass das schlechtes Fernsehen sei. Außerdem gab ich jeden Tag fast jedem Bettler, den ich sah, 50 Cent, obwohl ich Schulden bei drei Freunden und meinen Eltern hatte.

Inzwischen rufe ich auf meinem iPhone ständig meine Mails ab. Morgens vor dem Aufstehen und abends, wenn das Kind schläft oder wir mal im Kino waren. Mein Freund musste Ultimaten stellen, damit ich versprach, das Handy wenigstens in einem Urlaub zu Hause zu lassen. Wenn ich im Café sitze und, was in Berlin immer häufiger geschieht, jemand an den Tisch kommt und mit ausgestreckter Hand um Geld bittet, bin ich oft genervt und schüttle den Kopf. Geld gebe ich nur noch jedem Zehnten, wenn überhaupt. Und dann bekam meine WG wieder eine Drehanfrage: Für eine Comedyserie mit versteckter Kamera sollten bei uns Aufnahmen gemacht werden. Die Idee dieser Serie ist es, Menschen vorzuführen. Pizzaboten müssen mit ansehen, wie zwei Mädchen sich die gerade gelieferte Pizza ins Gesicht werfen. Ein Videothekbesucher soll unterschreiben, dass er entliehene Pornofilme nicht als Wichsvorlage nutzen wird. Die Produktionsfirma bot uns über 10 000 Euro an. Ich sagte sofort »Ja«, wie wir alle. Pragmatisch, abgeklärt, unaufgeregt. Auch wenn ich danach heimlich aufatmete, als sich die Firma für einen anderen Drehort entschied. Wenn das mal keine Flexibilität ist.

Ein paar dieser Regeln, die ich früher mal als ehern bezeichnet hätte, sind natürlich noch übrig geblieben. Wobei ich bei längerem Überlegen einräumen muss, dass man »ein paar« in diesem Satz anders schreiben muss. Mir fallen nämlich genau zwei meiner alten Überzeugungen ein, die die vergangenen Jahre überstanden haben: Ich fliege nicht innerhalb Deutschlands, sondern fahre stets mit dem Zug, auch wenn es zwei oder drei Stunden länger dauert. Ich akzeptiere keine Rabatte, die mir Firmen anbieten, nur weil ich einen Journalistenausweis habe. Das war es an Regeln. Viel ist es nicht. Und könnte ich versprechen, dass ich noch so handeln werde, wenn ich einmal so alt bin wie Gerhard Schröder oder Rezzo Schlauch? Hätte ich dann die Größe zuzugeben, dass das, was mir einmal wichtig war, nicht mehr gilt? Und würde ich erklären können, warum? Wie gesagt, dieses Eingeständnis habe ich mir im Café Einstein erspart. Da fand ich es irgendwie besser, Rezzo Schlauch nachzuweisen, was verkehrt daran war, dass er seinen Überzeugungen untreu wurde. Also: zurück an den Kaffeehaustisch mit der weißen Decke.

Rezzo Schlauch erzählt gerade, dass er wieder als Anwalt arbeitet. »Aber Sie vertreten nicht mehr die Armen oder die Ausländer«, sage ich. Er habe sich einer Münchener Kanzlei angeschlossen, sagt er. Und was für einer, denke ich. Sein Partner war lange Mitglied des Vorstands der CSU Oberbayern und sitzt in vielen Parteigremien. Die Mandanten sind vor allem Unternehmen. Außerdem übernahm Schlauch direkt nach seinem Ausscheiden aus der Politik ein Amt im Beirat von EnBW. Das Energieunternehmen betreibt auch vier Atomreaktoren. Ein Job, der manchen unannehmbar schien für jemanden, der mal um den Atomausstieg verhandelte. Diese Formulierung verbirgt vornehm, dass ich diese Meinung durchaus teile. Also jetzt noch mal offen: So etwas geht doch nicht, oder?

»Warum kämpfen Sie jetzt als Anwalt für die Rechte von Unternehmen und nicht mehr für die der Armen?«, frage ich Rezzo Schlauch. »Brauchen die Armen Sie nicht mehr?« – »Dazwischen liegt ja eine lange Zeit«, weicht er aus. »Aber Sie könnten jetzt das Gleiche wieder machen wie damals, als junger Anwalt?« Ich merke, dass das Anklagende mir Freude bereitet. Es macht alles so viel einfacher und, das ist der entscheidende Vorteil, man nimmt sich selbst aus der Schusslinie. Schlauch zögert. »Ja«, sagt er dann und zögert wieder. »Aber man entwickelt sich ja auch weiter. Man hat jetzt auch ganz andere soziale Zusammenhänge. Wenn ich heute den Kämpfer für die Entrechteten und Deklassierten spielen würde, bin ich mir nicht sicher, ob das stimmig wäre.« – »Verstehen Sie, wenn Leute sagen: Früher hat er für die gekämpft, die keinen hatten. Jetzt will er Geld verdienen. Das ist doch Verrat.« – »Das ist Verrat?«, sagt Schlauch. »Ist das zu hart?«, frage ich. »Nein. Die Beurteilung lass ich zu. Ich kann mit diesem Verratsvorwurf nur wenig anfangen«, sagt er und schaut mich an. Ich glaube, ihm reicht es langsam.

»Sie formulieren doch da immer wieder den Anspruch«, sagt er, »dass man die Positionen, die man mal eingenommen hat, von der Wiege bis zur Bahre durchhalten muss.« Er habe aber eher Schwierigkeiten mit Menschen, die ein Leben lang oder ein halbes Leben auf ihrer irgendwann mal gefundenen Einstellung beharrten. »Das hat auch so ein abturnendes Moment«, sagt Schlauch. Ja. Man habe die Grundsätze nicht durchhalten können. Aber das sei nicht das Problem. Das Problem sei eher, dass vor allem die Achtundsechziger diese Ideale mal so unbedingt formuliert hätten. »Diese ganze Generation hatte den Anspruch, anders zu sein«, sagt Schlauch. »Der ging ja bis zu dem Punkt: Wir sind die besseren Menschen. Das war eine Hybris.« Es wäre besser gewesen, man hätte sich und den anderen diesen Gestus, die ganze Welt verändern zu müssen, erspart, sagt er. Meint er das jetzt wirklich? Dass der einzige Fehler dieser Generation war, ihre Ideale und Überzeugungen einmal so klar formuliert zu haben? Ist das die Lehre, die er denen, die nachkommen, mitgeben will?

»Noch mal zurück zu den Armen und zu den Ausländern«, sage ich. »Glauben Sie denn, dass deren Probleme gelöst sind? Dass es des Einsatzes eines Anwalts nicht mehr bedarf?« – »Nein, aber das müssen jetzt andere machen. Jede Generation muss ihren Fokus, ihren Punkt, wo sie rebellisch ist, wo sie angreift, wo sie Alternativen setzt, selber suchen«, sagt Rezzo Schlauch, um dann mit einem Bonmot zu schließen: »Da gibt es doch auch den schönen Spruch: Geschlagen ziehen sie nach Haus, die Jungen fechten's besser aus.« Ich frage: »Aber wie sollen wir denn die Leidenschaft für diesen Kampf aufbringen, wenn wir bei Ihnen sehen, wie wenig bei Ihrer Generation übrig geblieben ist? Sind Sie da nicht ein schlechtes Vorbild gewesen?« – »Also, die Leidenschaft ist uns auch nicht weitergegeben worden«, sagt Schlauch lapidar. »Um die muss sich jeder selber kümmern.«

Glattgeschmirgelt und ein Gewissen

Aus der Distanz betrachtet war es schon ein wenig giftzwergig, was mir so durch den Kopf ging, als ich nach dem Gespräch nach Hause stapfte: Da sitzt Rezzo Schlauch am frühen Nachmittag zum dritten Mal an einem Tag ganz hinten im Kaffeehaus Einstein, an dem Tisch mit der weißen Decke. Und er sagt, er sei »mit sich im Reinen«. Und gibt uns mit auf den Weg: Dann seht mal zu. »Geht's noch?«, schimpfte ich vor mich hin, als ich mich der U-Bahn näherte. Wenn ich sicher wäre, dass das Stück, das er und so viele andere seiner Generation uns Nachkommenden vorführten, keine Konsequenzen hätte, das Drama, das uns die Relativierung der Ideale lehrte, dann würde ich ihm und den vielen anderen den Ruhestand gerne gönnen. Aber habt ihr mal überlegt, welche Schlussfolgerung es nahelegt, wenn man sieht, wie die, auf die man hoffte, ihren großen Ankündigungen kaum Taten folgen lassen?, fragte ich die abwesenden Achtundsechziger. Dass man dann die Ideale, mit denen man ins Leben geht, schon prophylaktisch auf Gartenzwerggröße zusammenschrumpfen lässt – weil man gelernt hat, dass die, die mehr wollen, das eh nicht durchhalten? Sollen wir lernen, dass man, wenn es ums Geld geht, die Moral nicht so hoch hängen darf?

Als ich mich wieder beruhigt habe, macht sich in meinem Kopf ein Gedanke breit. Ganz langsam, weil er ein bisschen ungemütlich ist. Hat Rezzo Schlauch vielleicht recht, wenn er sagt: »Die Leidenschaft ist uns auch nicht weitergegeben worden. Um die muss sich jeder selber kümmern?« Gerhard Schröder hatte etwas ganz Ähnliches gesagt, als ich aus Büchern zitierte, deren Autoren ihm vorwarfen, dass er keine charismatischen Nachfolger gefördert hätte. »Das ist eine komische Erwartung«, hatte er gesagt. »Ich bin ja auch nicht gefördert worden.« Jede Generation müsse sich selbst kümmern, sagte er. »Das ist deren Aufgabe und deren Recht. Sie können ihren Lebens- und Gesellschaftsentwurf selber bestimmen«, sagte er. »Aber daraus folgt dann auch die Pflicht, das zu tun – und nicht darauf zu warten, dass einen jemand fördert.«

Immerhin waren Gerhard Schröder und Rezzo Schlauch bereit, ihr Leben in der Politik zu verbringen, einen Job zu tun, bei dem sie sich um die Probleme anderer kümmern mussten. Klar, ihr Einsatz hat ihnen am Ende Macht gebracht und Aufträge, mit denen sie vor der Rente noch mal ordentlich Geld verdienen können. Aber es hätte auch schiefgehen können. »Es ist für viele Leute, die ihre Ideale in der Politik umsetzen wollen, ein Problem, welche Bedingungen sie da vorfinden«, hatte Gerhard Schröder gesagt. »Das Einkommen ist okay, aber dicke ist es nicht. Man braucht eine Rückkehroption in den Beruf, um unabhängig von der Partei zu sein, aber das ist nicht so einfach.« Und dann sei da noch Hindernis Nummer drei, »diese gnadenlose Öffentlichkeit. Ich glaube«, sagte Gerhard Schröder, »dass das schon so manchen begabten Menschen, Männlein wie Weiblein, davon abhält, zu sagen: Okay, ich tue das.«

Recht hat er. Wenn ich das mit meinem erwachten Interesse an den Problemen der Welt wirklich ernst meinen würde, wäre dann nicht der erste, logische Schritt, in eine Partei zu gehen? Aber, ehrlich gesagt, liegt mir nichts ferner als das. Ich war mal für vielleicht vier Wochen bei den Jusos in meinem Heimatort. Mein Vater ist in der SPD. Er hatte mir die Adresse gegeben. Ich war damals sechzehn oder siebzehn, die meisten anderen Jungsozialisten erschienen mir unfassbar alt. Waren sie wahrscheinlich gar nicht. Anfang, Mitte dreißig, aber eben definitiv auch nicht jung. Bei keinem der Treffen ging es um Politik. Sie planten ein Beachvolleyballturnier, luden zu einem Videoabend mit Bier und Chips ein. Das alles sind passable Freizeitaktivitäten. Aber Sport treiben und Bier trinken wollte ich schon damals lieber mit Freunden als mit dieser, sorry, etwas uncoolen Vereinigung älterer Herren. Seitdem habe ich mich von Parteien noch weiter entfremdet. Ich finde es gut, dass es Leute gibt, die in die Politik gehen. Aber gleichzeitig denke ich: Ich aber bitte auf gar keinen Fall. Konsequent ist das nicht. Als Entschuldigung könnte ich anbringen, dass ich nun wirklich nicht die Einzige bin, die so denkt.

»Das zentrale Problem ist, dass alle Parteien die Jugend verloren haben«, sagt der Journalist und Politikberater Michael Spreng in dem Buch *Angepasst und ausgebrannt. Die Parteien in der Nachwuchsfalle*, das der Journalist Thomas Leif schrieb. Der Altersdurchschnitt liege bei weit über fünfzig, so Spreng. »Die wenigen engagierten Mitglieder sind alt, es gibt kaum noch aktiven Nachwuchs.« Gerade einmal zwei bis vier Prozent der Mitglieder aller Parteien seien unter fünfundzwanzig, schätzt der Parteienforscher Lothar Probst. Und auch den wenigen Jüngeren, die Politik machen, ist längst aufgefallen, dass sie recht einsam sind. »Die Auswahl an politischem Personal wird kleiner«, sagt Julia Klöckner, die damalige Spitzenkandidatin der CDU in Rheinland-Pfalz und heutige Vorsitzende der Fraktion im Landtag, im Interview mit Thomas Leif. »Immer seltener findet ein Wettbewerb der Besten statt, sondern man bittet und bettelt, jemand möge doch einen Posten im Orts- oder Gemeindeverband übernehmen.«

Kürzlich, als das Magazin der *Süddeutschen Zeitung* sechs meinungsfreudige Veteranen des Politikbetriebs zum Gespräch zusammenbrachte, sprachen auch sie davon, wie es weitergehen könne mit Parteien, denen die Jungen fernbleiben. Udo di Fabio, Richter am Bundesverfassungsgericht, Verfechter der bürgerlichen Freiheit, sagte: Er würde »diejenigen heroisieren, die in die Jugendorganisationen der Parteien gehen, kommunale Mandate wahrnehmen«. Heiner Geißler, CDU-Mitglied, Attac-Mitglied und Bahnhofsschlichter, antwortete: »Sollen wir Autisten und Masochisten heroisieren?« Di Fabio traurig: »Ja. Den Zynismus haben wir uns alle schon angewöhnt. Und das ist der Fehler. Wir müssen diejenigen heroisieren, die sich als junge Leute aus der Freiheit heraus binden wollen.«

Ich habe es ja versucht. Vielleicht hätte ich diejenigen, die sich als junge Leute aus der Freiheit heraus gebunden haben und die damit schon ziemlich weit gekommen sind, als Idealisten heroisieren können. Aber ich werde nicht erfahren, was sie über das Thema denken. Ich habe drei der Jungen, die als Zukunftshoffnungen der schwarz-gelben Koalition gelten und galten, angefragt, keiner hat sich bereit erklärt für solch ein Gespräch. Karl-Theodor zu Guttenberg antwortete gar nicht erst. Ich schrieb meinen Brief ein gutes halbes Jahr vor seinem Sturz. Damals glaubten viele, dass er einer der Aufrechten sei. Christian Lindner, Generalsekretär der FDP, schrieb mir zunächst, er habe für das Thema »durchaus Sympathie«, da er fände, dass Idealisten heutzutage zu oft als Ideologen missverstanden würden. Dann meinte er aber, ganz sachlich: »Die konkrete Entscheidung muss ich meiner Pressestelle überlassen, da dort die Projekte und Anfragen koordiniert werden.« Ich antwortete ihm, dass ich ein Jahr Zeit habe und wir bestimmt einen Termin finden könnten. Als ich von seiner Pressestelle nichts hörte, fragte ich nach. Lindner schrieb nun: Es sei kein Terminproblem. Er wolle doch Abstand von dieser Anfrage nehmen. Und Philip Mißfelder, der Vorsitzende der Jungen Union, ließ mir über seinen Bildungsreferenten mitteilen: »Leider kann Ihnen Herr Mißfelder nicht für ein Gespräch zur Verfügung stehen.«

Idealismus scheint kein Thema zu sein, mit dem man die amtierenden Jungpolitiker aus ihren Büros lockt. Eine Beobachtung, die viele teilen. In ihrem Auftreten und ihrer Art, Politik zu machen, seien die wenigen aktiven Jungen steinalt, sagt zum Beispiel der Wahlkampfberater Michael Spreng und »schon mit dreißig glattgeschmirgelt«. Es gebe mehr und mehr »windschnittige Typen« bei den Jungen, von denen man nie wisse, »ob sie da oder dort hinwollen«, sagt auch Julia Klöckner. Und Giovanni di Lorenzo und Axel Hacke, der eine Chefredakteur der *Zeit*, der andere Kolumnist der *Süddeutschen Zeitung*, stellen fest, dass vielen jüngeren Menschen an den Schlüsselstellen der Macht vor allem *ein* Defizit attestiert werde: Sie seien so pragmatisch und flexibel, dass sie ihre Haltungen permanent neu justierten, je nachdem, was gerade opportun sei. In der jüngsten Jugendstudie stellten die Forscher fest, dass Parteien in der Achtung der Jungen ganz hinten rangieren, nur Banken hatten ein noch schlechteres Image.

Es mag Ausnahmen geben. Aber wenn der Prototyp des Jungpolitikers wirklich so »glattgeschmirgelt« und »windschnittig« ist, wie die Experten diagnostizieren und wie es sich durch Dutzende Fallbeispiele belegen ließe, wie soll dann so etwas wie Begeisterung aufkommen? Müsste nicht jemand, der andere mitziehen will, klarmachen, wofür er steht? Müsste nicht ein gewisser Hang zum Idealismus zur Grundausstattung von Menschen gehören, die in die Politik gehen? Oder ist das schon wieder viel zu viel verlangt? Ich laufe unter der Hochbahn am Kottbusser Tor vorbei. Es ist vier Uhr. In spätestens zehn Minuten muss ich meinen Sohn im Kindergarten abgeholt haben.

Als ich die Tür öffne, sehe ich ihn schon von weitem die lange Rampe hinunterkrabbeln. »Hö, hö, hö«, kräht er, begeistert von der Schräge, wird immer schneller, rast auf allen vieren mit vor Freude weit aufgerissenem Mund auf mich zu. Sein »Hö, hö, hö« kann er hier oft anbringen: wenn er aufs Dach darf, das früher aus Beton war und heute ein Garten ist; wenn er sich in ein Becken voller Bälle fallen lässt, das auf einer der Ebenen aufgestellt ist. Das mit diesem Haus, das mein Sohn so mag, war eigentlich mal anders gedacht. Über die Rampen sollten Autos rollen, auf der Ebene sollten sie parken. Aber das Parkhaus wurde nie in Betrieb genommen. Der Bau verwahrloste, bis er Ende der achtziger Jahre auf Antrieb zweier Architekten zu einem Kindergarten umgebaut wurde. Jetzt ist aus dem Ort, der mal den Autos gewidmet war, eine Art Abenteuerspielplatz für fast 150 Kinder geworden. Als ich das Ex-Parkhaus verlasse, meinen Sohn im Kinderwagen, der mit ausgestrecktem Zeigefinger entschieden nach einem Brötchen verlangt, entscheide ich, dass ich noch nicht aufgeben will. Aber wie suche ich weiter? Soll ich eine Anzeige in allen Parteiblättern veröffentlichen, in die ich schreibe: »Idealisten gesucht«? Vielleicht wäre das was.

Zu Hause blättere ich noch einmal die Biographien durch, die Bilanzen des Weges durch die Institutionen, den die Alt-Achtundsechziger gingen, die Analysen der rot-grünen Zeit. Es muss doch Leute gegeben haben, die sich treu geblieben sind? Ich lese Aufsätze und schaue mir Filme mit alten Reden an. Bei einem Ausschnitt bleibe ich hängen. In einer blass-grauen, viel zu weiten Jacke, darunter einen grünen Pullover und ein rosafarbenes Hemd, steht Hans-Christian Ströbele vor dem Bundestag. Er wackelt hektisch mit dem Zeigefinger. Seine Stimme bricht. Der Ausschnitt ist über zehn Jahre alt. Es geht um Krieg und Frieden im auseinanderbrechenden Jugoslawien und um die Frage, ob deutsche Soldaten dorthin entsandt werden sollten. »Ich schäme mich für mein Land«, sagt Hans-Christian Ströbele, »das jetzt wieder Krieg führt im Kosovo und das wieder Bomben wirft auf Belgrad.« Das alles – die Erregung, das Pathos, das Grundsätzliche – wirkt fremd. Rührend, aber auch ein bisschen uncool. So als hätte sich Ströbele nicht im Griff. Ist das unbedingte Festhalten an Prinzipien, der Kampf für Ideale in der Politik einfach nicht mehr zeitgemäß?

Ich treffe Hans-Christian Ströbele direkt gegenüber vom Kindergarten meines Sohnes in seinem kleinen Wahlkreisbüro. Er begrüßt mich in Jeans und einem beigen Leinenhemd. Er lächelt, das wird er fast die ganze Zeit tun, dabei wirkt er manchmal etwas entrückt – so wie auf dem Plakat, mit dem er in den letzten Wahlkampf zog, ein Comic-Plakat. Es zeigt ihn als weisen, weißhaarigen Mann inmitten von fröhlichen Berlinern, die Rad fahren, Bäume umarmen und Polizisten Blümchen schenken. Eine Märchenwelt, mag man zu Recht sagen. Unrealistisch. Versponnen. Aber sind nicht genau das die Adjektive, mit denen man zu verhindern sucht, dass aus leer stehenden Parkhäusern Kindergärten werden? »Sind Sie denn Idealist?«, frage ich Ströbele gleich zu Beginn. »Ich hoffe«, sagt er. Gut, denke ich. Vielleicht wird er mich doch noch von der Vereinbarkeit von Idealen und einer großen Karriere in der Politik überzeugen. Er fängt an zu erzählen, und ich merke schnell, dass daraus nichts wird.

Hans-Christian Ströbele engagiert sich seit Jahrzehnten in

der Politik. Wie Rezzo Schlauch und Joschka Fischer war auch er bei der Gründung der Grünen dabei, zog 1985 in den Bundestag ein. Aber während die beiden anderen aufstiegen, Minister und Staatssekretär wurden, landete er irgendwann am Rande. Vielleicht war er nicht gut genug. Vielleicht zog es die anderen heftiger in Richtung Macht. Vielleicht war aber auch einfach das mit den Idealen ein Problem – das mit dem Pathos, mit der erregten Stimme, mit dem wackelnden Zeigefinger. Hans-Christian Ströbele wollte keinen Krieg im Kosovo und keinen in Afghanistan, und er sagte das auch, nicht nur in dem Ausschnitt, den ich sah, sondern immer wieder. »Er zeigte sich in Gewissensfragen stets unflexibel«, würde wohl auf seinem Arbeitszeugnis stehen. »Ströbele! Immer wieder Ströbele! Dieser Meister der grünen Selbstzerstörung«, schimpft Joschka Fischer in seinen Memoiren, und man ahnt sein Toben, das einsetzte, wenn der Abgeordnete Hans-Christian dem Chef mal wieder nicht folgen wollte.

Sie haben ihn abgestraft und im Jahr 2002 auf der Landesliste so weit nach hinten gesetzt, dass seine Karriere im Bundestag eigentlich hätte enden müssen. Aber Hans-Christian Ströbele gab nicht auf. Er kandidierte im Wahlbezirk Friedrichshain-Kreuzberg und wurde direkt gewählt. Als erster Grüner. Die Wähler wollten, dass er, der anders war, blieb, auch wenn die Funktionäre entschieden hatten, dass er gehen sollte. Im Jahr 2009 hat Ströbele den Wahlkreis zum dritten Mal in Folge gewonnen. Und heute trägt er einen Titel, mit dem sie die, denen die Ideale den Weg nach oben verbauten, so oft adeln: das gute Gewissen der Partei.

Während unseres Gesprächs blickt er hinter sich, in den Raum mit den Regalen. Er säße oft da, erzählt mir Hans-Christian Ströbele, und nähme sich alte Akten und Aufzeichnungen. Dann würde er nachlesen, was er früher zu grundsätzlichen Fragen gedacht und gesagt habe, um sich selbst zu überprüfen. »Die Erinnerung schützt, wenn man seine Ideale konservieren möchte«, sagt er. »Wie passiert das bei den anderen?«, frage ich. »Wieso scheinen so viele mit einer bestimmten Überzeugung an die Macht zu gehen und mit einer ganz anderen wieder rauszukommen?«

»Ich kann das nicht nachvollziehen«, sagt Ströbele. »Ich ärgere mich auch, wenn ich so etwas lese oder höre. Der Mensch ist halt ein Herdentier und möchte möglichst immer von allen akzeptiert werden.« – »Sind Sie enttäuscht von vielen Ihrer Mitstreiter?«, frage ich. – »Auch. Ja«, sagt er. »Diskutieren Sie da untereinander? Streiten Sie bei Ihren ganzen Sitzungen und Parteitreffen?« – »Nein«, sagt Ströbele. »Da ist nie drüber gesprochen worden. Ich weiß nicht, ob die solche Diskussionen mit Freunden führen. Aber ich habe nie an so etwas teilgenommen, und ich bedauere das sehr.« Und dann wird er so pathetisch und grundsätzlich, wie sich das für ein gutes Gewissen gehört: »Eine Sache, die ist wichtig«, sagt er. »Wir haben die Verantwortung, wieder mehr dazu beizutragen, dass die Politik glaubwürdig ist. Das möchte ich auch meinen Kollegen immer wieder sagen, egal aus welcher Partei: Ihr müsst jetzt mal bei eurer Position bleiben. Ihr könnt die nicht einfach so wechseln. Oder ihr müsst es begründen«, sagt er. »Ihr müsstet es zumindest begründen. Denn es gibt auch die gemeinsame Sache der Glaubwürdigkeit aller.«

Ich vermute, dass diese Mahnung irgendwo zwischen Kottbusser Tor und Kanzleramt verhallen wird. Angela Merkel, schreibt die *Zeit*, regiere immer »unübersichtlicher, manchmal beliebig«. Aber, so stimmt der Autor mit Hans-Christian Ströbele überein: »Wo Positionen, für die heute mit Verve geworben wird, plötzlich zugunsten anderer Positionen verschwinden, verliert Politik ihre Überzeugungskraft. Denn warum sollen sich die Bürger mit politischen Inhalten und Forderungen befassen, wenn diese schon im nächsten Moment bedeutungslos werden können?« Der Schriftsteller Moritz Rinke meint, dass diese Art der Politik gern als »flexible geschmeidige Regierungskunst« beschrieben werde, ihn aber ratlos mache: Dieses »Hin und Her und Kreuz und Quer«, schreibt er, »Steuersenkung: ja, nein, ja; Libyeneinsatz: nein, aber Jasminrevolution in Nordafrika: ja, wie schön, trotzdem aber bitte ohne Diskussion Kampfpanzer für die Saudis!«, das alles sei doch nur »Willkür, die man wohl Realpolitik zu nennen pflegt«, ein »Irrsinn« der »Augenblicksanpasserei«, frei von dem, was man Haltung, Überzeugungen oder Grundsätze nennen könnte.

An diesem Abend lese ich keine Politikerbiographien mehr. Keine Achtundsechziger-Erinnerungen. Keine Bilanzen. Keine Ausblicke. Ich greife nach einem gelben Buch, das schon in meinem Regal stand, als ich noch ein Kind war. Zwei Walfische zieren das Cover. Das Maul weit aufgesperrt, empfangen sie über eine Gangway einen Bären, einen Hasen, einen Ziegenbock und einen Affen. Sie alle wollen im Innern der Walfische zur *Konferenz der Tiere* reisen. Diese wurde angesetzt, weil die Tiere den Politikern, die die Menschen regieren, nicht mehr zutrauen, die Probleme zu lösen. Deshalb, so erträumt Erich Kästner in seinem Buch, müssen die wahren Idealisten unter den Politikern ran, angeführt von einem Terzett aus der Wildnis.

»Eines schönen Tages«, beginnt er seine Geschichte, »wurde es den Tieren zu dumm.« Er beschreibt, wie sich der Löwe Alois, der Elefant Oskar und das Giraffenmännchen Leopold an einem Freitag zu ihrem Stammtisch in Nordafrika treffen und verzweifeln. »Schreckliche Leute!«, sagt die Giraffe über die Menschen. »Und sie könnten's so hübsch haben! Sie tauchen wie die Fische, sie laufen wie wir, sie segeln wie die Enten, sie klettern wie die Gämsen und fliegen wie die Adler, und was bringen sie mit ihrer Tüchtigkeit zustande?« »Kriege«, knurrt der Löwe. »Kriege bringen sie zustande. Und Revolutionen. Und Streiks. Und Hungersnöte. Und neue Krankheiten.«

Die Tiere beschließen, das nicht länger hinzunehmen. Sie treffen sich zu einer großen Konferenz, um die Politiker der Menschen unter Druck zu setzen, sich endlich um die Probleme der Welt zu kümmern. Die Tiere schicken Ratten zu den Menschen, die alle Akten zerfressen, damit die Politiker wieder frei denken können. Sie entsenden Motten, die die Uniformen zerbeißen, damit keine Armeen mehr im Wege stehen. Und als das alles nicht hilft, entführen sie die Kinder der Menschen. »Wir wollen und werden nicht länger tatenlos zusehen, wie eure Regierungen eure Kinder, die wir lieben, und deren Zukunft, die uns am Herzen liegt, immer von neuem durch Zank, Krieg, Hinterlist und Geiz aufs Spiel setzen und ruinieren«, spricht der Elefant Oskar in seiner großen Rede. Die Menschen, so droht er, würden ihre Kinder erst zurückbekommen, wenn sie alle Regierungen vertraglich verpflichtet hätten, die Welt vernünftig und anständig zu verwalten.

Und plötzlich, schreibt Erich Kästner, setzen sich die Staatspräsidenten, die schon so viele Konferenzen scheitern ließen, unter Aufsicht der Tiere zusammen und beschließen, dass es von nun an keine Grenzen, keine Kriege mehr geben solle, dass Wissenschaft und Technik nur noch dem Frieden dienen wollen, dass die Zahl der Büros, der Beamten und Akten auf das »unerlässliche Mindestmaß herabgeschraubt« werden solle und dass die geehrtesten Beamten in Zukunft die Lehrer sein sollen, weil sie die höchste und schwerste Aufgabe zu erledigen hätten: die Kinder zu wahren Menschen zu erziehen. Geht doch, denken Giraffe, Löwe und Elefant, als sie eine Woche später wieder beim Stammtisch in Nordafrika zusammensitzen. 400 Pfund hat Elefant Oskar bei seinem Einsatz für eine bessere Welt abgenommen. Aber irgendwer musste ja den Politikern der Menschen den Idealismus lehren.

Und jetzt?

Meinen nächsten Brief schicke ich ans andere Ende der Stadt – in eine der Straßen des Prenzlauer Bergs, in der im Frühjahr die Kirschbäume blühen. Die Antwort kommt prompt: Natürlich könne ich ihn treffen. »Gerne schon in der kommenden Woche«, schreibt der Empfänger zurück. Und so stehe ich ein paar Tage darauf vor der Tür des mehrstöckigen Mietshauses, in dem der Schriftsteller Ingo Schulze sein Büro hat, friere und warte. Leider dauert es bis zur Zeit der Kirschen noch eine Weile. Es ist ein sehr kalter Dienstag. Wieder einmal liegt eine feste Eisschicht über den Gehwegen Berlins. Im vorigen Winter war fast drei Monate lang nicht geräumt worden. Seit der Winterdienst in weiten Teilen privatisiert ist, kapituliert Berlin immer wieder vor der Kälte. Ein knappes Dutzend Mal habe ich schon auf das Klingelschild gedrückt, auf dem »SCHULZE« steht, aber das Einzige, was aus dem Innern des Hauses nach außen dringt, sind Rufe der Handwerker, die gerade das Treppenhaus renovieren.

Vor zwanzig Minuten schon wollte Schulze, der *Neue Leben* schrieb, *Simple Storys*, *Handy* und *Adam und Evelyn*, der Ehrungen sammelt und Zehntausende Bücher verkauft und den Günter Grass als einen der großartigen Erzähler der neuen Bundesländer lobte, hier sein. Bin ich überhaupt richtig?, frage ich mich. Ein Freund, der Schulze kennt, lobte ihn als ausgesprochen höflichen Menschen, als einen der Aufrechten. Was ist, wenn das genauso falsch ist wie meine Vorstellung, dass die Politik mein Problem mit der Orientierungslosigkeit lösen würde?

In meiner Tasche habe ich eines der Bücher, das Ingo Schulze verfasst hat. Schon seit ein paar Tagen trage ich es mit

mir herum. Es ist keiner der Bände, in denen er seine preis-
gekrönten Short Storys vereinte, keiner seiner Romane. Das
Buch in meiner Tasche heißt: *Was wollen wir?* Es sind vor allem
die Seiten 242 bis 253, die mich vor seine Tür brachten. Der
Abdruck einer Rede. Klingt nicht besonders aufregend. Aber
seit ich das las, hoffe ich, dass Schulze mir sagen kann, wie
man zum Idealisten wird, zu einem, der weiß, was er will,
und der dafür einsteht. Wieder ganz schön viel verlangt. Ich
weiß.

Als ich Sorge habe, festzufrieren, wähle ich Ingo Schulzes
Nummer, um zu fragen, ob er noch komme. Er zögert kurz,
und ich fürchte schon, dass ich gleich über das Eis nach Hause
rutschen kann. Aber Ingo Schulze hat sich nicht für eine Absage gerüstet. Es ist ihm tatsächlich unangenehm, mich vor
seinem Büro vergessen zu haben.»Ich habe es verbrummt«,
entschuldigt er sich.»Kein Problem«, sage ich. Er verspricht,
in fünf Minuten da zu sein. Er sei untröstlich.»Kein Problem«, antworte ich noch mal. Ich halte das Buch in den an-
gefrorenen Fingern und blättere noch einmal durch die Rede,
wegen der ich hier bin. Ich will mit Ingo Schulze sprechen,
weil er etwas getan hat, für das mir selbst schon einmal der
Mut fehlte.

Am 4. November 2007 trat Ingo Schulze ans Pult in der Aula
des Musikgymnasiums Schloss Belvedere, das sich fünf Kilometer vom Zentrum Weimars entfernt über den Hügeln der
Stadt erhebt. Schulze war da, um geehrt zu werden. Die Li-
terarische Gesellschaft Thüringen zeichnete ihn mit dem
Thüringer Literaturpreis 2007 aus. Er empfände »eine große
Freude«, sagte Ingo Schulze. Der Preis bedeutete nicht nur
Ruhm und Ehre, sondern war zudem mit 6000 Euro dotiert.
Dieses Geld allerdings hatte nicht das Land Thüringen über
seinen Kulturetat verbucht, dieses Geld hatte der Stromkon-
zern E.ON gestiftet. Deshalb verbarg auch die Aufschrift

»E.ON Thüringer Energie« einen Teil des Pultes, an dem der Redner lehnte, und deshalb nahm Schulze den Preis nicht nur dankend entgegen.

»Mich stört, dass ich über E.ON nachdenken muss, wenn ich den Thüringer Literaturpreis annehmen will«, sagte er. »Mich stört, dass wir dabei sind, das aufzugeben, was in einem langen Prozess erkämpft worden ist: dass der demokratische Staat seine Verantwortung wahrnimmt, nicht nur für die Künste. Mich stört, dass es kaum noch einen Ausstellungskatalog gibt ohne das Logo oder den Namen einer Firma.« Jedes Festival oder Gastspiel begänne mit einem Prolog, in dem die Namen der Sponsoren genannt würden, klagte er. Sogar als die deutsche Botschaft in Rom zu einem Empfang anlässlich des Tages der Einheit lud, sei dieser mit dem Dank an eine Autofirma eröffnet worden, sagte Schulze. Eine Firma, deren »Produkte wie Karyatiden den Eingang flankierten«.

Ich musste nachlesen, bevor ich verstand, dass Karyatiden weibliche Figuren sind, die als Säulenersatz die Dächer griechischer Tempel trugen. Aber ansonsten fand ich das, was Schulze sagte, auf Anhieb richtig. Er sähe die Gefahr einer »Refeudalisierung des Kulturbetriebes«, sagte Schulze. Kunst sei aber »um ihrer selbst willen da, wie auch ein Mensch um seiner selbst willen da ist«. Aber auch das sei nicht mehr selbstverständlich, meinte Schulze, wenn nicht nur die Kunst, sondern alle Lebensbereiche ökonomisiert würden. »Was wollen wir?«, fragte er. »Wo liegt die Grenze, jenseits derer wir Hoheitsrechte abgeben und Abhängigkeiten zulassen?«

Drei Minuten nach meinem Anruf biegt Ingo Schulze um die Ecke. Schon von weitem sehe ich ihn über das Eis rutschen. Er winkt aus der Ferne. Die Spirallocken wippen. Er versucht schneller zu gehen, als es seine Beine auf dem glatten Weg erlauben. Als er da ist, entschuldigt er sich noch einmal. Dann noch einmal im Treppenhaus. Schließlich bittet er mich in seine Arbeitswohnung, gießt sich eine Tasse Instantkaffee auf und erzählt.

Ingo Schulze ist seine Weimarer Rede nicht leichtgefallen. Er hat lange an ihr geschrieben. Noch länger überlegte er, ob das, was er tut, richtig sei. Er sei nervös gewesen, als er ans Pult trat, denn er sei niemand, der gerne streitet. Eigentlich gehe er Konflikten lieber aus dem Weg. In unserem Gespräch tut er etwas, das sehr selten ist, etwas, das mich schon bei unserem Telefonat ganz durcheinanderbrachte: Nach fast jeder Frage hält Schulze kurz inne, schweigt und denkt und antwortet erst, wenn er sich seiner Sache sicher fühlt. Dann allerdings spricht er druckreif. Ich bin dieses Schweigen und Denken so wenig gewöhnt, dass ich ständig in die Pausen quatsche, meine Fragen ergänzen und erklären will. Er habe verstanden, sagt Schulze dann. Er sei nur nicht so schnell. Er müsse überlegen.

Im November 2007 ist dieser ruhige, bedachte und ausgesprochen höfliche Mann trotz aller Scheu an das Pult getreten und hat die, die ihn ehren wollten, kritisiert. Was für eine Vorstellung: Der Saal voller Galagäste, Leute, die erwarten, dass man brav »danke« sagt, dass man ein, zwei Bonmots anhängt und fertig. Und dann geht einer ans Pult und legt los. »Ich musste«, sagt Schulze. »Es gibt Dinge, für die man dann doch eintreten und kämpfen muss.« Klar, denke ich, muss man. Diesen Satz unterschreiben vermutlich die allermeisten Menschen. Aber die wenigsten machen es dann. Es gibt doch ständig Situationen, in denen man zwischen dem aufrechten und dem bequemen Weg wählen muss. Die meisten nehmen nicht den Abzweig, den Ingo Schulze sich aussuchte. Ich auch nicht.

Zehn Tage bevor Schulze in Weimar sprach, saß auch ich in der ersten Reihe eines Feiersaals und freute mich auf eine Ehrung. Es war der 23. Oktober 2007. Zusammen mit zwei Kolleginnen wurde ich für eine Fernsehreportage mit dem Ludwig-Erhard-Förderpreis für Wirtschaftspublizistik ausgezeichnet.

Wir bekamen Urkunden, Preisgeld und wurden belobigt. Alles war gut, bis der Laudator über eine Familie, die wir gefilmt hatten, herzog. Die Familie, zu der auch ein kleines Kind gehörte, war arm. Weder die Eltern noch der Großvater, der mit im Haus lebte, hatten Arbeit. Drei Wochen lang hatten wir sie begleitet. Wir waren mit ihnen beim Amt, wo sie um Geld kämpften, wir saßen mit ihnen in der Wohnung, wo sie viel stritten, wir gingen mit einem der Kinder in die Schule, wo ihm gesagt wurde, dass es keine Chance habe.

Der Laudator sah das alles offensichtlich nicht. Er meinte, wir hätten gezeigt, wie es sich Familien in der sozialen Hängematte bequem machten. Wir hätten deutlich gemacht, dass es Menschen in Deutschland gäbe, die einfach nicht arbeiten wollten. Die Feiergemeinde applaudierte. Wir saßen verschreckt da, nahmen später unsere Urkunde entgegen und schwiegen. Später lächelten wir ein wenig gequält für das Foto, auf dem wir Otto Graf Lambsdorff umrahmten. Ich habe oft gedacht, dass ich verpflichtet gewesen wäre, nach vorn zu gehen, zu relativieren, richtigzustellen. Aber die Laudatio dauerte nur wenige Minuten. Und in diesen Minuten war ich zu feige. Dass Ingo Schulze anders handelte, hat auch mit Gerhard Schröder zu tun. Wer ihm zuhört, der hört die Geschichte einer Entfremdung von der Politik, die schmerzhaft war. Denn Schulze wuchs nicht langsam in die Demokratie hinein, er fiel ihr euphorisch in die Arme. Und hätte sich zu gerne nie wieder aus dieser Umklammerung gelöst.

Ingo Schulze wurde in Dresden geboren, im dreizehnten Jahr der DDR. Im Herbst 1989, nachdem er gerade seine erste Stelle als Dramaturg im Theater der kleinen Stadt Altenburg angenommen hatte, ging auch er auf die Straße, um das System des Staates, der seine Heimat war, zu stürzen. »Es war grandios«, sagt er. »Freude und Sicherheit durch Unbekannte zu kriegen, die da mit einem auf der Straße waren. Wo man sich nicht kannte, aber sich vertraute und froh war, über den anderen, der sich auch überwunden hatte.« In diesem Herbst glaubte Ingo Schulze zum ersten Mal, dass ein besseres Land möglich sei. Dass mit den alten Machthabern der DDR ein Regime verschwand, das seine Bürger gängelte, das ihnen die Freiheit nahm, zu reisen, wohin sie wollten, und zu reden, mit wem sie wollten, war gut. Nun hätte etwas Neues entstehen können. Aber in den ersten freien Wahlen der DDR entschieden sich gut 48 Prozent der Bürger für Helmut Kohls »Allianz für Deutschland«. Von nun an wurde nicht mehr darüber debattiert, wie man ein neues Land erschaffen könne. Die DDR wurde abgewickelt. »Das war natürlich schon eine große Enttäuschung«, sagt Schulze. »Diese Selbstaufgabe war eigentlich der schlechtmöglichste Weg, der beschritten worden ist.«

Das alles machte aus Ingo Schulze für einige Jahre einen unpolitischen Menschen. Aus dem Dramaturgen wurde der Geschäftsführer eines Anzeigenblattes. Es dauerte, bis er anfing zu schreiben. »Ich musste erst mal zu Verstand kommen«, sagt er. »Das hat doch letztlich zehn Jahre lang gedauert.« Dann, als er endlich in seinem neuen Land angekommen war, wurde Helmut Kohl abgewählt. Zum zweiten Mal in seinem Leben glaubte Ingo Schulze, einem wahren Wandel beizuwohnen. Er gab der Politik noch eine Chance. »Ich hatte immer gehofft, Grüne und SPD – wenn die mal rankommen, wird alles oder zumindest vieles besser«, sagt er. »Ich war da immer noch sehr naiv. Ich habe gedacht, es wird für Arbeiter, Prostituierte und Ausländer besser. Es wird wirklich sozialer, ökologischer und gerechter.«

Ein paar Monate lang habe er seine Regierung bei jeder Gelegenheit verteidigt, sagt Ingo Schulze. Dann, Ende März 1999, erklärte Gerhard Schröder den Deutschen: »In der Nacht zum Donnerstag hat die NATO mit Luftschlägen gegen militärische

Ziele in Jugoslawien begonnen.« Zum ersten Mal seit dem Ende des Zweiten Weltkriegs flogen auch deutsche Soldaten in ihren Kampfflugzeugen mit. »Da war ich völlig schockiert«, sagt Ingo Schulze. »Es ist so schwierig, wenn es die eigenen Leute sind, die etwas machen, was man den anderen nie verziehen hätte.« Drei Wochen lang sei er wie gelähmt gewesen. Er habe einen Text über Chicago schreiben sollen, saß stattdessen aber nur vor dem Fernseher und dem Radio und verfolgte, wie die, die er gewählt hatte, den Krieg verteidigten.

Ich kann mir gut vorstellen, wie der, der so bedacht spricht, erst mal ungläubig verstummte. »Ich habe immer nur gedacht: Du hast die mit in den Sattel gehoben. Jetzt trägst du an deren Entscheidung zu einem Millionstelteil eine Mitverantwortung.« Und während er die Berichte über den Kosovo-Krieg verfolgte, versuchte er, in dem, was die, an die er geglaubt hatte, sagten, Gründe für ihre Taten zu finden. Und als das nicht gelang, fing er an, an seinem Vertrauen zu zweifeln. »Was passiert hier eigentlich?«, fragte er sich. »Wie leichtgläubig bin ich gewesen?« und: »Was habe ich mit mir machen lassen?« Die Krise nach dem Rausch der Freiheit hatten der Bürger Ingo Schulze und die Politik noch einigermaßen überstanden, aber in dem Frühjahr, in dem die rot-grüne Regierung deutsche Soldaten in den Krieg schickte, zerbrach ihre Beziehung endgültig.

»Das klingt jetzt pathetisch«, sagt Ingo Schulze. »Aber so ein Zutrauen, so ein Grundvertrauen war plötzlich weg.« Er habe dagesessen und gedacht: »Wenn das mit dem Krieg möglich ist, was ist denn dann noch möglich?« In den nächsten Jahren beobachtete er dann aus immer größerer Distanz, wie seine Regierung Entscheidungen traf, für die er sie nicht gewählt zu haben meinte. »Die entscheidenden sozialen Verschlechterungen«, sagt Schulze, »kamen leider Gottes mit Rot-Grün. Das fand ich schon schockierend. Und ich bin auch über mich selbst erschrocken, was ich da für eine lange Leitung hatte.«

Die Geschichte dieser Entfremdung, die Ingo Schulze an diesem Winternachmittag in seiner schlichten Schriftstellerwohnung erzählt, ist eine, die das abgenutzte Wort »politikverdrossen« nur unzureichend zusammenfasst. Und sie machte ihn zum Mitglied der Gruppe der Enttäuschten, der auch ich mich angeschlossen habe.

Ingo Schulze aber hat diese Gruppe längst wieder verlassen. Er hat seinen eigenen Verein gegründet, den man vielleicht »Club der aufrechten Bürger« nennen könnte. Ingo Schulze hat das gemacht, was einer derer, von denen er sich abwandte, auch mir geraten hatte: »Jeder muss seine Leidenschaften selber finden.«

Nachdem Ingo Schulze gelernt hatte, dass es nicht funktionierte, den Einsatz für eine bessere Welt an die Politik zu delegieren, versucht er also, so viel wie möglich selbst zu machen. Er trat vor die Festgemeinde in Weimar und kritisierte, dass das Land Thüringen die Preise, die es verleiht, nicht auch selbst finanziert, auch wenn es so viel einfacher gewesen wäre, in der ersten Reihe zu sitzen und sich feiern zu lassen, so wie ich es getan hatte. Er fuhr von Berlin nach Dresden, um da zu sein, als es galt, trotz Versammlungsverbot einen Demozug der Nazis zu blockieren, obwohl er den kalten Februartag auch mit Instantkaffee und Buch in der warmen Wohnung hätte genießen können.

Er meldete sich in der Mitgliederversammlung des Goethe-Instituts zu Wort und sagte, dass es nicht hinnehmbar sei, dass die Institutspraktikanten kein Gehalt bekämen und sogar ihre Flüge und die Unterkunft selbst bezahlen müssten. Er merkte an, dass das ärmere Studenten von einem Praktikum abhalten würde, und blieb auch dann standhaft, als sich Widerstand regte, auch wenn es so viel bequemer gewesen wäre, einfach den Mund zu halten. Er hat bei der Deutschen Akademie für Sprache und Dichtung eine sprachkritische Internetseite mitgegründet. Er kämpft gegen die Privatisierung der Berliner Wasserversorgung und gegen den teuren Wiederaufbau des Stadtschlosses. Und als er von der Terra Preta erfuhr, einer von Menschen gemachten Erde, die sehr, sehr fruchtbar ist, die kaputte Böden retten könnte und unsere Fäkalien aufnehmen, unterstützte er auch diese Idee.

Als Stipendiat der Stadt Mainz dreht er nun eine ZDF-Dokumentation über diese Wundererde. »Es erscheint einem ja vieles dringend notwendig«, sagt Ingo Schulze. »Aber plötzlich ist man nur noch damit beschäftigt.« Dieses Dauerengagement sei allein schon finanziell kaum durchzuhalten, meint er. Und es sei auch eine Frage der Kraft. »Ich denke oft: Was machst du hier? Du musst mal wieder anfangen, an einem Roman zu arbeiten.« In diesem Moment klingelt das Handy. Seine Frau ist dran. Es geht um die Töchter. Eine schwimmt an diesem Nachmittag, die andere spielt auf ihrer Flöte vor. Beide wollen von den Eltern begleitet werden. Ingo Schulze wird an diesem Abend noch in die Musikschule gehen. »Es gibt so vieles zu tun«, sagt er, als er aufgelegt hat. »Man weiß gar nicht, wo man hingreifen soll. Aber manches wäre ja auch wirklich Aufgabe der Politik.«

Inzwischen ist es dunkel geworden in Berlin. Nur dort, wo die Straßenlaternen hinleuchten, glitzern ein paar weiße Kristalle. Auf der Eisfläche, unter der sich die Bürgersteige verbergen, liegt mittlerweile eine fingerdicke Schicht Schnee. Er hält, und als ich nach Hause laufe, rutsche ich nicht mehr. Ich habe *Neue Leben*, den Wenderoman, den Ingo Schulze schrieb, als Hörbuch auf mein Handy geladen. Er liest ihn selber. Vor unserem Gespräch hatte ich mehrere Anläufe gemacht, war aber immer im ersten Teil steckengeblieben. Jetzt lausche ich gebannt. Und plötzlich klingt das, was meine Ohren noch vor Tagen als gemächlich und schleppend ablehnten, verlässlich und beruhigend.

Yasemin oder: gescheitert

Langsam wird es Frühling. Mein Sohn hält sich längst nicht mehr mit Stehversuchen am Sofa oder an wackeligen Regalen auf. Inzwischen umklammern seine Hände immer häufiger den Griff des blau-roten Holzwagens, den ihm meine Tante schenkte. Noch muss er die Arme strecken, um überhaupt hinaufzulangen, noch zieht ihn der rollende Wagen mehr durch das Zimmer, als dass er ihn steuert. Noch schleifen die Füße mehr über den Boden, als dass man von echten Schritten sprechen könnte. Aber statt »wa, wa, wa« sagt er nun schon »da, da, da«. Nur einen Buchstaben hat er geändert, trotzdem klingt es schon fast wie Sprache. Und statt »hö, hö, hö« zu krähen, lacht er jetzt, wenn ihm etwas gefällt – laut und oft auch ziemlich frech, als wäre er schon groß. Manchmal, wenn er so hinter dem Holzwagen durchs Zimmer schleift, denke ich, dass das mit dem Wachsen jetzt ganz schön schnell geht und dass ich mich vielleicht beeilen sollte mit meiner Suche nach Antworten.

Gerade habe ich wieder an Alice Schwarzer geschrieben. Allmählich wird das zur schönen Gewohnheit. Noch immer würde ich sehr gerne mit ihr über Ideale reden. Es ist jetzt die fünfte Anfrage. Und bislang habe ich weder eine Zusage noch eine Absage, noch irgendein Signal von Alice Schwarzer erhalten. Einmal lag in meinem Postfach zumindest eine kurze Mail ihrer Assistentin. Sie versprach, in der nächsten Woche eine Entscheidung zu treffen. Ich wartete zwei Wochen, fragte nach, wartete weiter. Das ist jetzt auch schon wieder Monate her. Ich hätte nicht gedacht, dass es ausgerechnet mit Alice Schwarzer so schwer werden würde. Dabei hatte ich sogar eine Fürsprecherin. Als ich in der Redaktion von »Monitor« erzählte, dass ich schon lange vergeblich versuche, in Kontakt mit Alice Schwarzer zu treten, griff Sonia Mikich sofort zum Telefon und rief die Assistentin ihrer alten Weggefährtin an. Sie solle doch Alice Schwarzer noch einmal an das Interview erinnern und ihr empfehlen zuzusagen, bat Sonia. Aber auch dieser Anruf änderte nichts. Und so tippe ich stoisch die nächste Mail.

Vor mir sehe ich Hans-Christian Ströbele, der in seinem Büro sitzt und durch seine Akten und Ordner blättert; der prüft, ob das, was er heute will, dem, was er früher wünschte, widerspricht. Ich denke an Ingo Schulze, der gegen die Nazis kämpft, für die Praktikanten und der jetzt auch noch die Ausscheidungen der Menschen dieser Erde nutzbar machen will. Und ich höre Rezzo Schlauch, der raunzt: Jammere nicht. Kümmere dich. Und ihnen allen muss ich gestehen: Ich packe es irgendwie nicht. In dem Handy, das ich früher nie haben wollte, ruht schon seit Wochen mein schlechtes Gewissen: die Liste mit guten Vorsätzen, die ich zu Beginn meiner Recherche aufgestellt hatte. Bislang habe ich nichts davon ernsthaft umgesetzt, und das Komische ist, dass ich nicht weiß, warum eigentlich nicht.

Natürlich hatte ich viel zu tun. Da waren die Aufträge, die ich abarbeiten musste, da war die Mittelohrentzündung meines Sohnes, da war der Putzplan der WG, auf dem deutlich zu sehen war, dass ich zwei Wochen im Rückstand war, und da war der eine Freund, den ich dringend zurückrufen musste, um mit ihm ins Kino zu gehen, und der andere, mit dem ich einen Kaffee trinken wollte. Und wieder war eine Woche vorbei, in der ich nicht gespendet hatte, nicht demonstrieren war und mit Sicherheit in diversen Läden gekauft hatte, die ihre Mitarbeiter lausig bezahlen. »Ich hatte viel zu tun.« Mit dem Kind, mit dem Job, mit dem Wunsch, auch mal freizuhaben. Aber taugt das als Entschuldigung? Haben nicht alle Menschen immer viel zu tun? Und wer kümmert sich um die Welt, wenn alle immer so beschäftigt sind?

Es gibt einen Punkt auf meiner Liste, mit dem ich es zumindest ernsthaft versucht habe. Wobei die Frage ist, ob mein halbherziger Versuch nicht größeren Schaden angerichtet hat als mein bisheriges Nichtstun. Aber der Reihe nach. »Ich will Kindern in unserem Viertel, denen es nicht so gut geht, in der Schule helfen«, hatte ich in mein Handy getippt. Ich war durch die Stadt gefahren, um mich als Ehrenamtliche bei der »Bürgerstiftung« anzumelden. Ich wollte Lesepatin in einer Schule in Kreuzberg werden. Das fand ich gut und nötig. Mein Sohn hat jetzt schon ein Regalbrett voll mit Bilderbüchern, obwohl er sie bislang nicht anschaut, sondern nur anbeißt. Ich glaube, dass es vielen hier anders geht. Über die Hälfte der Kinder in meinem Bezirk leben von Hartz IV.

Ich sah mich schon auf einem Kissen sitzen, neben mir ein Stapel der Bücher, die ich liebte, als ich klein war. Vor mir ein paar Kinder im Halbkreis, gebannt lauschend, mit aufgerissenen Augen und offen stehendem Mund. Ich wollte ihnen die Abenteuer des Meisterdetektivs Kalle Blomquist vorlesen, ihnen erzählen, was Pitje Puck, der Briefträger, erlebte, als er sein kleines Dorf verließ, und wieso die Maus Frederick im Sommer keine Essensvorräte anlegte, sondern Wörter und Geschichten sammelte.

An einem Dienstag, kurz nach Mittag, fuhr ich nervös zu einer Schule, deren Adresse die Stiftung mir gegeben hatte. Die Schule liegt in einer Querstraße der Kreuzberger Bergmannstraße, es ist die Achse eines Viertels, das die Reiseführer »Szenekiez« nennen. Touristenbusse fahren hier an manchen Tagen in Reihe, die Mieten sind explodiert, und die alte Markthalle, die früher immer etwas schimmelig wirkte, wo man aber einen Kaffee und ein Paar Wiener für wenig Geld bekam, wurde auf edel saniert, mit Glasfront und Feinkostständen.

Der Schule brachte das bislang wenig. In der *Frankfurter Allgemeinen Zeitung* wird eine Mutter zitiert, die sich weigerte, ihr Kind hier anzumelden: »Der Ruf ist miserabel«, schimpfte sie. Es gebe düstere Gänge, alte Klassenzimmer, nur Frauen mit Kopftüchern. »Ein Brennpunkt«, dachte ich, als ich das las, und betrat zögernd das Schulgebäude.

Wie so oft war dann alles halb so schlimm. In den Gängen hingen bunte Bilder, ich sah etliche Frauen, die ihr Haar offen trugen, und der Raum, der meine neue Wirkungsstätte werden sollte, war wunderschön. In der Bibliothek empfing mich ein großes Holzschiff, gepolstert mit bunten Kissen, eingeteilt in ruhige Leseecken, umgeben von Regalen, voll mit bunten Buchrücken. Es war alles so, wie ich es mir vorgestellt hatte.

Aber dann kam die Einweisung. Ich erfuhr, dass nicht ich lesen sollte, sondern die Kinder. Und es würde auch keinen gemütlichen Kreis geben, sondern ein Einzeltraining. 70 Prozent der Kinder an dieser Schule kamen aus Familien, in denen Deutsch nicht die Muttersprache ist. »Viele von ihnen haben so große Schwierigkeiten, dass sie nicht die nächste Klasse besuchen können, wenn sie beim Lesen keine Fortschritte machen«, wurde mir erklärt. Jeder Pate sollte einmal pro Woche mit zwei Kindern üben. Es sei wichtig, regelmäßig zu kommen, erfuhr ich. Nur so könne das Lesetraining etwas bringen.

Ich nickte, betrat den Klassenraum, und schon kurz darauf umfasste Yasemin meine Hand. »Deine Hand ist schön«, sagte sie. »Ich will mir heute viele Bücher ausleihen. Gehen wir?« Yasemins Finger war emporgeschnellt, als die Klassenlehrerin fragte, wer heute zum Lesetraining wolle. »Ich«, hatte sie gerufen, »ich.« Ich nahm Yasemins Hand, und ich nahm die Bücher, die ich vorher aus den Regalen genommen hatte – drei Bilderbücher mit ein bisschen Text, eigentlich waren sie für die ganz Kleinen gedacht und nicht für eine Achtjährige wie Yasemin. »Nimm die«, hatte mir eine erfahrene Lesepatin empfohlen. »Damit werden viele schon zu kämpfen haben.«

Dann saßen Yasemin und ich auf den Kissen in einer Ecke des Holzschiffes. Yasemins Finger klebte unter den großen Buchstaben. »I«, fing sie an und brach ab. »I«, begann sie noch einmal. »IHR?«, sagte sie schießlich fragend. »Da steht ich«, sagte ich. »I – C – H.« »ICH«, wiederholte Yasemin, und schon klebte ihr Finger am nächsten Wort. »H – A« begann sie und brach wieder ab. »Ich habe«, half ich. Schon bald merkte ich, dass Yasemin meist nicht las, sondern riet. Viele der Wörter auf den Buchseiten waren für sie Phantasiegebilde. Sie konnte sie nicht entschlüsseln, weil sie sie nicht kannte.

In der Geschichte, die wir lesen wollten, ging es um eine Schildkröte. Sie lebte nicht auf den Kaimaninseln in der Karibik, sondern gehörte einem kleinen Mädchen. Das Problem war, dass die Schildkröte nicht aufhörte zu wachsen. Sie wurde größer als das Aquarium, in dem sie lebte, größer als die Badewanne, in die sie umzog, größer als der Pool, den die Eltern des Mädchens für sie im Garten gruben. Schließlich sah die Familie keinen anderen Ausweg, als gemeinsam mit der Schildkröte auf eine einsame Insel zu reisen. Yasemin liebte die Geschichte. Sie kicherte. Sie bekam rote Wangen. Sie sagte, sie wolle das Buch mit nach Hause nehmen. Aber lesen konnte sie den Text nicht. Sie wusste nicht, dass das grüne Tier auf Deutsch Schildkröte heißt, dass das weiße Ding, in dem die Kröte später lebte, Badewanne genannt wird und dass das Rechteck, mit dem das Mädchen in dem Pool schwamm, eine Luftmatratze ist.

Und ich merkte, dass Yasemins Feinde nicht nur die Buchstaben waren, die sie nicht aneinanderreihen konnte, sondern die Wörter, die sie nicht begriff. Yasemin und ich kämpften uns durch das Bilderbuch. Ein paar Wörter entzifferte sie, ein paar las ich, so setzten wir die Geschichte ganz langsam zusammen. »Bis nächste Woche«, sagte sie am Ende. Ich nickte und kam wieder. An den nächsten Dienstagen erklärte ich Yasemin, was Feen sind und was die deutsche Sprache mit Hexen meint. Wir hangelten uns durch ein Bilderbuch, in dem ein Affe davon träumte, ein Raumfahrer oder ein Schauspieler zu werden, und durch eines, in dem erzählt wurde, wie ein Baum wächst, erblüht und welkt. Danach konnte Yasemin »Stern« und »Mond« lesen und wusste, dass auf den Sommer der Herbst folgt. Aber noch immer waren diese Wörter, die sie erkannte, nicht mehr als kleine, gerade entdeckte Inseln im Ozean der fremden Sprache.

Im Februar, an einem Dienstag nach den Winterferien, besuchte ich Yasemin zum letzten Mal. Neben ihr kam Mahmud aus der Klasse gelaufen. An den Füßen hatte er bunte Stiefel aus dünnem Gummi, dabei waren es draußen minus acht Grad. »Was hast du in den Ferien gemacht?«, fragte ich ihn. »Gelesen«, sagte Mahmud. »Die ganze Zeit gelesen.« Seine Klasse wollte bald das Märchen vom Fischer und seiner Frau aufführen. Der gutmütige Fischer, die habgierige Frau, der wundersame Zauberfisch, sie alle sollten von einem der Kinder gesprochen werden. Und dann gab es noch eine Rolle, die wenig Ruhm versprach, aber den meisten Text hatte: die Rolle des Erzählers. Er musste das Märchen zusammenhalten, musste erklären, wie der Schuppen aussah, in dem der Fischer und seine Frau hausten, musste beschreiben, wie geräumig das Haus war, das der Fisch ihnen schenkte, und wie prächtig das Schloss, das sie sich dann wünschten.

Die Geschichte war sechs Seiten lang. Der Erzähler musste davon fast vier lesen. Und dieser Erzähler war Mahmud. Er, der noch vor Wochen hilflos durch die Wörter stolperte, hatte sich freiwillig gemeldet. Erst konnte er nur die kurzen Wörter lesen: »der«, »Fisch«, »Frau«. Lange verzweifelte er an »Hühnerstall« und »Kleiderkammer«. Aber nach diesen Ferien hatte er sich durchgebissen. Vier Seiten. Für andere mochte das ein Witz sein. Für Mahmud war es ein kleines Wunder. Die Frau, die mit Mahmud lesen lernte, lobte ihn, und er wackelte vor Freude mit den dünnen Gummistiefeln.

Yasemin war an diesem Februartag gut gelaunt, wie immer. Sie sollte die Frau des Fischers sprechen. Sie hielt das Blatt und legte den Finger auf die Buchstaben. Dann fing sie an. Aber das, was sie sagte, hatte mit dem Text auf dem Zettel nicht immer viel zu tun. Yasemin hatte die Geschichte auswendig im Kopf. Sie las nicht. Mit den Buchstaben hatte sie sich immer noch nicht angefreundet. Sie hätte meine Hilfe gut gebrauchen können.

An dem Dienstag, der folgte, hatte ich einen Interviewtermin, den ich nicht für Yasemin verschieben wollte. In der Woche darauf war ich krank, und eine Woche später musste ich nach Köln, um für einen Film zu drehen. Danach wollte ich mit dem Rohmaterial in den Schnitt. Als ich zehn Tage später nach Berlin zurückkehrte, sah ich in meinem Kalender, dass ich mich für den folgenden Dienstag mit einem Freund zum Mittagessen verabredet hatte. Ich hatte Scheu, nach einem Monat einfach so wieder in der Grundschule aufzutauchen. Es war mir peinlich, dass ich nicht abgesagt hatte. Also ging ich zu dem Mittagessen, und langsam verblasste die Erinnerung an mein Ehrenamt.

Manchmal denke ich noch voller Scham an Yasemin. Ich hoffe, dass sie den Kampf mit den Wörtern inzwischen gewonnen hat, dass sie jetzt auch eine Erzählerin ist, die ganze Geschichten zusammenhält. Und ich hoffe, dass sie jemanden gefunden hat, der treuer ist, der das mit dem gemeinsamen Dienstag ernster nimmt und sie nicht ganz hinten einordnet, weit nach der Arbeit, der Familie und den Freunden. Als ich an einem Samstag mit meinem Freund in die Bergmannstraße gehe, um in einem der vielen Biosupermärkte dort gutes und teures Essen zu kaufen, zeige ich in die Querstraße. »Da war die Schule«, sage ich leise. »Geh doch einfach wieder hin«, sagt mein Freund. Aber so einfach ist das nicht. Warum eigentlich nicht? Warum gelingt es mir nicht, das, was auf meiner Liste steht, zu tun? Ich war mir doch sicher, es zu wollen.

Ich verkrieche mich wieder in der kleinen Ecke unserer Wohnung, in der mein Schreibtisch steht. Dort, zwischen Bad und Küche, begleitet vom steten Tönen der Waschmaschine, denke ich auf diesem »Warum?« herum. Vielleicht kann man sein Leben nicht einfach nach Liste ändern. In einem der Artikel, die ich lese, steht, dass es die Hälfte aller Menschen so macht wie ich und immer mal wieder gute Vorsätze fasst. Sie nehmen sich vor, mehr Sport zu treiben, weniger Stress zu haben oder eben ein kleines Stück der Welt zu verbessern. Aber nur acht Prozent setzen das, was sie sich vornehmen, wirklich um. Muss Yasemin also zwölf Lesepaten kommen sehen, damit einer bleibt?

Der *Spiegel* schreibt, dass der Mensch sogar träge sei, wenn es um sein Überleben gehe. 90 Prozent der Herzinfarktpatienten schafften es nicht, ihre ungesunden Marotten dauerhaft abzulegen. Man ändert sein Verhalten nicht so leicht. Das Gehirn neige einfach dazu, gewohnte Muster immer und immer abzuspulen, schreibt das Magazin. Sitze ich deshalb hier an meinem Schreibtisch und lese, wie ich es schon immer getan habe, statt noch einmal in die Schule zu fahren? Vielleicht ist es ja nicht meine Schuld, sondern die meines Gehirns, denke ich und markiere den nächsten Absatz des Artikels, denn dort steht: »Für jede Gewohnheit gibt es einen neuronalen Pfad.« Dieser durchlaufe wie ein Trampelpfad die unwegsamen Hirnlandschaften. »Man sieht, wo es langgeht«, schreibt der *Spiegel*, »und es ist bequem, ökonomisch und meist auch nützlich, immer wieder dieselben Wege zu gehen.«

Um einen neuen Pfad ins Hirn zu trampeln, dauere es sechs

bis neun Monate. »Und dazu braucht es Willenskraft, Frustrationstoleranz und Durchhaltevermögen«, bemerken die Autoren. Danke für den Hinweis, denke ich und stelle mir mein Gehirn vor. Da sind die großen Schneisen des eingeübten Verhaltens. An den Gabelungen steht: Arbeiten. Freunde treffen. Essen. Trinken. Fußball gucken. Und der noch frische, aber auch schon breite Weg: mich um das Baby kümmern. Das alles sind Dinge, die ich tue, ohne groß darüber nachzudenken, die ich auch nicht in Frage stelle, für die die Zeit reichen muss. »Spenden«, »demonstrieren«, »mit Yasemin lesen üben«: Für diese neuen, schmalen Pfade habe ich den Arbeitern in meinem Gehirn einen Bauauftrag erteilt. Aber offensichtlich kommen sie keinen Zentimeter voran.

Der Mensch schaffe es als einziges Lebewesen, »gute Vorsätze zu hegen und sie gleichzeitig unberücksichtigt zu lassen«, schreibt der Publizist Richard David Precht, »Weil wir es fertigbringen, bei uns und anderen mit zweierlei Maß zu messen. Weil wir selten um eine Ausrede verlegen sind. Weil wir gerne geneigt sind, unser Selbstbild schönzufärben. Und weil wir uns frühzeitig darin üben, Verantwortung abzuwälzen.«

Shifting baselines nennen das die Soziologen, verschobene Maßstäbe. Verschobenes Erregungspotenzial. Verschobenes Gefühl für Richtig und Falsch. Ich kann mich Stück für Stück daran gewöhnen, es nicht mehr schlimm zu finden, dass Yasemin nicht lesen kann. Ich kann mich Stück für Stück daran gewöhnen, dass Öl ins Meer läuft, dass Menschen im Fernsehen vorgeführt werden und dass Politiker, wenn Unternehmen mit viel Geld locken, häufig vergessen, dass sie dem Gemeinwohl verpflichtet wären.

Die Techniker der NASA, die für die Raumfähre »Challenger« verantwortlich waren, hatten mal klare Maßstäbe. Es gab Dichtungsringe in der Trägerrakete, die sie O-Ringe nannten. Diese, so lautete die Anweisung, mussten immer intakt sein.

Als die Techniker aber immer häufiger versengte Stellen an den O-Ringen entdeckten, fahndeten sie nicht nach den Ursachen, sondern verschoben ihre Maßstäbe. Erst notierten die Techniker, dass es unbedenklich sei, wenn sie Hitzespuren an den O-Ringen fänden, dann schrieben sie, dass es auch nicht problematisch sei, wenn das Material ermüdet sei, und schließlich fanden sie es auch normal, wenn nicht nur der untere Ring versengt war, sondern auch der zweite und man auch dort lädiertes Material vorfand. Am 28. Januar 1986 explodierte die Challenger 73 Sekunden nach dem Start. Die Ringe hatten nicht gehalten.

Mein Traum: Eine Villa, ein Auto und ein sprechender Chicken Burger

Ich schaffe es irgendwie nicht – das mit der Liste, mit den guten Vorsätzen, mit den ganzen Man-müsste-dies-, Man-müsste-das-Sätzen. Warum ich? Noch einmal lese ich die Abschrift des Gesprächs mit Rezzo Schlauch. Er hatte nicht nur verlangt, dass jeder seine Leidenschaft selbst finden müsse. Ein Rat, dessen Umsetzung mir besonders schwerfällt. Er hatte auch gesagt, wenn's schiefginge, gäbe es ja noch diesen alten Spruch: »Geschlagen ziehen sie nach Haus, die Jungen fechten's besser aus.« Damals fand ich den etwas simpel. Das, was ich nicht schaffe, sollen doch die richten, die nachkommen. Jetzt aber, wo ich mit den Pfaden in meinem Gehirn hadere, finde ich diese Idee äußerst charmant. Vielleicht ist die Idee, sich um die Welt zu kümmern, bei den noch Jüngeren einfach schon besser verankert. Das wäre erfreulich und entlastend zugleich.

Vor mir liegen zwei Stapel mit geknickten Blättern. Sie kamen per Post in dicken Umschlägen. Manche Zettel sind sorgsam beschrieben von Füllfederhaltern, die Buchstaben in mädchenhaften Schwüngen, verziert mit Herzchen und Sternchen. Manche sind mit Kuli bekritzelt, ein Ausfluss ungefilterter Gedanken, gehalten von ein paar Spiegelstrichen, aber voller Rechtschreibfehler und kaum lesbarer Worte. Manche sind exakt mit vollständigem Namen, Alter und Berufswunsch beschriftet, auf manchen haben die Autoren nur knappe Spuren ihrer Identität hinterlassen, sie schreiben »weiblich, 17 Jahre« oder »Junge, 14 Jahre alt und knackig«.

Beschrieben wurden diese Bögen von vierzig Schülern: Gymnasiasten aus Düsseldorf, die kurz vor dem Abitur stehen, Realschülern, die an derselben Schule versuchen, den Sprung in die Oberstufe zu schaffen, und Hauptschülern, die in einer kleinen Stadt bei Marburg zu Hause sind. Ihnen allen hatte ich ein paar Fragen geschickt. Ich wollte erfahren, wie ihr Leben einmal aussehen soll, wovon sie träumen, was sie im Land verändern wollen und ob sie glauben, die Kraft dazu zu haben. Sie sollten das aufschreiben, was ihnen durch den Kopf geht, ohne eine Bewertung von Eltern und Lehrern befürchten zu müssen, ohne in pädagogischem Eifer auf erwartete Antworten getrimmt worden zu sein und ohne der Autorin, die all das von ihnen wissen will, gegenüberstehen zu müssen.

Jetzt sitze ich da, lese und staune, denn es sind Antworten, die ich so nie erwartet hätte. »Mein Leben sieht momentan ziemlich trübe aus«, schreibt ein Junge. »Morgens früh aufstehen, zur Schule gehen, Sport machen, schlafen gehen. Ich stelle mir mein Leben mit 30 so vor: Morgens früh aufstehen, zur Arbeit gehen, Sport machen, Zeit mit meiner Frau und meinen Kindern verbringen, schlafen gehen.« Dies ist die nüchterne Zusammenfassung eines Lebenstraums, den fast alle teilen: »Ich möchte ein Haus haben mit 2 Kindern und meiner Frau und wünsche mir, dass ich sie ernähren kann«, schreibt ein Hauptschüler. »Ich möchte ganz viel Geld haben und einen liebevollen Mann an meiner Seite und eine glückliche Familie«, notiert eine seiner Klassenkameradinnen.

Dieser Traum prägt fast alle Blätter, egal, ob sie von volljährigen Gymnasiasten oder eben den Achtklässlern aus der Hauptschule beschrieben wurden. Immer wieder lese ich: »Mein Traum ist es, später einmal viel Geld zu verdienen und mit meiner Familie glücklich und gesund in einem großen Haus zu leben.« »Ich wünsche mir, vor allem finanziell abgesichert und glücklich verheiratet zu sein.« Diese Zukunftsvision ist auf manchen Zetteln ausformuliert und in erstaunlich präzise Pläne gekleidet. So schreibt ein Mädchen aus Düsseldorf: »Ich stelle mir mein Leben einigermaßen erfolgreich vor. Darunter verstehe ich ein gutes Abi, am liebsten ein Journalistik-Studium und einen guten Job mit Festanstellung. Zu meinen Träumen gehört auch der Mann fürs Leben, den ich spätestens im Studium kennenlernen will, um noch einige Entwicklungsschritte seiner Person mitzuerleben.« Viele andere fassen ihre Forderungen ans Leben knapp: »Frau, 2 Kinder, Haus, 1 Hund« oder: »Ich will eine Villa, ein fettes Auto, viel Geld und ein rundes Bett.«

Während ich noch zögerte, während ich Listen verfasste und nach Spuren meiner alten Ideale suchte, scheinen die Schüler, die mir schrieben, längst einen Schritt weiter zu sein. Allerdings nicht in die Richtung, die ich angesichts meiner eigenen Unzulänglichkeit erhofft hatte. Die Träume, die ich lese, beschreiben wohl das, was die Soziologen, die die Jugend erforschten, meinten, als sie mit leicht überraschtem Unterton eine enorme »Vitalität eines kleinbürgerlichen Lebensideals« diagnostizierten. Wollten doch die meisten der über zweitausend Jugendlichen, die sie befragten, dasselbe wie die, die mir schrieben: einen festen Arbeitsplatz und eine eigene kleine Familie als »sicheren sozialen Heimathafen«.

In Deutschland wachse eine Generation heran, so schreiben die Jugendforscher weiter, die mit dem Protest- und Rebellionsimage, das früher den Jungen anhaftete, nichts mehr zu tun habe. Die Jungen hätten begriffen, dass die Welt ihrer Eltern ins Wanken geraten sei, sie lebten in »einer unsicheren und teilweise prekären gesellschaftlichen« Umwelt. Eine Lage, auf die man reagieren könnte, indem man rausgeht und kämpft, um das, was einen stört, zu verändern. Das aber tut kaum einer. Bescheiden ziehen sich die Befragten auf das Nötigste zurück – ein Haus, ein Job, zwei Kinder und ein Hund. Was früher als Spießerleben verspottet wurde, ist vielen Jungen offenbar so fern, fast unerreichbar, dass es als Traum taugt. Die allermeisten Befragten erhofften sich für ihr Leben Zuverlässigkeit, Sicherheit und Ordnung, schreiben die Autoren der Jugendstudie. »Dafür ist man als junger Mann und als junge Frau bereit, sich anzupassen und in bestehende Strukturen einzugliedern. Das Ergebnis ist eine erstaunlich unkritische Generation, die sich nicht gegen die bestehenden Verhältnisse auflehnt und sie noch nicht einmal umkrempeln möchte.«

Ich hätte nie gedacht, dass die beiden Pakete, die ich von den Schülern aus Düsseldorf und Hessen bekam, diesen Befund so klar stützen würden. Natürlich gibt es neben dem großen Zettelberg auf meinem Schreibtisch auch den kleinen Haufen derer, die anders sind. Allerdings ist bei genauem Hinsehen der Ausdruck »kleiner Haufen« wohl maßlos übertrieben. Rechts neben meiner Teetasse wollte ich die Idealisten unter den Schülern sammeln. Nachdem ich alle Aufsätze zweimal gelesen habe, liegen dort vier Zettel.

»Was ich ganz genau machen möchte, weiß ich noch nicht«, schreibt ein Realschüler. »Zuerst ist mir meine Mama am wichtigsten, und ich werde dafür kämpfen, dass es ihr immer gut geht. Doch mein Traum ist es, etwas mehr zu tun. Etwas zu bewegen und Menschen zu helfen.«

Nummer zwei will einen Beruf, »der der Gesellschaft etwas bringt. Ich würde es begrüßen, wenn in Deutschland die Menschen eher füreinander als nur für sich selbst leben würden«, schreibt er. »Natürlich muss man sich zuerst um sich selbst kümmern. Aber oft geht es doch nicht darum, ob das Geld ausreicht, sondern nur darum, das meiste Geld zu haben und andere zum Gefühl der Minderwertigkeit zu bringen. Das würde ich gerne ändern.«

Ein Mädchen hat zwei Seiten mit ihrem Lebenstraum gefüllt. »In der Zukunft würde ich gerne die Welt verändern«, verkündet sie gleich im ersten Satz. »Das hört sich zwar sehr komisch an, aber ich will das wirklich versuchen.« Ihren Plan, wie das funktionieren kann, liefert sie gleich mit: »Zu Anfang möchte ich berühmt werden, als Moderatorin oder Künstlerin arbeiten. Wenn mich ein paar der Menschen auf der Welt kennen und ich genug Geld habe, möchte ich eine Organisation gründen, die sich für die Tier- und Menschenrechte einsetzt.« Sie will Gesetze verabschieden, in denen verboten wird, vom Aussterben bedrohte Tiere zu töten. Sie will, dass es nur noch Biobauernhöfe gibt, auf denen die Tiere einen »schönen Wohnplatz mit Auslauf« haben. Sobald sie die Tiere versorgt weiß, will sie »in dem ärmsten Land der Welt, wo es kaum noch Hoffnung gibt, den Menschen ein Dorf bauen, in dem sie sich sicher und geborgen fühlen.« Auch sie will einen Mann, »aber«, schreibt sie, »ich hätte es dann gerne, dass dieser mich unterstützt und mir hilft, wenn ich ihn brauche«.

Ein anderes Mädchen, das auch davon träumt zu helfen, sich aber noch nicht sicher ist, ob sie in Krisengebieten arbeiten will oder doch eher die Leiharbeit abschaffen oder die Umstände in Kinderheimen ändern möchte, ist da schon bescheidener: Am Ende ihrer Liste erhofft sie sich die »Hochzeit mit einem tollen Mann sowie mindestens zwei Kinder«. Damit, so glaubt sie, wäre ihr Einsatz für eine bessere Welt leider beendet: »Aufgrund eigener Kinder würde ich meine Berufskarriere aufgeben«, schreibt sie, »um mich voll und ganz der Erziehung zu widmen.«

Inzwischen verteilen sich die Zettel mit den Schülerträumen über meinen ganzen Schreibtisch, und ich sitze ratlos davor. Natürlich ist es nicht verwerflich, sich für das eigene Leben ein Haus, einen Job, zwei Kinder und ein Auto zu wünschen. Natürlich ist es schön, wenn die allermeisten Jungen voller Respekt von ihren Eltern und Großeltern sprechen, wenn fast drei Viertel von ihnen ihre zwei Kinder so erziehen wollen, wie auch sie selbst erzogen wurden. Und selbstverständlich ist es gut, dass Zusammengehörigkeit, Familie und Harmonie für so viele solch entscheidende Werte sind. Aber wenn die Jungen versuchen, mit all ihrer Kraft das »kleinbürgerliche Lebensideal« zu kopieren, wer kümmert sich dann um die Welt? Wer kämpft dann dafür, dass die »düstere« Zukunft, die über die Hälfte der Befragten für die Gesellschaft erwarten, doch nicht eintritt? Wer denkt dann darüber nach, wie man anders leben könnte, besser, klüger, gerechter?

»Pädagogisch und entwicklungspsychologisch stellt sich hier die Frage, wie es die Angehörigen der jungen Generation unter diesen Umständen schaffen, ein eigenes Bewusstsein aufzubauen, zu einer neuen Altersgruppe der Gesellschaft zu gehören, die andere und innovativere Akzente als die Elterngeneration und die Großelterngeneration setzt«, schreiben die Autoren der Jugendstudie. Und meinen wohl: Wenn die Jungen nur nachahmen, droht als Folge für alle Lähmung und Stillstand. Aber vielleicht ist es ja auch nur eine Phase. »Die Jugend sah und sieht sich heute vor die Notwendigkeit und Aufgabe gestellt, diese persönliche und private Welt des Alltags, vom Materiellen her angefangen, selbst stabilisieren und sichern zu müssen«, lese ich in einem anderen Buch. Damit habe sie sich auf Bereiche zurückgewendet, deren Anliegen mal »als unjugendlich abgelehnt und verlassen worden waren: die eigene Familie, die Berufsausbildung und das politische Fortkommen, die Meisterung des Alltags«.

Das klingt wie eine Beschreibung derer, die mir ihre Träume schickten. Aber der Band, in dem diese Zeilen stehen, ist längst vergilbt. *Die skeptische Generation. Eine Soziologie der deutschen Jugend*, steht darauf. Es ist das berühmte Porträt einer Kohorte, das Helmut Schelsky schrieb. Es sei eine Jugend, die apolitisch, desinteressiert an gesellschaftlichen Verhältnissen sei, sich auf sich und das eigene Leben fokussiere, analysierte Schelsky. Das Buch erschien im Jahr 1957. Zehn Jahre später sah alles ganz anders aus. Aber was ist, wenn man sich nicht darauf verlassen kann, dass der Pragmatismus eine Mode ist, die kommt und geht?

Noch einmal lese ich mich durch die Blätter. Als dritten Punkt hatte ich die Schüler gebeten, aufzuschreiben, was sie gern an Deutschland ändern wollen. »Mehr Freizeitparks«, hat einer geschrieben. Ein Mädchen wünscht sich »buntere Häuser«, ein Junge will »mehr Fußballvereine«, damit er es vielleicht doch irgendwann mal in die zweite Liga schafft. Manche schreiben schlicht: »Nichts«. Das sind die Zufriedenen oder die Gleichgültigen. Die Mehrheit aber wünscht sich kein Land mit Freizeitparks, bunten Häuschen und Fußballvereinen. Unter Frage drei wird das konkret, was die Forscher wohl als »Sehnsucht nach Ordnung« beschreiben. Der Ton vieler Schüler wird hier hart und erbarmungslos. »Ausländer, die sich nicht benehmen, abschieben«, schreibt einer, »und Kinderschänder nicht nur für 6 oder 10 Jahre hinter Gitter, sondern für immer«. Ein anderer will, dass »das Strafgesetz für Mörder und Vergewaltiger verhärtet wird« und außerdem endlich »den Solidaritätszuschlag abschaffen«. Ein Mädchen schreibt:

»An Deutschland würde ich gerne die Anzahl der Hartz-IV-Empfänger verändern. Meiner Meinung nach machen sich zu viele ein leichtes Leben ohne Arbeit auf die Kosten des Staates.« Auch eine andere möchte »die Hartz-IV-Regeln ändern. Es wird heutzutage viel zu viel Geld für Leute rausgeschmissen, die es nur vertrinken und verrauchen«, meint sie. Außerdem merkt sie an: »Deutschland ist viel zu ausländerfreundlich.«

Ich weiß nicht, ob es an der Sarrazin-Welle liegt, die über das Land ging, aber keine Veränderung scheint vielen der Schüler so dringlich wie die Abweisung von Fremden. »Es muss strenger nachgeschaut werden, wer in Deutschland einwandern möchte«, schreibt ein Mädchen, »da viele ausländische Bürger schlimme Gewalttaten begehen.« »Ich will, dass nicht alle, die in oder nach Deutschland sind oder kommen einen deutschen Pass bekommen«, fordert eine andere Schülerin. Und so geht es munter weiter: »Alle Ausländer, die sich nicht benehmen, raus.« Oder immer wieder ganz schlicht: »Weniger Ausländer.«

Natürlich mag das Zufall sein. Natürlich sind es nicht mehr als vierzig Lebensträume dreier Schulklassen. Aber der Tenor dieser Zufallsberichte ist eindeutig. Die meisten Schüler wollen, dass wir härter gegen all die vorgehen, die ihnen im Verdacht stehen, fremd oder faul oder gefährlich zu sein. Sie wollen wegsperren, ausweisen, antreiben. Und während ich mich durch die Blätter lese, habe ich den Eindruck, als zögen sie um ihre Traumhäuser hohe Mauern oder zumindest stabile Zäune, um ihre Kinder, um ihr kleines Glück zu schützen. Es ist, als läse ich die Forderungen verbitterter, verängstigter Rentner. Nicht die Träume von Teenagern, vor denen ein ganzes, langes Leben liegt, in dem doch so viel möglich sein sollte. Geschrieben haben mir alte Menschen, die gerade einmal 15,16 Jahre alt sind. Das geht doch nicht, denke ich. Man muss ja nicht mit den ganz großen Ideen kommen, mit denen, für die so viele kämpften – Freiheit, Gleichheit, Brüderlichkeit, zum Beispiel. Aber ein bisschen mehr Idealismus hätte es schon sein können, oder? Wir leben doch in einem Land, in dem noch immer so vieles möglich ist, in dem jeder das Recht auf einen eigenen Lebensweg hat, auf Wünsche, auf Träume; in einem Land, in dem niemand im Gefängnis landet, weil er sagt, was er denkt.

Wieso gehen die, von deren Träumen ich lese, das Leben dann so verzagt an? Wieso kreisen die Gedanken von Teenagern, die das große Glück hatten, an so einem Ort geboren zu werden, nur darum, wie man Häuser baut, Familien gründet und alles Fremde, Störende fortschickt?

Das geht doch nicht, denke ich noch mal und finde mich gleichzeitig ein wenig lächerlich, wie ich so vor dem Schreibtisch mit all den Schülerzetteln sitze und empört mit den Füßen aufstampfe.

Zur Beruhigung lese ich den Brief, der im Paket aus der Hauptschule ganz oben lag, den Brief, der so etwas wie einen echten Traum liefert. Unrealistisch, versponnen und ein bisschen daneben. So wie man eben ist, mit 14 Jahren. »Frage 1«, schreibt der Schüler. »Wie soll Dein Leben einmal aussehen? Was sind Deine Träume?« Mit Kugelschreiber skizziert er seine Vision: »Ich willn Chicken Burger erfinden, der reden kann, und dadurch Millionen verdienen.«

An diesem Nachmittag ist es zum ersten Mal so warm, dass der Winter besiegt zu sein scheint. Ich leihe mir von der Nachbarin einen Eimer, ein paar Förmchen und eine Schaufel und beschließe, das zu tun, was alle Eltern in der Großstadt machen, sobald die Sonne kräftig scheint. »Wir fahren in den Park«, erzähle ich meinem Sohn, als ich seinen Kinderwagen in den Aufzug schiebe. »Du kannst dir heute mal den Spielplatz anschauen.« Er kaut teilnahmslos auf einem Stück Brötchen herum und zeigt keine Anzeichen von Begeisterung, aber auch keine von Ablehnung. Also los, denke ich.

Im Park ist Geschrei und Radau, über hundert Kinder schaukeln und wippen und buddeln. Ganz an den Rand des Riesenspielplatzes setze ich meinen Sohn. Dort wird er die nächste Stunde in seliger Zufriedenheit sitzen bleiben. Er wird sich all die rennenden und rutschenden Kollegen anschauen. Er wird versunken mit seiner Schaufel auf den Sand schlagen. Er wird die Körner ganz langsam zwischen den Fingern reiben. Und als Höhepunkt des Tages wird er einen seiner Plastikbecher mit Sand füllen, ihn an die Lippen heben und kippen. Dann wird er den Mund und die Jacke und die Hose voller Sand haben, lachen, und man wird keinen seiner sechs Zähne sehen, weil auch die unter einem Haufen Sand verborgen liegen.

Vielleicht sollte ich das mit der Liste, mit den Vorsätzen und den Antworten auf die großen Fragen einfach vergessen, denke ich, als ich wieder zu Hause bin. Vielleicht haben die Schüler und mein Sohn recht. Vielleicht reicht es, wenn man eine kleine Ecke im Leben hat, in der man friedlich sitzen kann. Vielleicht braucht es nicht mehr als eine Schaufel in der Hand gegen die Langeweile und einen Becher voll Sand für den ganz großen Spaß.

Ganz ohne

Eigentlich wollte ich mir am nächsten Morgen trotzdem noch mal die Liste mit meinen guten Vorsätzen vornehmen. »Ich werde versuchen, bei Unternehmen einzukaufen, die nach Tarif zahlen«, steht da – meine kleinteilige Übersetzung der

Ideale der Arbeiterbewegung. Der, der seine Arbeitskraft zur Verfügung stellt, soll fair entlohnt werden. Das ist mir wichtig, darauf wollte ich nun achten. Und ich hatte mir schon überlegt, an welchem Zipfel meines Konsumentinnenlebens ich beginnen würde. Da ich oft und viel reise, aber eine schlechte Proviantplanerin bin, kaufe ich häufig auf Bahnhöfen. Ich hatte mir überlegt, dass ich die Geschäfte am Hauptbahnhof anschreiben könnte, um zu fragen, wie sie ihre Mitarbeiter entlohnen. Im Schnitt bin ich einmal pro Woche dort. Ob ich mein Brötchen an Gleis 14 oder doch in der Zwischenebene kaufe, ist mir egal. Wenn ich wüsste, wer wie viel zahlt, könnte ich allein danach entscheiden und Kunde der Geschäfte werden, die ihre Angestellten am besten entlohnen. Ich hatte gedacht, dass das ein guter Anfang sein könnte.

Aber ich lasse es. Plötzlich erscheint mir mein Vorhaben sinnlos. Selbst wenn mir die Firmen antworten würden, was hätte ich davon? Würde ich eine Bewegung in Gang setzen? Zum Wohle der fair bezahlten Bäckersfrau? Was bringt es, wenn ich als Sturkopf an meiner Liste herumdoktere, während die, die nachkommen, längst die Grundrisse für ihre Einfamilienhäuser planen? Wieso soll ich mich darum kümmern, was die Frauen im Hauptbahnhof verdienen, wenn deren Kinder vielleicht nicht mehr wollen als ein dickes Auto und keine Ausländer in der Nähe?

»Wir können eine Welt gestalten, wie sie die Welt noch nie gesehen hat.« Klar klingt das verlockend. Und sicher hat der alte Dutschke das damals auch so gemeint. Aber es hat eben nicht geklappt. Und wenn so viele von denen, die im Windschatten dieser Idee nach oben gesegelt sind, das mit dem »Weltverbessern« so einfach aufgeben konnten, warum sollte dann gerade ich so verbohrt sein und daran festhalten?

Vielleicht sollte ich einfach akzeptieren, dass der Idealismus eine abgestandene Idee ist. Ich nerve ja auch meine Umgebung nicht mit dem Wunsch nach freier Liebe oder Einladungen zu Lesekreisen, damit wir gemeinsam *Das Kapital* studieren. Warum will ich die Welt ändern, wenn ich in der Welt, wie sie ist, doch einfach gut leben könnte?

Heute nehme ich nicht die U-Bahn. Ich rufe ein Taxi und sage: »Unter den Linden, bitte.« In meiner Tasche habe ich eine Einladung zu einem Empfang. Der Medienkonzern Bertelsmann bittet zu Kaffee, Häppchen und Debatten mit denen, die in ein paar Jahren im Lande etwas zu sagen haben werden. Vielleicht kann ich hier neue Vorbilder treffen.

Bertelsmann hat sich für seine Berliner Repräsentanz eine der schicksten Adressen gekauft, die die Stadt zu vergeben hatte: Das Taxi hält »Unter den Linden 1«. Das Haus, mit dem der Berliner Boulevard beginnt, hieß mal Kommandantenhaus. Der französische Schriftsteller Stendhal hat hier gelebt und einer derer, die das Hitler-Attentat versuchten. Dann kamen die Bomben der Alliierten, die das Haus beschädigten, und die Funktionäre der DDR, die es abrissen. Was blieb, war ein Negativ aus dem Jahr 1910. Es war die Vorlage, nach der Bertelsmann das alte Kommandantenhaus mit viel Mühe nachbauen ließ. Jetzt steht es wieder. Von außen eine Kopie dessen, was früher einmal war, von innen ein Raum, in dem heute darüber diskutiert wird, was in Zukunft sein soll. Vorne steht die alte Fassade, die Hinterwand des Hauses ist ein Glaskasten. Unter der Decke hängt ein Riesenbildschirm, darauf werden klassische Gemälde eingeblendet.

Unter diesem virtuellen Riesengemälde führen junge Leute einen Small-Talk-Tanz auf. Die meisten tragen Schwarz, Anzug oder Kostüm. Den Kaffee in der Hand nähern sie sich dem Gegenüber, dann senken sich die Augen, bis sie an einem kleinen Plastikschild, das an der Kleidung heftet, Halt finden. Schnell entscheiden sie, ob Name und Funktion Netzwerknutzen versprechen. Wenn nicht, tanzen die Füße einen kleinen

Halbkreis, hin zum nächsten möglichen Partner. Wenn doch, kommen sie für einen Moment zum Stillstand. Dann singen die Tänzer ihr kleines Lied: Was machst du so?, Wie lange schon?, Kennst du den oder den?, Wie soll es bei dir weitergehen? Meist drehen sie dabei den Kopf in kleinen kreisenden Bewegungen über die Schultern des Gegenübers. Sie müssen sehen, wer von links naht, wer von rechts kommt. Sie müssen entscheiden, wann es sich lohnt, weiterzutanzen – zum nächsten Anzug, zum nächsten Namensschild. Lustig muss das von oben aussehen, denke ich. Ein modernes Menuett.

Die Tänzer sind geladene Gäste des Wirtschaftsmagazins *Capital*. Die Zeitschrift veranstaltet heute den »Junge Elite Gipfel«. Die, die hier sind, sind die neuen »Hoffnungsträger«, verspricht das Magazin, »die Toptalente aus Politik, Verwaltung, Wissenschaft und Wirtschaft«, die, die von den Hebeln der Macht »nur noch eine Fingerspitze entfernt sind«, die, die nötig sind. Denn, so lautet das Motto des Gipfels: »Neue Idole braucht das Land.« Einer von denen, die hier tanzen, ist Frank Krings. Er ist Ende dreißig, hat Gesichtszüge, die ein wenig an Moritz Bleibtreu erinnern, einen festen Blick aus klaren graublauen Augen. Er kennt das Spiel. Er gehört schon lange dazu.

Krings ist so ein neues Idol, einer, der wahrgemacht hat, wovon viele der Schüler in ihren Briefen träumten. Er hat ein schönes Haus im Taunus bei Frankfurt – dort, wo die leben, die es geschafft haben. Wenn es schnell gehen muss, steigt er in seinen BMW Mini und fährt runter in die Stadt. Abends, wenn die Sonne hinter den Glastürmen der Frankfurter Skyline untergeht, hat der Anblick dabei etwas Magisches. Die Schüler würden ihm wohl neiden, dass das nicht sein einziges Auto ist. Frank Krings hat eine sehr nette Frau, die Kunst liebt und gern reist, und er hat einen Sohn, der auf eine exzellente Schule geht und aus dem mit Sicherheit mal etwas werden wird. Und Frank Krings hat Erfolg in seinem Job.

Er war 33 Jahre alt, als ihn ein Brief aus Genf erreichte. Darin teilte man ihm mit, dass er als einer der Young Global Leaders nominiert sei. Die Young Global Leaders sind das Juniornetzwerk des Weltwirtschaftsforums. Ein Jahr später kam dann die Auszeichnung der Zeitschrift *Capital*. Auch sie kürte Krings früh zum Teil der »neuen Elite« des Landes. Er sei ein Vertreter der Generation Guttenberg, schrieb die *Capital*. Der Artikel erschien vor dem Sturz des ehemaligen Verteidigungsministers. Damals war das als großes Kompliment gemeint. Junge Idole wie Krings stünden für einen ganz neuen Stil, analysierte die *Capital*. Sie seien »wohlerzogen, höflich im Umgang, international hervorragend ausgebildet und auf eine lockere und optimistische Art selbstbewusst. Kurz: Sympathieträger«.

Krings lacht, als ich ihm die Beschreibung vorlese. »Ich will hoffen und glauben, dass dies so verkehrt nicht ist«, sagt er. Frank Krings ist Banker. Er hat 1996 bei der Deutschen Bank angefangen und ist dann ganz schnell aufgestiegen. Am Ende war er Mitglied der Geschäftsleitung des Konzerns für Deutschland und hatte einen Job, den die Bank *Chief Operating Officer Europe* nennt, »Organisationschef für das Europageschäft der Bank« könnte man diese krude Bezeichnung übersetzen – was mir allerdings nicht weiterhilft. »Probieren wir es mit einem Fußballvergleich«, schlage ich Krings vor. Das mache ich immer, wenn ich etwas nicht verstehe. »Wenn Ihr Vorstand, Ackermann und seine Kollegen, Deutscher Meister sind, was waren dann Sie? Europa-League-Platz?«

Krings schaut zum ersten Mal etwas sparsam. »In der Funktion habe ich unmittelbar dem Vorstand berichtet«, sagt er. »Das ist unter dem Vorstand die nächste Führungsebene.« – »Champions League?«, schlage ich vor. »Ich überlasse es Ihnen, wie Sie das abschließend einordnen«, sagt Krings, sieht aber wieder deutlich entspannter aus. »Und wie sind Sie so schnell nach oben gekommen?«, frage ich. »Wussten Sie immer, was Sie wollen?« Es sei wohl das Aufeinandertreffen von Können, Chancen und Glück, sagt er. »Das ist ein statistischer Prozess. Es gibt 80 Millionen Menschen in Deutschland und über sechs Milliarden auf der Welt. Da gilt es zu versuchen, die Wahrscheinlichkeit zu erhöhen, dass Sie zum richtigen Zeitpunkt am richten Ort sind.« Es sei hilfreich, Netzwerke zu pflegen, aufgeschlossen und vielseitig zu sein und vor allem, ein gewisses Risiko nicht zu scheuen.

»Sie müssen bereit sein, Neuland zu betreten«, sagt Krings. »Es gab am Ende nur einen, der von Spanien losgesegelt ist und der geguckt hat, ob nicht im Westen noch Land kommt, und andere haben sich entschieden, Küstenschiffer zu bleiben.« Er liebe es zu segeln, sagt Krings. »Und beruflich bin ich nie zu lange an der Küste geblieben. Ich bin immer wieder losgesegelt, immer wieder zu neuen Zielen.« Und während der eine Segler Amerika entdeckte, trieb es Frank Krings immer weiter nach oben, bis er schließlich Chief Operating Officer Europe war, eine siebenstellige Jahresvergütung schwer, Young Global Leader und Teil der »jungen Elite«, neues Idol und Vorbild dafür, die Dinge so anzupacken, wie es die Generation Guttenberg tut.

Ob ihn bei seiner Segeltour an die Spitze der Deutschen Bank auch Ideale geleitet hätten, frage ich ihn. »Ich bin überzeugt, dass Märkte einen Beitrag zum Wohlstand der Völker leisten können. Und ich will dazu beitragen, dass knappe Güter der Volkswirtschaften, zum Beispiel Investitionsmittel, am Ende dorthin gelangen, wo sie am wertstiftendsten sein können.« Okay, denke ich, das klingt nach Milton Friedman, dem Nobelpreisträger und lupenreinen Wirtschaftsliberalen. »In einem freien Wirtschaftssystem gibt es nur eine einzige Verantwortung für die Beteiligten«, schrieb er. »Sie besagt, dass die verfügbaren Mittel möglichst Gewinn bringend eingesetzt und Unternehmungen unter dem Gesichtspunkt der größt-möglichen Profitabilität geführt werden müssen.« Das Geld soll also dahin, wo es am meisten Geld bringt.

Gute Idee eigentlich, das zum Ideal zu erheben. Damit kann man dann jedes Geschäft als idealistisch adeln. »Das mit den Idealen ist allerdings auch immer so eine Sache«, unterbricht Krings meine Grübelei. »Sie sind mir nicht egal, aber ich bin auch nicht dogmatisch.« – »Was heißt das?«, will ich wissen. Viele würden ja Ideale als Leitplanken beschreiben. Gibt es so etwas in seinem Leben? »Das hieße ja, dass man außer bei einem Unfall nicht drüber kann«, sagt Krings. Das fände er schon recht nahe am Dogmatismus. Für ihn sei ein Ideal eher wie ein entferntes Ziel. Bei der Frage, auf welchem Weg man das erreiche, müsse man im Rahmen des rechtlich und ethisch Vertretbaren flexibel sein. »Wenn Sie einen Berg besteigen«, sagt Krings, »dann ist das Ideal, bei Sonnenaufgang oben zu sein.« Dafür würde er, wie es die Profibergsteiger tun, noch vor Anbruch des Tages aufbrechen. Ob man aber, um dieses Ziel zu erreichen, den Berg gerade hochklettert oder in Kurven auch mal über die Leitplanken geht, das möchte er nieman-dem vorschreiben.

»Freiheit und Individualität. Das ist ein hohes Gut«, sagt Krings. »Ich würde mir nicht anmaßen, einen Gesellschafts-entwurf definieren zu wollen, der für alle passt.« Und er glaube, dass er damit keine Ausnahme sei. Unsere Generation würde einfach nicht mehr so ein Bohei machen um das, was sie im Detail für richtig und falsch hält. »Wir geben dem Individuum sein Recht auf Entfaltung. Das finde ich gut«, sagt Krings. »Sie sind ganz zufrieden mit unserer Generation, oder?«, frage ich. »Insgesamt ja«, sagt er. »Ich bin optimistisch, was die Zukunft angeht. Aber ich bin ohnehin eher der Das-Glas-ist-halb-voll-Typ.«

Cool, denke ich – und frage mich, ob ich mit meinem Zweifel, mit meinem ständigen Infragestellen das Glas zu leer sehe. Vielleicht ist das, was mir Krings erklärte, und das, was die Schüler sich wünschten, einfach der angemessene Umgang mit der Welt. Man akzeptiert sie, wie sie ist. Man segelt der Zukunft entgegen. Tatkräftig. Zupackend. Und jeder auf seinem Weg. Auch wenn manche der Älteren das noch so beklagen mögen.

»Unheimlich sind mir jene postmodernen jungen Menschen, die sich in jeder Situation selbst erzeugen, indem sie auf veränderte gesellschaftliche Erfordernisse reagieren und sich den jeweiligen Gegebenheiten anpassen«, schreibt der große Journalist Jürgen Leinemann. Diese Jungen seien »traurige Streber«, schimpft Jens Jessen, der Leiter der Kulturredaktion der Zeit. »Soll man staunen über die Studenten, deren Berufswünsche Geld und Sicherheit heißen?«, fragt er. »Sie blicken aus Rehaugen, die sich nur manchmal melancholisch verschleiern, auf die raue Welt der Wirtschaft und Politik und scheinen den Schwur getan zu haben, so schnell wie möglich zum Haifisch zu werden, um auch dort zu überleben, wo es von Feinden wimmelt.«

Liest man weiter, findet man viele Variationen dieser Grundklage. »Aus dem Kampf für eine bessere Welt ist ein Kampf für ein besseres Ich geworden«, meint einer der Autoren der Jugendstudie. Und ein Autor des Manager Magazins, der viele, die Karriere machten, traf, schreibt: »Die Aufforderung, das Beste aus dem eigenen Leben zu machen, ist so etwas wie das letzte Glaubensbekenntnis einer Zeit, in der die großen Ideologien verschwunden sind.«

Eine Woche, nachdem der Artikel über die traurigen Streber in der Zeit erschienen war, schrieben zwei junge Redakteure eine Replik. Einer von ihnen, Manuel Hartung, war Chefredakteur von Campus, dem Studentenmagazin der Zeit. Campus ist eine Zeitschrift, in der es oft darum geht, wie der perfekte Lebenslauf auszusehen hat, welche Praktika man braucht und wie man sich am geschicktesten durch das bolognanormierte Studium schlängelt. Es sind genau die Themen, deren Überpräsenz Jens Jessen der karrierefixierten Jugend vorwirft, wenn er stöhnt: »Die gesellschaftliche Großdebatte um Globalisierung und verschärfte Konkurrenz« sei tief bis in die Psyche der Jungen vorgedrungen, »sie ist dort eingeschlagen wie ein Meteor und hat einen Krater hinterlassen, in dem alles Leichte und Hoffnungsvolle, alle Phantasie und alles Aufbegehren verschwunden sind.«

Für Jessen war die feste Orientierung an der Karriere ein Zeichen dafür, dass die Jungen jeden Idealismus verloren hatten. Manuel Hartung und seine Co-Autorin Cosima Schmitt fanden das falsch. »Wenn Jessen über verschärfte Konkurrenz und die Tyrannis der Selbstdisziplinierung lamentiert, was kritisiert er dann wirklich?«, fragten sie in ihrer Gegenrede. »Er verzweifelt daran, dass die Märkte globaler und die Menschen individualistischer geworden sind«, schreiben sie und setzen dann zum Angriff auf den alten Kollegen an: Das sei nicht mehr als der »Pessimismus einer Generation, die spürt, dass ihr die Welt entgleitet«, schreiben sie, einer Generation, der Globalisierung und Individualisierung »prinzipiell als böse« gelten und die sich verschüchtert und entmutigt aus dieser Welt zurückziehe.

Ganz anders reagiere ihre Generation, schreiben die beiden *Zeit*-Redakteure. »Die Jungen«, loben sie, »erstarren nicht in Furcht vor Heuschrecken und Haifischen, Verflechtung und Vernetzung.« Sie seien randvoll mit Zuversicht. So wie Frank Krings, denke ich und lese weiter: »Wer optimistisch ist, hält sich nicht auf mit Geflenne über den Wirtschaftsdarwinismus; lieber tüftelt er daran, wie er in einer globalisierten Welt glücklich werden kann.« Trotzdem, meinten die Redakteure, seien die Jungen Idealisten. Aber eben keine, die die Welt aus den

Angeln heben wollten, sondern die geräuscharm ihren Weg gingen. »Effiziente Idealisten«, tauften sie sich und die anderen ihrer Generation.

Ich denke an Johannes, an Oliver und Maria. Sie und viele andere lernte ich kennen, als ich vor vier Jahren zu denen reiste, die sich an privaten Schulen und Universitäten, in Stiftungen und Netzwerken darauf vorbereiteten, später mal wichtige Aufgaben in diesem Land zu übernehmen, »Elite« zu werden. Sie alle wollten einmal oben sein. Sie und ihre Eltern investierten viel, damit der Weg an die Spitze gelingen konnte. Dieses Ideal verfolgten sie tatsächlich mit größter Effizienz.

Als ich Johannes zum ersten Mal traf, rannte er die meiste Zeit. Wenn er seinen beigen Filzmantel trug und mich über das Gelände seiner Universität führte, mir die modernen Hörsäle zeigte, die Weinberge und den Burgturm – das Ambiente, für das seine Eltern jedes Jahr viel Geld überwiesen –, war er meist drei Schritte schneller als ich. Auch wenn er mich vorbei an der Euro-Statue vor der Zentralbank in einen Club brachte, in dem die Frankfurter Jungbanker feierten, hatte er es eilig. Oder wenn er mich mit ins Fitness-Studio nahm, wo er auf einem Laufband schwitzte, um nach einer 70-Stunden-Woche in der Universität auch noch seinen Körper zu trainieren. Das sei nötig, wenn man nach oben wolle, sagte er mir. Oliver war überzeugt davon, besonders zu sein. Seine Direktorin bezeichnete ihn und die anderen Schüler des Internats Schloss Salem als »ungeschliffene Edelsteine«. Oliver hatte seine Pubertät hinter Schlossmauern verbracht. Er war, wie viele hier, kein herausragender Schüler. Aber bald würde er mit seinem Abschlusszeugnis ein Buch erhalten, das die Namen einflussreicher Ehemaliger enthielt. Ein Netzwerk, das ihm helfen sollte, den Weg nach oben zu finden.

Als ich Maria zum ersten Mal traf, hatte sie nur zwei Stunden Zeit. Dann musste sie wieder in die Bibliothek. Maria lebte damals im Maximilianeum, einer Art Edelpensionat für die besten Abiturienten Bayerns. Mittags aß sie ein Drei-Gänge-Menü, im Stadion des FC Bayern München und beim Oktoberfest waren stets Plätze für sie reserviert, und an Neujahr kam der bayerische Ministerpräsident stolz auf sie zu, um sich mit »Bayerns junger Elite« fotografieren zu lassen. Maria arbeitete viel. Sie wollte ihre Privilegien nutzen, um nach oben zu kommen.

Was mich damals verängstigte, gar verstörte, war, dass keiner von ihnen sagen konnte, was er denn machen wolle, wenn er einmal oben war. In welche Richtung wollten sie das Land verändern? Was war ihnen wichtig? Wofür würden sie kämpfen? Mich begleiteten die Fragen, die Jürgen Leinemann in seinem Text als Sorge formuliert und Jens Jessen als Anklage. Ich vermisste Leute mit Visionen, auch Rebellen, die alles infrage stellen; die nicht nach einem guten Platz in der Welt suchen, sondern die Welt verändern wollen. Die Schüler und Studenten, die ich traf, machten es wie Frank Krings: Die Zukunft fest im Blick, marschierten sie ihr mit Tatkraft, Optimismus und Ehrgeiz entgegen. Effiziente Idealisten eben. Das ist doch gut, denke ich. Sie sind bereit, viel zu arbeiten, um den ganzen Laden am Laufen zu halten. Sie packen das Leben an, statt in Rückzug und Stillstand zu verharren. Was will man mehr? Ich beschließe, das Zweifeln einfach mal seinzulassen. Ich passiere das Menuett der Small-Talk-Tänzer und gehe hinaus in die Dämmerung.

Für mich das meiste

Zwei Wochen später. Ich war aus. Essen. Trinken. Reden. Jetzt ist es kurz vor Mitternacht. Seit mein Sohn auf der Welt ist, fühlt sich das an wie vier Uhr morgens. Ich gehe in das kleine Zimmer, in dem er in seinem Gitterbett liegt. Alles ist ruhig, alles ist gut. Aber jetzt, wo ich es gar nicht erwarte, setzt das Denken plötzlich wieder ein. Der Wein, den ich getrunken habe, lässt die Wörter in meinem Kopf ein wenig kreisen. Haus. Job. Auto. Leistung. Und immer wieder Effizienz.

Ich blicke auf Thomas Schaf, der wie immer unbeachtet in der Ecke des Bettes liegt. Thomas Schaf ist ein Tuch mit Lammkopf, das uns Freunde schenkten. Ich mag ihn oder es, wie immer man will, dabei ist Thomas Schaf eines der uneffizientesten Kuscheltiere, das man sich vorstellen kann. Mein Sohn ignoriert ihn. Das Lamm liegt immer nur rum, es leistet nichts. Sollten wir ihn deswegen aus dem Verkehr ziehen? Wegen mangelnder Effizienz?

Mal im Ernst, was wäre das für ein tristes Dasein, wenn wir uns noch mehr an dem Ideal der Effizienz ausrichten würden, als wir es ohnehin schon tun. Die Kurzpassarien, die Werder Bremen in den besten Zeiten aufführte, waren schön, aber nun wirklich nicht effizient. Trotzdem fehlen sie mir mehr als vieles andere. Das ewige Geplauder in unserer Küche mit einem der dort sitzenden, vorbeikommenden, kochenden Mitbewohner ist uneffizient. Genau wie das Lesen dicker Bücher, das Zu-Fuß-Gehen, wenn man auch mit dem Auto fahren könnte, das Briefeschreiben, wo es doch auch eine E-Mail täte.

Niemand, der in Effizienzkategorien denkt, wird einem Freund lauschen, der immer und immer wieder dasselbe Problem hat. Er wird nicht mit einem Kind diese eine kleine Kiste mit einzelnen Socken ausleeren und einräumen, ausleeren und einräumen, wie wir es seit Wochen tun. Und niemand, der sich der Effizienz verschrieben hat, wird im Schneckentempo mit Yasemin das Lesen üben.

Am nächsten Morgen lese ich noch einmal die Blätter mit den Schülerträumen durch. Auch ich habe schon vieles von dem erreicht, was sie sich wünschen. Mein Sohn hat aus meinem Freund und mir eine Familie gemacht. Ich habe eine Arbeit, die ich mag. Wir haben kein Haus, aber wir teilen mit unseren Mitbewohnern eine ausgesprochen schöne Wohnung, und unten im Hof parkt sogar ein alter VW Polo. Der gehört zwar nicht mir, sondern meinem Freund, aber ich kann damit fahren, wann immer ich möchte. Ich könnte also hinter Job, Familie, Wohnung und Auto vier große Haken setzen. Und ich weiß, dass ich Glück habe, weil diese Haken längst nicht mehr selbstverständlich sind, seit vieles so wacklig und unsicher geworden ist. Aber trotzdem reicht das doch nicht, um einmal die Fragen meines Sohnes beantworten zu können, oder? Soll ich ihm antworten, dass er daraufhinleben soll, sich der Reihe nach ein Leben mit Job, Familie und Auto aufzubauen? Und dass er darüber hinaus danach streben sollte, aus unserer Wohnung ein Haus zu machen? Soll ich ihm sagen, dass der Rest ihn dann nicht mehr zu interessieren hat? Soll ich ihm wirklich beibringen, dass es vor allem darum geht, fleißig zu sein, zupackend und optimistisch? Ist das wirklich die Haltung, mit der er einmal der Welt begegnen soll?

Frank Krings hat nie so viel gearbeitet wie im Herbst und Winter des Jahres 2008. Anfang Oktober, als er gerade zwischen Kairo und Algier unterwegs war, bekam er einen Anruf aus der Vorstandsetage der Deutschen Bank. Sie fragten ihn, ob er sich vorstellen könne, den Job zu wechseln. Es gebe eine Aufgabe in Deutschland, die nicht warten könne. Frank Krings flog zurück nach Hause. Er beriet sich mit seiner Frau, und zehn Tage, nachdem er den Anruf in Nordafrika erhalten hatte, begann er, sich einer Aufgabe zu stellen, die die Wirtschaftspresse einen »Höllenjob« nannte. Es ging um die Hypo Real Estate. Ein Dax-Unternehmen, jedoch ansonsten eine bis dahin eher unbekannte Bank, die ihr Geld vor allem mit der Finanzierung von Immobilien verdiente und die Kredite an Staaten ausgab.

Die Hypo Real Estate hatte »Liquiditätsprobleme« gemeldet – eine höfliche Umschreibung. Die Bank stand vor der Pleite. Sie hing nur Zentimeter über dem Abgrund. Wenn sie stürzte, würde sie viele andere mitziehen. Krings sollte als Vorstand helfen, das zu verhindern. »Ich habe nicht lange überlegt«, sagt er. »Ohne Pathos: Wir hatten in Deutschland ein echtes Problem, das gelöst werden musste, und zu diesem Zeitpunkt gab es keinen spannenderen Job.« Krings packte an. Und wie. »Zwischen dem 20. Oktober und dem Weihnachtsbaum, vielleicht noch bis Silvester, bin ich im Schnitt auf drei Stunden Schlaf gekommen«, sagt er. »Es war eine Extremsituation. Es war echt grenzwertig.« Schon nach kurzer Zeit habe man ihm den Druck angesehen. »Ich war blass«, sagt Krings. »Ich habe abgenommen. Es war so viel zu tun, da konnte man nur das essen, was gerade greifbar war. Denn ihr Feind Nummer eins in der Krise ist die Zeit.«

»Warum haben Sie das gemacht?«, frage ich. »Das Schlimmste wäre doch«, sagt Krings, »wenn wir irgendwann auf die bislang größte Krise unserer Generation zurückblicken, auf die Finanz- und Wirtschaftskrise, und man fragt: Was haben Sie in der Zeit gemacht? Und man müsste antworten: *I was not relevant.* Ich glaube, das, was ich gemacht habe, war sehr relevant.« Also hat Frank Krings mit seiner Frau und seinem Sohn besprochen, dass er erst mal für Wochen aus der Familie »auschecken« müsse. Er hat seinen alten Job aufgegeben und ist wieder einmal losgesegelt. Das, was Frank Krings erzählt, ist die eine Geschichte – in der ist er ein Idol unserer Zeit; ein effizienter Idealist; ein Leistungsträger; einer, der zupackt; der unfassbar viel arbeitet; der Lösungen finden will; ein Young Global Leader eben.

Wie fast alle Geschichten lässt sich aber auch diese ganz anders erzählen. Diese andere Geschichte beginnt im Januar 1998 und handelt von einem Produkt, mit dem eine junge Leistungsträgerin, die Engländerin Blythe Masters, die Finanzwelt entzückt. Blythe Masters ist Mitte dreißig, klug und taff. Masters will nach oben. Sie sei »rund um die Uhr im Einsatz«, schreibt der *Spiegel*. Mitarbeiter beschreiben sie als *pushy* und *sharp*, erbarmungslos und hart. Masters verkauft in diesem Januar 1998 für fast zehn Milliarden Dollar CDOs. Sie ist die Erste, die mit diesem Produkt Erfolg hat. Zehn Jahre lang werden CDOs die Finanzwelt prägen. Ihr jährliches Verkaufsvolumen wird die Billionengrenze reißen. Sie werden viele junge Leistungsträger reich machen. Und am Ende werden sie ein entscheidender Baustein einer moralischen und materiellen »Weltkrise« werden, wie der *Spiegel* schreibt, einer Weltkrise, wie sie sich »in solcher Wucht und solcher Rasanz selten zuvor ereignet hat«.

CDOs sind Colletarized Debt Obligations. »Besicherte Schuldverschreibungen« lautet die staksige deutsche Übersetzung, die einen genauso ratlos zurücklässt wie das Original. Junge Helden wie Blythe Masters hatten die Idee, aus Krediten Wertpapiere zu machen. Dafür mischten sie Dutzende, Hunderte, Tausende Einzelkredite zusammen, vermengten sie, schnitten sie in Scheiben, verkauften sie weiter, vermischten und zerteilten sie abermals und setzten dieses Spiel über Jahre fort. Sie mussten wissen, dass Kredite platzen können, dass Kredite irgendwann platzen würden. Viel später entdeckte man E-Mails, schreibt der *Spiegel*, in denen sich Analysten fragten, wann dieses Kartenhaus zusammenbräche.

Aber solange der Markt wuchs, steigerten sich auch die Summen, die die Banken ihren jungen Mitarbeitern »in die Hand drückten, um damit Aufgaben zu erfüllen, die ganz offensichtlich keinen gesellschaftlichen Nutzen brachten«, analysiert der Amerikaner Michael Lewis in seiner Geschichte der Finanzkrise. Die Jungen nahmen das Geld und taten, zupackend, leistungsbereit und optimistisch, wie sie waren, das, was verlangt war. »Der Aufstand der Jugend gegen die Kultur des Geldes blieb aus«, schreibt Lewis. »Warum sollte man auch die Welt seiner Eltern auf den Kopf stellen, wenn man sie stattdessen kaufen, zerschlagen und gewinnbringend veräußern kann?«

Im Jahr 2004 steigt auch die Hypo Real Estate in das Geschäft mit den gestückelten Krediten ein. Schon bald ist sie die größte CDO-Managerin in Europa. Dann kauft die Hypo Real Estate auch noch eine Bank in Irland auf – dort, wo es wenig Steuern und wenig Regulierung gibt. Die irische Bank ist ein von jungen Leistungsträgern betriebenes Kasino. Sie wetten auf Zinsen und Währungen. Sie geben langfristige Kredite aus und versuchen, das Geld dafür immer wieder neu und ganz kurzfristig auf den Finanzmärkten zu beschaffen. Wenn das alles gut geht, verdient man damit viel Geld. Aber schon Ende 2005 beginnt das Kartenhaus, das Blythe Masters und die vielen anderen aufgeschichtet haben, zu wackeln. Die Immobilienpreise in vielen Teilen der USA stagnieren. Als sie in den nächsten Jahren sogar sinken, fällt das Haus in sich zusammen. Reihenweise platzen die Kredite, aus denen die Banker ihre CDOs kreiert hatten. Ihre Sucht nach diesem Zauberpapier hatte sie immer schlechtere Kredite verpacken lassen, Schulden von Menschen, die arbeitslos waren oder die so wenig verdienten, dass klar war, dass sie das Geld, das sie sich für ein Haus, für ein Auto oder ein Studium liehen, vermutlich nicht würden zurückzahlen können.

Fast zehn Jahre lang hielt die Fassade. Dann wurde klar, dass das, was die Banken für so viel Geld hin- und herverkauft hatten, das, was sie mit horrenden Werten in ihren Büchern verbuchten, was sie Kleinsparern und Großanlegern als sichere Anlage angepriesen hatten, nichts weiter war als ein riesiger Berg aus Schulden. Am Ende mussten die Staaten das Geld der Steuerzahler dafür ausgeben, Bank um Bank vor dem Ruin zu bewahren. Der Internationale Währungsfonds schätzt, dass allein die Deutschen für die Rettung ihrer Banken 120 Milliarden Euro aufbrachten. Durch die Eskapaden der Hypo Real Estate sind jetzt schon Steuergelder in Höhe von neun Milliarden Euro draufgegangen. Wie hoch die Schlussrechnung sein wird, weiß noch niemand. Genau wie die jungen Banker, die glaubten, Götter zu sein, verloren nach ihrem Sturz auch die Zahlen, über die nun debattiert wird, jedes vorstellbare Maß. Sind es Hunderte Milliarden, die den Ländern der Welt verloren gingen? Oder eine Handvoll Billionen? Setzen wir elf, zwölf oder doch dreizehn Nullen hinter die Zahlen, um den Schaden zu beziffern?

Das Leben, das Blythe Masters und die anderen führten, war ein Leben, das vielen, die nachkommen, als Leitstern dient. Sie verdienten so viel, dass sie Dutzende Haken hinter die Schülerträume machen konnten. Job, Auto, Haus, alles erledigt, vermutlich sogar mehrfach. Sie verzagten nicht, als sie sahen, dass die Welt sich änderte, sie nahmen die Herausforderung an. Taff, tüchtig und leistungsbereit. Aber sind sie wirklich effiziente Idealisten? Es »galt einmal als Zug der Jugend, das Nein zu Kompromiss, Anpassung und Geschäftemacherei«, schreibt Jens Jessen in der *Zeit*. Dieses Nein nennt er Idealismus: das Aufbäumen, nicht das eifrige Mitmachen.

Ich denke an einen meiner Besuche der privaten Wirtschaftsuni, an der Johannes studierte. Damals war ein Siemens-Manager zu Gast, der den Studenten erklären wollte, worauf es ankommt, wenn man in der Wirtschaft etwas erreichen möchte. Auch er teilte das Ideal, von dem Frank Krings und die jungen *Zeit*-Autoren erzählen, das Ideal, das die vielen jungen Banker lebten. Nicht mit Rückzug und Entmutigung sollten die Studenten der Welt begegnen, sondern zupackend nach vorne stürmen. Sie müssten Leistung bringen, sagte er den Studenten. Und sie müssten Leistung fordern. Leistung, das begriff ich schnell, meinte für die meisten im Raum, viel zu tun, viele Stunden zu arbeiten, und das gegen möglichst viel Geld. Es ist eine sehr enge Definition. Nachdenken, Geschichten erzählen, sich um andere kümmern. Querflöte spielen. Jonglieren. Malen. Das alles und so viele andere Dinge, die Menschen tun, zählte hier, wie so oft, wenn von Leistung die Rede ist, überhaupt nicht. Während ich noch nachdachte, war der Redner schon längst einen Schritt weiter. Er verspottete die, die nicht mehr als 38 Stunden pro Woche arbeiten wollen, als »Minderleister«. Kurz darauf wurde in einem anderen Seminar vor den »Niedrigleistern« gewarnt. Keiner der effizienten Idealisten stand auf, keiner widersprach, keiner warnte vor der verächtlichen Wortwahl. Warum auch? Wenn Leistung im Sinne von Stundenableisten der Leitwert ist, verdient nur der, der lange und viel im Büro sitzt, Respekt.

Aber wäre es nicht besser gewesen, wenn Blythe Masters und all die anderen Leistungsträger, die von früh bis spät in den Abend, sicherlich weit mehr als 38 Stunden pro Woche, an Produkten feilten, die Einzelne reich machten, aber das Geld vieler verbrannten, ihre Tage faul auf grünen Wiesen verbracht hätten und am Abend mit dem Liebsten ins Kino spaziert wären? Ist eine Gesellschaft, die sich vor allem zur Leistung bekennt, nicht hohl und leer? Kann Leistung ein Ziel sein, dem man sein Leben widmet? Und soll ich meinen Sohn wirklich darauf vorbereiten? Es mag sein, dass es vernünftig wäre – damit er bestehen kann; damit er nicht eines Tages als

»Minderleister«, als »Niedrigleister« oder »Opfer« dasteht. Mit unserem vagen Ziel, ihm zu helfen, großherzig, gerecht, glücklich und frei zu werden, hätte das nichts mehr zu tun. Aber vielleicht wäre es zeitgemäß.

Nur was mache ich dann, wenn mein Sohn eines Tages 70-Stunden-Wochen ableistet, um zu kalkulieren, wie man minderwertige Kredite vermengen kann, um das Schrottresultat noch als Wertpapier verticken zu können? Oder wenn er mit größtem Einsatz eine Ölplattform versenkt? Oder mit viel Energie dämlichstes Trash-Fernsehen produziert? Wäre ich dann glücklich darüber, dass mein Kind ein Leistungsträger ist? Dass es zu den Besten, den Erfolgreichsten, den Fittesten gehört? Wohl kaum. Wieso gruppieren sich große Teile einer ganzen Generation hinter dem Leitwert Leistung? Eigentlich ist Leistung doch kein Wert, sondern eher ein Mittel zum Zweck. Man kann viel leisten, um etwas zu tun, das anderen nützt. Man kann aber auch ranklotzen, um Dinge auszuführen, die den allermeisten Menschen schaden. Wie kann man vor allem stolz darauf sein, schnell zu rennen? Es wäre doch viel wichtiger, zu wissen wohin.

Vielleicht hätte auch Frank Krings zwischen Oktober und Silvester 2008 ausschlafen können, wenn es unter den Leistungsträgern mehr echte Idealisten gegeben hätte. Leute, die Nein schreien, die sagen, wenn etwas falsch ist; die nicht einfach nur all das tun, was möglich ist. Am Ende unseres Gesprächs will ich von Frank Krings wissen, ob in seiner Branche viel über diese Fragen gestritten wird, ob diskutiert wird, wer Schuld daran hatte, dass so vieles so schiefging. Zur Vorbereitung hatte ich viele Aussagen von Spitzenkräften aus der Finanzwelt gelesen, die so abwiegelnd waren, dass sie mich ratlos zurückließen. »Jede Nacht wache ich auf und denke darüber nach, was ich falsch gemacht haben könnte«, sagte der letzte Vorsitzende der Investmentbank Lehman Brothers vor dem

US-Kongress. Aber er könne keine Antwort finden. Und sein Kollege von Bear Stearns meinte, er würde viel darüber nachdenken, wie er den Untergang seiner Bank hätte verhindern können. Aber auch er kommt zu der unschuldigen Erkenntnis: »Da fällt mir auch im Rückblick einfach nichts ein.«

Und Alexander Dibelius, der Deutschland-Chef der Investment-Bank Goldman Sachs, sagte in einem langen Interview, er sei auch nach der Krise »davon überzeugt, dass das, was wir tun, der gesamten Gesellschaft nutzt«, und wandte sich dagegen, nun über Moralfragen zu debattieren. Es wäre, sagte er, »ein Fehler, die Ursache der Finanzkrise in der moralischen Verderbtheit der Akteure zu suchen«, vielmehr resultiere die Krise aus »dem unschuldigen Unvermögen, die Entwicklungen und Zusammenhänge exakt vorherzusehen«.

Als ich das alles las, zuckte ich zusammen. Ich kann ja schon immer nicht verstehen, wie es Fußballer, die 200 000 Euro im Monat verdienen, mit sich vereinbaren können, nach Spielen, in denen sie teilnahmslos über den Platz traben, einfach mit den Schultern zu zucken, wenn sie nach dem Warum gefragt werden. Aber das, was die Banker sagen, ist noch eine Ecke absurder. Da fährt eine Branche Teile der Welt ganz nah an den Ruin, zwingt die Staatengemeinschaft, mit »Unsummen von Geld dagegenzuhalten«, wie der *Spiegel* schreibt. Da drohen nun »kleine Staaten zusammenzubrechen«, da müssen sich »große Volkswirtschaften auf jahrzehntelanges Sparen einstellen«. Und die, die im Zentrum der Katastrophe saßen, weigern sich, über Moral zu sprechen? Ist das effizienter Idealismus?

»Ich tue mich mit dieser oftmals monokausalen Schuldfrage immer sehr schwer«, sagt auch Frank Krings. »Diese Frage verkürzt. Sehr große Teile der Branche machen einen verantwortungsvollen Job«, meint er, »haben in der Vergangenheit einen verantwortungsvollen Job gemacht und werden dies auch künftig so tun.« – »Aber es haben doch Menschen falsch gehandelt«, sage ich. »Wieso kann man da nicht nach Schuld fragen?« – »Das Problem ist ein anderes«, sagt Krings. »Natürlich muss sich die Branche an die eigene Nase fassen, dass sie Fehlentwicklungen zugelassen hat. Aber Sippenhaft hilft nicht weiter.«

Dann bittet er mich, mir einen Bergsee vorzustellen, als Bild für die Finanzwelt. »Und wenn Sie einen Tropfen Öl hineingeben«, sagt Krings, »dann bestimmt der die Qualität Ihres Bergseewassers.« Aha, denke ich. Die Generation Guttenberg werkelt rein wie ein Bergsee fleißig an ihrem Ideal, die Märkte das Geld mehren zu lassen, und sieht nicht, wie böse Kräfte mit einem kleinen Öltropfen alles zunichtemachen. Ich schaue Frank Krings an und sehe, dass er das ernst meint. Ich frage wieder nach Schuld. Er spricht wieder von Vereinfachung, von Monokausalität, von Exzessen Einzelner.

Zwei Mal hat sich Frank Krings Zeit genommen, mit mir über die Bankenwelt zu sprechen. Einmal in Berlin bei Bertelsmann und einmal im Taunus in seinem Haus. Er hat auf jede Frage geantwortet. Er war so offen, wie es selten ist. Nach all dem, was er gesagt hat, halte ich ihn für einen ausgesprochen aufrechten Vertreter seiner Zunft. Wenn sogar er das Verhalten, das die Welt an den Abgrund gebracht hat, zur Tat von ein paar Freaks verniedlicht, die mit ihren Öltropfen die reine Bankenwelt verdorben haben, habe ich wenig Hoffnung, dass sich die Branche tatsächlich ändern wird.

Seinen großen Einsatz hat ihm die Welt außerhalb seiner Branche übrigens nicht gedankt. Nach 27 Monaten harter Aufräumarbeit verlässt Frank Krings Ende 2010 die Hypo Real Estate. Zu diesem Zeitpunkt erschienen diverse Artikel, vor allem in einigen Boulevardzeitungen. Von »Luxus-Pensionen« für »Pleite-Banker« ist da die Rede. Obwohl die Fakten seit längerem bekannt waren, empörten sich nun viele darüber, dass Frank Krings, wie auch ein Vorstandskollege, sobald er

60 Jahre alt ist, für seinen Kurzeinsatz eine jährliche Rente von 192000 Euro erhalten wird. Das sind 16000 Euro im Monat. Ein Angestellter müsste dafür 294 Jahre lang den Höchstbetrag in die gesetzliche Rentenversicherung einzahlen. Seit 2009 gehört die Hypo Real Estate Bank dem Staat. Wenn das so bliebe, müsste der die Riesenrente überweisen.

»Mit dem Geld könnte der Staat auch in jedem Jahr vierzig Ganztagsplätze für Kindergartenkinder finanzieren. Da ist es doch klar, dass die Leute fluchen und toben, oder?«, frage ich. »Wir haben bei diesen Beträgen sicherlich ein Vermittlungsproblem«, sagt Krings. »Aber wie kann man das vermitteln?«, frage ich. »Wenn ich jetzt mit Freunden rede und denen sage, dass ich jemanden getroffen habe, der für 27 Monate Arbeit Pensionsansprüche in Höhe von 16000 Euro erwirbt. Die werden das nicht verstehen. Wie soll ich das vermitteln?«

Ich sollte meinen Freunden Folgendes sagen, bittet mich Frank Krings: »Ich hatte vorher einen internationalen Job bei der ersten Adresse im Land, der mit einer siebenstelligen Gesamtvergütung dotiert war. Man hat mich gebeten, den Job zu wechseln, sofort, weil akute Probleme unbedingt gelöst werden mussten.« Als später klar wurde, dass die Hypo Real Estate vom Staat mit Eigenkapital ausgestattet werden musste, dass also der Steuerzahler Aktionär der Bank werden würde und deren Risiken unmittelbar mittragen musste, wurden die Gehälter der Vorstände auf 500000 Euro jährlich beschränkt. Frank Krings machte trotzdem weiter, verzichtete auf einen Großteil seines bisherigen Gehaltes. »Sie können versuchen, das so zu erklären«, schlägt er vor. »Und wenn Sie mit Fachleuten sprechen, verstehen die das natürlich. Aber ich weiß auch«, sagt er dann, »dass es für viele Bevölkerungsgruppen verständlicherweise schwierig ist, sich mit so einem Betrag auseinanderzusetzen.«

Ich denke an meinen Sohn und frage mich, ob ich mich später mühen soll, ihm zu vermitteln, dass es gerechtfertigt ist, dass manche Menschen sich mit 27 Monaten Arbeit die Pension verdienen, für die andere 294 Jahre Dienst tun müssten. Soll ich ihm wirklich einmal erklären, dass der Chef von Volkswagen, Martin Winterkorn, die neun Millionen Euro, die er im Jahr 2010 bekam, auch verdiente? Soll ich ihm erläutern, dass das, was Winterkorn tat, 250-mal mehr wert war als die Arbeit der meisten seiner Leute im Werk? »Kann denn eine Person so viel Mal besser sein als jemand anders?«, frage ich Frank Krings. »Die Antwort ist natürlich Nein«, sagt er. »Aber das ist der Markt.« Da käme man mit x-mal so gut nicht weiter. Als ich weiter fragend schaue, meint Krings, auch ich hätte ja bestimmt schon mal einen Latte to go bei der Kaffeekette Starbucks getrunken und dafür drei Euro bezahlt. Ich nicke. »Sie kriegen in den USA ›All-you-can-drink‹-Kaffee für zehn Cent«, sagt er. »Ist der bei Starbucks dreißigmal so gut? Nein, ist er nicht. Und Sie kaufen ihn trotzdem.«

Es fehle in Deutschland häufig das Verständnis für solche Marktmechanismen, klagt Krings. »Da begegnet einem oftmals mangelndes Verständnis und manchmal auch fehlender Respekt«, sagt er. »Schauen Sie nach Indien«, meint er dann. »Da gibt es den Chef und Miteigentümer eines börsennotierten Großkonzerns.« Er meint Mukesh Ambani, den reichsten Menschen Asiens. »Der hat sich gerade ein Hochhaus als Privatresidenz gebaut, was man durchaus kontrovers diskutieren kann«, sagt Krings. 27 Stockwerke für ihn, seine Frau, die drei Kinder und seine Mutter, lese ich später. 11 000 Euro Stromkosten. 600 Bedienstete. »Das Haus steht im Zentrum der Stadt«, sagt Krings, »gehen Sie allerdings einige Blocks weiter, dann sind Sie im Slum. Und trotzdem finden sich auch dort Menschen, die in einfachsten Verhältnissen leben und sich dennoch für den freuen, der es geschafft hat.«

Mukesh Ambani hat also den allerdicksten Haken der Welt

hinter die Träume gesetzt, von denen die Schüler schrieben. Ich weiß nun, dass es vielen ein Ideal ist, dem nachzueifern – zupackend, optimistisch, ohne Neid und Missgunst. Aber ich weiß auch, dass ich meinen Sohn darauf nicht vorbereiten kann und vor allem nicht will. Ich will ihm nicht beibringen, diese Welt so zu akzeptieren, hinzunehmen, dass das die Regeln sind, nach denen gespielt wird. Ich schaue Frank Krings an. Wir haben in unserem Gespräch sehr weite Bögen geschlagen: über Bergseen, Kaffeeketten hin zu indischen Slums. Trotz all der Volten finde ich die 16000 Euro, die ihm nach zwei Jahren Arbeit als monatliche Pension zustehen werden, immer noch zu viel. »Vielleicht ist alles manchmal doch viel einfacher«, sage ich. »Vielleicht kann man manches nicht vermitteln. Nicht, weil man sich zu wenig Mühe gibt, sondern weil es falsch ist.« In diesem Moment setze ich hinter das mir ohnehin nur schwer zugängliche Prinzip des »effizienten Idealismus« endgültig einen Haken.

Das Leben nach dem Haken

Meine Lage am Schreibtisch ist als haltlos zu bezeichnen. Ratlos rolle ich mit dem Stuhl hin und her. Ich ziehe den Rollkragen meines T-Shirts über das Gesicht und lasse ihn wieder runter. Ich trommle mit einem Stift auf der braunen Holzplatte herum und kicke mit dem Stiefel Bälle aus Altpapier über den Boden. So ein Haken ist schnell gesetzt, denke ich. So ein »Nein« zu einem Leben, das sich am Machbaren orientiert, ist leicht gesagt. Die Forderung, dass es mehr geben müsse als Karriere, Familie und Besitz ist rasch aufgestellt. Seit Monaten reise und denke ich nun herum. Ich habe gemerkt, dass ich nicht einfach weiter vor mich hin leben kann. Ich weiß nun, dass ich den reinen Pragmatismus fürchte, weil ich glaube, dass im Namen der Leistung und Effizienz der Welt viel Schaden zugefügt wird. Ich hatte gehofft, dass die, die mir mal Vorbild waren, Orientierung geben könnten. Aber das hat bisher auch nicht funktioniert. Ich merke, wie mich diese ganze Nachdenkerei mehr und mehr verwirrt.

Was mache ich denn nun? Wenn mein Sohn einmal wissen will, wohin es sich zu laufen lohnt, kann ich ihm bislang nur antworten, welche Richtungen sich als Sackgasse herausgestellt haben. Das ist ungefähr so befriedigend, als würde ich auf seine Frage, wohin wir in den Urlaub fahren, sagen: »Nicht ans Meer und nicht in die Berge.« – »Aber wohin denn?«, würde er dann zu Recht wissen wollen. Eine gute Frage. Wohin soll es gehen? Wie finde ich heraus, was mir wichtig ist? Und wer sagt mir, was das Konzept, nach dem so viele leben, dieses Streben nach Auto, Haus und Job, ersetzen könnte?

Ich könnte versuchen, mal so richtig in mich zu gehen, überlege ich. Aber Selbsterfahrungstechniken haben bei mir leider so gar keinen Erfolg. Schon in der Schule bin ich, wenn im Religionsunterricht die Meditationsmatten ausgerollt wurden und unsere Phantasie uns mit auf eine Reise nehmen sollte, stets eingeschlafen. Wenn ich Duftkerzen rieche, setzt ein Fluchtreflex ein. Entspannungsmusik ertrage ich nicht. Ich kann keine Erkenntnis eratmen, erglauben oder erfühlen. Es muss durch Lesen, Denken und vor allem Fragen gehen.

Lange sitze ich vor meinem Computer, bis ich die E-Mail an Mojtaba fertig geschrieben habe. Noch länger dauert es, bis ich mich traue, sie endlich abzuschicken. Ich bitte, ihn besuchen zu dürfen, und weiß nicht, ob er erbost ablehnen wird. Ich frage ihn, ob ich noch einmal über ihn schreiben darf, und sage, dass ich viele Fragen an ihn hätte, dass ich aber nicht weiß, ob er über die alte Geschichte noch einmal reden kann. Mojtaba war einer, der lange so lebte wie die meisten Jungen, die etwas aus ihrem Leben machen wollen. Er tat alles, was erwartet wurde, weil er hoffte, dass sich das irgendwann mal auszahlen würde. Er war pünktlich, fleißig und strebsam. Er nickte, wenn die anderen über Autos, Jobs und Karrieren sprachen. Und er schwieg, wann immer es um seine Sicht auf die Welt ging. Bis ich ihn für mein erstes Buch um ein Interview bat, und er sagte, was er wirklich dachte. Seitdem hat sich in Mojtabas Leben alles verändert. Und ich weiß nicht, ob er in mir eine Art Geburtshelferin seiner Ideale sieht oder eine, die ihm ziemlich viel Ärger gebracht hat.

Als Mojtaba noch keinen Haken hinter den Pragmatismus gesetzt hatte, als sein Idealismus ihn noch nicht davon abhielt, effizient zu funktionieren, war sein Leben einfacher. Das steht fest, schon kurz nachdem wir uns zur Begrüßung die Hände gereicht haben. Als ich ihn vor vier Jahren an einem warmen Morgen in einem kleinen Ort am Rhein traf, trank er Kaffee mit aufgeschäumter Milch und einem Häubchen Sahne und war auf dem besten Wege, jemand zu werden, der nach den Maßstäben der effizienten Idealisten zum Vorbild taugt. Vielleicht kein Frank Krings, der als Deutsche-Bank-Manager in der Champions League der jungen Erfolgreichen spielt, aber einer, der es in die erste Liga hätte schaffen können. Seine Mutter war sehr stolz auf ihren Jungen, der an jenem Morgen schüchtern mit schwarzem Haar und Dreitagebart vor mir saß.

Mit gutem Grund. War ihm doch etwas gelungen, das fast märchenhaft scheint. Als Mojtaba gerade elf Jahre alt war, floh er mit seiner Mutter und den beiden Brüdern aus dem Iran nach Deutschland. Ihre erste Adresse war eine Sammelunterkunft im Ruhrgebiet, eine umgebaute Kaserne, in der die vierköpfige Familie einen Raum mit zwei Doppelstockbetten teilte. Mojtaba war fremd in einem Land, dessen Sprache er weder sprach noch verstand. Seine erste Schule war eine Sammelklasse in der Sammelunterkunft, in der der deutsche Staat all die zusammenbringt, denen es ähnlich mies ging wie Mojtaba. Ein Raum, in dem normalerweise keine großen Karrieren beginnen.

Weil aber Mojtaba dort nicht bleiben wollte und weil er wusste, dass seine Mutter nicht wollte, dass er dort blieb, lernte er. Er übte die Wörter, die Sätze, die Grammatik der neuen Sprache – so lange, bis nicht mehr als ein Akzent blieb. Er las die Literatur, die Staatskunde- und Geschichtsbücher des fremden Landes – so lange, bis es ihm vertraut wurde. Am Ende trat er, der ehemalige Schüler der Sammelklasse, aus dem erst ein Haupt-, dann ein Realschüler, dann ein Gymnasiast geworden war, zur Abiturprüfung an. 1,3 lautete die Note, die sein Zeugnis zierte, eine Note, die ihn weiterziehen ließ, weiter nach oben.

In Vallendar, der Stadt am Rhein, in der ich Mojtaba an jenem Morgen vor vier Jahren traf, residiert in einem Schloss eine private Wirtschaftshochschule, die denen, die zu ihren Studenten gehören, eine große Karriere verheißt. Sie ist ausreichend exklusiv und elitär, um ein Sprungbrett zu sein für die, die in den Banken, den Unternehmensberatungen, den großen Firmen ganz nach oben wollen. Mojtaba trat an und bestand auch hier. Er fand einen Finanzier, die Vodafone-Stiftung, die ihm 10 000 Euro Studiengebühren pro Jahr zahlte, die ihm Geld zum Leben, für Bücher, Reisen und Sprachkurse gab und die ihn als Teil einer »Aufsteigergruppe«, als »Bildungselite«, als »positives Beispiel für die Gesellschaft und Mitmigranten« pries.

Er begann sein Studium, und sie sagten ihm, er gehöre nun zu den Besten. »Mir wurde sofort das Gefühl vermittelt: Ihr habt es geschafft. Ihr seid die Leute, die diese Welt führen werden«, sagte Mojtaba damals in dem Café. Heute, vier Jahre später, sitzt er in der kleinen Küche seiner Wohnung. Dritter Stock in einer Neubausiedlung hinter einem Blechzaun an der Ausfallstraße. Es ist kein guter Teil von Frankfurt. Aber es ist sein neues Zuhause. Nur 120 Kilometer von seinem alten entfernt, aber doch so weit weg von dem Schloss, in dem er einst studierte.

»Also, aus gesellschaftlicher Sicht bin ich jetzt schon ein Verlierer«, sagt Mojtaba. »Denn es ist ja schon eine allgemeine Idealvorstellung, so einen Weg, wie ich ihn beschritten habe, zu beschreiten. ›Aus dem Asylbewerberheim‹ – so stand es ja in den Zeitungsartikeln über mich – ›aus dem Asylbewerberheim zur Eliteuni‹.« Er trinkt einen Schluck Tee. Schmaler ist er geworden, denke ich. Aber das ist ja auch kein Wunder. »Und wenn man dann an diesem Höhepunkt – von dem es sogar noch höher hätte hinaufgehen können, bis zu einem vermeintlich tollen Job oder so –, wenn man von dort aus freiwillig wieder absteigt, gilt das schon als eine Niederlage«, sagt Mojtaba. Und ich schäme mich, dass ich dazu beigetragen habe, dass er jetzt hier ist, dass ich eine Mitverantwortung dafür trage, dass sein Leben als effizienter Leistungsträger vorüber ist.

Damals im Café besuchte ich Mojtaba auf meiner Suche nach der Elite von morgen, nach jungen Menschen, die an den Kaderschmieden des Landes auf große Karrieren vorbereitet wurden. Mojtaba war einer der wenigen, die ich traf, die Teil dieser Elitewelt waren, ihr aber trotzdem fremd blieben, und er war der Einzige, der bereit war, mir seine Kritik an den Regeln dieser geschlossenen Gesellschaft auf Band zu sprechen. »Beim Auswahltag hatte ich schon den Eindruck, dass das hier eine ganz andere Welt ist«, sagte er damals. »Es waren viele Leute da mit richtig viel Kohle und so angezogen, dass man gedacht hat, wollen die jetzt zur Bank?« Kaum einer käme aus einer Familie, die von so wenig Geld leben müsse wie seine, meinte er.

»Für viele Leute hier«, klagte er, »besteht das Eliteverständnis darin, dass sie das Gefühl von Elite haben. Dass sie denken, sie sind etwas Gutes, und daraus folgt auch eine gewisse Arroganz und Selbstgerechtigkeit.« Ihnen würde an dieser Uni verkündet: »Ihr habt den Auswahltest bestanden. Ihr seid jetzt Elite«, sagte Mojtaba. »Aber für mich ist das überhaupt nicht Elite. Nur weil mein IQ vielleicht hoch ist, heißt das ja nicht, dass ich meinen Verstand und mein Hirn auch einsetzen kann, um etwas Vernünftiges zu machen.« Vielen ginge es doch nur um den beruflichen Erfolg, um mehr nicht; darum, reich zu werden. Mojtaba reichte das nicht. Er verlangte mehr, vor allem von denen, die behaupteten, Elite zu sein. »Gerade als junger Mensch hat man doch den Traum, die Welt zu verbessern«, sagte er. »Man hat doch selbstlose Ziele. Man hat Vorbilder. Das vermisse ich hier alles.«

Damals, als mich Mojtaba nach unserem Gespräch durch die Räume des Schlosses führte, das seine Universität beherbergte, verbarg er sich in einem viel zu dicken Wollpullover. Er analysierte klar und scharfsinnig, wie er die Welt sah, aber er flüsterte meist, weil er Sorge hatte, die anderen, die mit ihm studierten, könnten ihn hören, könnten merken, dass er so anders dachte als sie. »Wenn das gedruckt ist, werden sie das lesen können«, sagte ich. »Das ist okay«, sagte Mojtaba. »Das ist nicht mehr als eine Meinung.« Und das war es ja auch. Keine Beleidigung, keine Enthüllung, eine Meinung, mehr nicht. Das muss möglich sein, dachte Mojtaba, und das dachte auch ich. Nach dem Interview schickte ich ihm all die Aussagen, die ich in meinem Buch zitieren würde, zu. Er sagte wieder »Okay«.

Aber kurz bevor das Buch erscheinen sollte, rief er mich an – ziemlich aufgeregt, ziemlich verunsichert. »Kannst du meinen

Namen ändern?«, fragte er und erzählte, dass ein Artikel einer anderen Journalistin über ihn im Internet erschienen sei und die Studenten an der Uni nicht so gut reagiert hätten. »Es ist alles fertig«, sagte ich. »Ich kann den Text nicht mehr so ändern, dass man dich gar nicht erkennt.« – »Das ist nicht schlimm, nur den Namen ändern«, bat er. »Vielleicht genügt das schon.« Und aus Mojtaba wurde Aadish. Aber natürlich genügte das nicht.

Kurz nachdem das Buch erschienen war, begannen die Attacken. Im Internet, wie so oft, wenn viele auf einen zielen. Es hatte nicht lange gedauert, bis die Studenten in dem Aadish aus dem Buch den Mojtaba aus ihrer Uni erkannt hatten. Und noch schneller hatten sie entschieden, dass das, was er mir gesagt hatte, eine Frechheit sei. »Wir hatten so einen internen E-Mail-Verteiler für die Studenten«, sagt Mojtaba. »Innerhalb kürzester Zeit standen da über ein Dutzend abwertende Beiträge über mich. Das hat mich überrollt.« Ein oder zwei Leute habe es gegeben, die vorschlugen, mit ihm über das, was er beklagt hatte, zu diskutieren. Die anderen hielten sich damit nicht auf. Sie tippten und schimpften. Was ist das für einer? Was denkt der sich? Warum macht der Ärger?

»Wenn so viele auf dich einschlagen, fühlst du dich scheiße«, sagt Mojtaba. Wie gelähmt habe er zu Hause gesessen, habe sich nicht mehr auf den Campus getraut. Erst Tage später, als er einen Termin mit zwei Vertreterinnen der Universitätsverwaltung hatte, tauchte er wieder auf. Er wusste noch nicht, dass es eines der letzten Male sein würde, dass er seine Universität betrat. Eigentlich sollte es in dem Gespräch um etwas anderes gehen, sagt Mojtaba. Aber die beiden hätten bald angefangen, mit ihm über die Wut seiner Mitstudenten zu sprechen. Und dann hätte eine der beiden ihm klargemacht, dass es besser gewesen wäre, zu schweigen. Wir sind doch hier eine große Familie, hätte sie gesagt. Und wenn er Kritik habe, dann sollte man die doch innerhalb der Familie besprechen und nicht damit rausgehen. Er müsse nun einen Termin mit dem Präsidenten der Uni vereinbaren, sagte sie. Er müsse erklären, sich rechtfertigen.

Heute sagt Monika Gesell, die andere der beiden Mitarbeiterinnen, die an der Uni einen Job macht, der sich »Director Resource Development« nennt, dass sie es persönlich sehr bedaure, dass Mojtaba die Hochschule verlassen habe, da sie ihn als »netten, bedachten Studenten erlebt habe«. Aber es sei nun mal »unglücklich« gewesen, dass er sich mit seiner Kritik ausschließlich nach außen gewandt habe. Er hätte, sagt sie, »zuerst den internen Dialog suchen sollen«. Das Gespräch in der Familie also. »Er hat dadurch die Institution und seine Mitstudenten in Misskredit gebracht«, sagt sie. »Und den Kommilitonen keine Chance gelassen, an einem offenen Diskurs teilzunehmen.« Dann schließt sie mit einem Vergleich, der einiges über das Selbstverständnis ihrer Hochschule deutlich macht: »Wenn ich Mitarbeiter in einem Unternehmen bin, gehe ich ja auch nicht ausschließlich nach außen, wenn mir etwas missfällt. Und wenn ich dies tue, muss ich mich dem dann auch stellen und Verantwortung für mein Handeln übernehmen.«

Wie ich dachte wohl auch Mojtaba, dass eine Universität kein Unternehmen ist. Auch eine private nicht – sondern ein Ort des freien Denkens, der freien Rede; weil genau das die Grundlage von Forschung ist. Solche Ideale spukten durch unsere Köpfe. Mojtaba habe vorher gewusst, dass er an einer »besonderen Hochschule« studiert, sagt Monika Gesell. An einer Hochschule, »die bei aller Vielschichtigkeit einen Fokus auf Leistung legt«. Genau dafür habe sich Mojtaba ja auch bewusst entschieden.

Damals nach dem Gespräch, als Mojtaba mehr und mehr das Gefühl hatte, mit dem Rücken zur Wand zu stehen, glaubte er, dass diese »besondere Hochschule« ihm nun noch genau zwei Optionen ließe: Er könnte kämpfen oder seine Meinung wieder verbergen, das, was er gesagt hatte, vielleicht sogar zurücknehmen. Aber er wollte beides nicht. Zu dem Gespräch mit dem Rektor ging er nicht, er entschied sich für einen dritten Weg: für die vorauseilende Kapitulation. Ein paar Tage dauerte es noch. Ein paar Tage, die Mojtaba zu Hause mit dem E-Mail-Verteiler und all den Gedanken verbrachte. Ein paar Tage des Grübelns. Dann stand sein Entschluss fest: »Ich habe dort keinen Raum für inhaltliche Diskussionen gesehen«, sagt er. »Ich wollte dort ja nicht die ganze Uni-Welt verändern. Das hätte ich nicht geschafft. Aber ich wollte auch nicht meine Unzufriedenheit einfach runterschlucken. Ich habe öffentlich die Uni kritisiert, weil ich versuchen wollte, dieses Bild, das ich selbst vorher hatte, dieses Bild, dass die Elitewelt das Nonplusultra ist, zu entzaubern.«

Und als ihn mir die Vodafone-Stiftung als Interviewpartner empfohlen habe, als »Vorzeigestipendiat«, als Beispiel einer Aufsteigerelite, habe er beschlossen, seine Meinung zu sagen. Mehr habe er ja nicht gemacht, sagt Mojtaba, nur seine Sicht dieser Elitewelt geschildert. »Aber wenn die dann meinen, du darfst so was nicht sagen, du darfst damit nicht nach außen gehen, du sollst das in der Familie besprechen, dann hat das für mich etwas von Zensur. Ich wusste, dass ich aus der ›Familie‹ verstoßen worden war. Und da gab es für mich keine Rückkehr mehr. Da habe ich mich entschieden, von der Uni zu gehen.«

Mojtabas Mutter begriff wohl als Erste, welche Schwierigkeiten sich ihr Sohn mit seinem Interview eingehandelt hatte. Als er ihr vorlas, was er mir im Interview gesagt hatte, verließ sie weinend den Raum. Und tatsächlich beendete die Vodafone-Stiftung kurz darauf das Stipendium. In mehreren Gesprächen hätten sie versucht, ihn zu überzeugen, das Studium doch noch irgendwie zu Ende zu bringen, sagt die Leiterin des Programms heute; ins Ausland zu gehen, ein Praktikum zu machen. Es hätte Möglichkeiten gegeben, den Campus erst mal zu meiden. Aber Mojtaba wollte nicht mehr. Und da die Förderung an den Platz an der Privatuni gekoppelt war, habe die Stiftung keine Wahl gehabt. »Es ist schade, dass wir Mojtaba als Stipendiaten verloren haben«, sagt Vodafone heute. »Wir haben uns damals sehr um ihn bemüht.« Darin bestärkt, dass er das Recht hat, seine Meinung zu sagen, hat ihn die Stiftung aber nicht.

Das Stipendium war also weg. Auch ein Praktikum im Büro des Grünen Cem Özdemir, der die Stiftung unterstützt, konnte Mojtaba nicht mehr machen. Dabei war alles geplant, sollte wenige Wochen später beginnen. Und so suchte sich Mojtaba, der nun Ex-Elitestudent, Ex-Stipendiat und Ex-Praktikant in spe war, erst einmal einen Job im Supermarkt, um ein wenig Geld zu verdienen. Das BAföG-Amt hatte seinen Antrag auf Unterstützung abgelehnt. Es sei zu spät für einen Studienwechsel, hieß es. Vodafone wollte nicht mehr zahlen, seine Mutter konnte nicht. »Das Finanzielle war extrem schwierig«, sagt Mojtaba. Aber der Tiefpunkt sei etwas anderes gewesen.

Nur ein paar Tage, nachdem sie das Stipendium beendet hatte, habe ihm die Leiterin des Vodafone-Programms eine Mail geschrieben. Sie bat Mojtaba, ein Interview mit einem Unternehmen zu führen. Vodafone, erklärte sie ihm, habe diese Firma beauftragt, herauszufinden, wie man die Stipendiatenauswahl verbessern könne, wie man vermeiden könne, Studenten auszuwählen, die scheitern, die das Programm nicht zu Ende bringen. »Da war ich verletzt«, sagt Mojtaba. »Erst war ich immer der Vorzeigestipendiat, bei dem alles top war. Und sobald ich einmal meine eigene Meinung gesagt habe und einmal von diesem Weg abgerückt bin, wollten die sogar Leute wie mich, die sie bis dahin so erfolgreich in Szene gesetzt hatten, vermeiden.«

Diese Mail sei ein ganz normaler Vorgang gewesen, sagt

Vodafone. »Es ging einfach darum, den Auswahlprozess zu verbessern.« Alle Befragten hätten geantwortet. Nur Mojtaba habe das Anliegen wohl missverstanden. »Er ist da – auch, was seine Kritik an der Uni angeht – ein absoluter Einzelfall«, sagt Vodafone.

Verdammt, denke ich. Und frage mich, ob er das Interview nie hätte geben sollen, ob ich das, was er gesagt hat, nie hätte aufschreiben sollen. Wäre es klüger gewesen, wenn er einfach weiter mitgeschwommen wäre? Wenn er weiter nur still gezweifelt hätte? Ich hoffe auf ein klares Nein, frage ihn aber, ob es denn keine Unterstützer gab – kein Lob, keine Anerkennung für einen, der sagt, was er denkt.

Mojtaba überlegt lange. »Als ich die Uni verlassen habe, hat niemand versucht, mich aufzuhalten. Aber ich hatte sie auch nicht darum gebeten«, sagt er. Eine Studentin, die mit ihm bei Vodafone war, schrieb ihm, sie habe das, was er gesagt habe, mutig gefunden. Aber das war es auch schon. Niemand protestierte, verlangte, dass er weiter dazugehören sollte. »Vorher wollte man mir immer das Gefühl vermitteln, dass ich etwas ganz Besonderes bin«, sagt Mojtaba. »Diese soziale Bedeutung ist weggefallen. Aus der Sicht der Gesellschaft bin ich nur noch ein x-beliebiger Mensch ohne große soziale Rolle. Vorher hieß es: Aus dir wird etwas Wichtiges. Sobald ich von dem Weg nach oben abgerutscht bin, wurde ich bedeutungslos.«

»Okay«, sage ich leise und fühle mich nicht sehr gut. In diesem Moment ahne ich, warum sich so wenige finden, die »Nein« sagen, die aufstehen, die anders sind. Das, was Mojtaba geschah, war kein Skandal. Niemand hat ihm untersagt, sich zu äußern. Das, was er als Zensur empfand, würde ich so nicht nennen wollen. Sie haben eher versucht, ihm einen Maulkorb anzulegen. Und als er das nicht akzeptierte, zuckten sie mit den Schultern und sagten: Dann eben nicht. Dann gehörst du nicht mehr dazu. Dann verlierst du das monatliche Geld, das

Prestige, sogar das Praktikum beim Özdemir. Wie oft wird verlangt, dass man aufstehen soll, wenn einem etwas nicht passt, dass man sich einmischen soll, dass gerade die Jungen nicht in Teilnahmslosigkeit erstarren sollen. Als Mojtaba nur sagte, was er dachte, war er ziemlich schnell allein. »Mir hat das alles gezeigt, wie diese Elitewelt funktioniert«, sagt er. »So ist das eben.«

Mojtaba, der mal Betriebswirtschaftslehre an einer Eliteuni belegte, macht nun etwas ganz anderes. Er studiert Geschichte und Philosophie an der Universität Frankfurt. Er, dem mal eine sichere Zukunft prophezeit wurde, weiß nicht, was nach seinem Studium kommen soll. Vielleicht wird er promovieren, vielleicht auch nicht. Immerhin hat er, weil er immer noch ein sehr guter Student ist, eine andere Stiftung gefunden, die ihn unterstützt. »Ich glaube, ich will nicht mehr mitmachen bei diesem unbedingten Kampf um den besten Job, dem man all seine Bedürfnisse unterwirft«, sagt Mojtaba. Er habe sich von dem Studium an der Eliteuniversität eine soziale Sicherheit erhofft, sich nun aber für die Freiheit entschieden. »Ich sage mir, wenn es nicht klappen sollte mit der Karriere, dann reicht es auch, wenn ich einfach so über die Runden komme. Wenn ich auf diesem Niveau, das ich gerade habe, mein Leben führen kann und dafür dann aber Zeit und Möglichkeit habe, mich um andere Sachen zu kümmern, die mir Glück bereiten, dann bin ich zufrieden.«

Mojtaba hat sich nach dem, was ihm passiert ist, zurückgezogen. Er ist keiner, der nun wütend ist, der tobt. Er verbringt viel Zeit in dieser kleinen Wohnung in der Neubausiedlung, draußen an der Ausfallstraße. Gemeinsam mit seinem Zwillingsbruder und einem Freund haben sie dieses Zuhause gesucht, gemietet und renoviert. Jetzt sitzen sie fast jeden Abend in ihrer kleinen Küche und versuchen, sich selbst genug zu sein.

Am Ende stelle ich die Frage, die mich schon die ganze Zeit beschäftigt. Eine Frage, die ich meiden wollte, weil es nun wirklich nicht Mojtabas Aufgabe ist, mich von meinen Gewissensbissen zu erlösen, eine Frage, die sich aber immer wieder nach vorne schiebt: »Mojtaba, ärgerst du dich, dass du damals mit mir gesprochen hast?« – »Am Anfang ja«, sagt er. »Aber das ist vorbei. Ich hatte keine Wahl. Wenn einem die Uni-Welt nicht gefällt, muss man sich entweder abwenden, wie ich es dann gemacht habe, oder man passt sich an. Ich hätte es schlimmer gefunden, mich anzupassen.«

Abwenden oder anpassen. Sind das die Alternativen? Wird man, wenn man den Pragmatismus nicht ehrt, tatsächlich automatisch zum Außenseiter? Und ist das der Grund, warum sich so wenige dafür begeistern können? Die allermeisten können nicht so selbstgenügsam leben, wie es Mojtaba im Moment tut. Ein bisschen Geld für die Miete, für das Essen, ein Regal für die Bücher, ein Raum zum Reden und zum Nachdenken. Auch mir würde das nicht reichen. Es wäre nicht unbedingt das Geld, das mir fehlen würde. Eher die Anerkennung und das Gefühl, dass jemand das, was ich tue, wahrnimmt. Tauge ich damit dann nicht zum Idealisten? Ist der Preis, den man zahlen muss, wenn man anders sein will, zu hoch?

Da könne er mir auch nicht weiterhelfen, sagt Mojtaba, als ich ihn frage. Denn er sei auch noch unentschieden, wie es mit ihm weitergehen solle. »Da ist ständig dieser innere Zwiespalt«, sagt er. »Soll ich versuchen, die Welt doch so zu nehmen, wie sie ist, und unter den gegebenen Umständen das Beste für mich herausholen und meine Ideale im Privaten leben? Oder soll ich versuchen, die Welt so zu ändern, dass sie zu meinen Idealen passt?« Er habe, sagt Mojtaba, sich noch nicht entscheiden können. Er müsse noch länger nachdenken. Sein Aufstieg vom Asylbewerberheim zur Eliteuni, sein Interview und seine Abkehr, das sei alles zu schnell gegangen. »Ich muss herausfinden, was ich will«, sagt er. »Und dazu muss ich verstehen. Ich muss als Erstes versuchen, diese Welt um mich herum zu verstehen.«

Ich gehe drei Treppen hinunter, laufe fünfzig Schritte über den Hof, fahre sechs Stationen mit der Straßenbahn, und schon bin ich nicht mehr in Mojtabas Küche, sondern im Frankfurter Bankenviertel. Hätte er damals geschwiegen, wäre sein Studium inzwischen abgeschlossen. Vielleicht hätte er längst hier oder in einem der vielen anderen Viertel des Landes, in denen Glas- und Stahlbauten in den Himmel ragen, eine Arbeit gefunden. Er hätte Geld und Sicherheit.

»Aber mir geht es jetzt besser«, sagt Mojtaba. Ich hoffe, dass es richtig ist, ihm das zu glauben. Ich wünsche, dass er sich meldet, wenn er es geschafft hat, die Welt zu verstehen. Und ich begreife, dass es verdammt schwer ist, »Nein« zu sagen zu einem Leben, das allen begehrenswert scheint – dass es aber noch viel härter ist, herauszufinden, was dem »Nein« folgen soll.

Dann also Gutmensch

Dass es geknallt hat, sehe ich auf meinem Handy. Es ist Samstagvormittag, kurz vor elf Uhr. Ich bin auf dem Weg zum Fitness-Studio. Die eine Hand schiebt den Kinderwagen, die andere die Nachrichten des Tages über das Display. Mein Verhältnis zum Handy ist mittlerweile das eines Konvertiten. Erst lehnt er die Religion ab, um sich dann zum Hardcore-Befürworter zu wandeln. Jetzt gerade bin ich sehr dankbar dafür, dass alle immer erreichbar sind. Ich tippe auf »anrufen«. Ich muss jetzt und sofort meinen Freund sprechen, der 200 Meter entfernt am WG-Tisch sitzt. »Jetzt ist da was explodiert«, sage ich. »Da« ist Japan und »was« ist die Hülle von Reaktor eins des Atomkraftwerks in Fukushima.

Um diesen Ort am anderen Ende der Welt wird in den nächsten Tagen unsere ganze Aufmerksamkeit kreisen. Wie viele andere auch werden wir Stunde um Stunde vor dem Fernseher sitzen – Sondersendungen schauen, »Brennpunkte«, sogar politische Talkshows. Wir werden auf Aufnahmen blicken, die einen Schrottberg zeigen, der mal ein Atomkraftwerk war, werden Interviews mit Menschen sehen, die hinter ihrem Mundschutz um Fassung ringen, und Schalten zu Korrespondenten, die sagen, dass sie nicht mehr wissen, ob ihr Arbeitsplatz noch sicher sei – und die mit dieser Formulierung nicht die Angst vor einer Kündigung meinen.

Jeden Morgen schalte ich nun den Deutschlandfunk ein, um zu hören, welcher Reaktorblock dampft, wie viele Tonnen Wasser auf die strahlenden Ruinen gegossen werden und wie viele Wasserflaschen den armen Arbeitern, die verzweifelt versuchen, diese Bestie zu zähmen, pro Tag gereicht werden. Am Abend schaue ich zu, wie ein Wissenschaftsexperte im Fernsehen Glasbehälter in die Kamera hält. Sie sind mit Wasser gefüllt. Er taucht Reaktorkernmodelle hinein und sagt, so sehe es in Fukushima im Moment aus: Solange noch Wasser da sei, würden die Kerne gekühlt. Die Lage sei ernst, aber stabil. Der Mann wirkt überzeugend, für einen Moment bin ich fast beruhigt. Am nächsten Morgen starre ich auf Bilder neuer Explosionen und weiß nicht mehr, wem ich was glauben soll. All das, was ich sehe und höre, wirkt in der Tat sehr ernst, aber so gar nicht stabil.

Am darauffolgenden Montag stehen wir vor dem Kanzleramt. »Passt das denn mit deiner Arbeit?«, hatte mein Freund gefragt, als am Mittag gemeldet wurde, dass die Mahnwache dort schon um 17 Uhr anfangen sollte. »Na klar«, hatte ich gesagt, »das muss.« In den folgenden 13 Tagen werde ich drei Mal demonstrieren. Häufiger als in den 13 Jahren davor. Von meinem Mitbewohner haben wir uns zwei Flaggen mit roten Anti-Atom-Sonnen geliehen. Noch vor einer Woche hätte ich mich geweigert, mitsamt solch einem politischen Statement durch die Stadt zu ziehen, damit sogar im Bus gesehen zu werden. Jetzt bin ich froh, die Fahne zu haben, und recke sie in den Berliner Nachmittagshimmel.

Hier mit zweitausend anderen zu stehen ist der einzig logische Ausweg aus der Ohnmacht der letzten Tage. Drinnen im Kanzleramt wird gerade über die Lage in Japan beraten. Plötzlich sehen wir ein paar Männer in weißen Hemden mit Krawatten, die ganz weit oben auf eine kleine Terrasse treten, und nun scheint alles so einfach und klar. Ihnen wird Angela Merkel zuhören. Sie können ihr sagen, was nun mit den deutschen Atomkraftwerken zu passieren hat. Deshalb müssen sie wissen, was wir hier unten denken. Und schon höre ich mich gemeinsam mit den Menschen um mich herum in Richtung Terrasse brüllen. »Abschalten!«, rufe ich. »Abschalten!«

Und noch während ich rufe, staune ich. Normalerweise schreie ich nicht so gerne im Chor. Sogar im Fußballstadion singe ich nur mit leiser Stimme das Werder-Lied, fiepe kaum hörbar die Namen der Spieler, wenn die Aufstellung skandiert wird, und sobald die Menschen um mich herum in Richtung Schiedsrichter »Schieber« brüllen, igel ich mich ein und hoffe, dass es schnell vorübergeht. Aber heute Nachmittag brülle ich. »Abschalten! Abschalten!« Immer lauter. Ich schreie nicht, weil ich auf eine Liste geschrieben habe, dass ich gern demonstrieren möchte; nicht weil mein Verstand beschlossen hat, dass sich an meiner Haltung zur Welt etwas ändern sollte; nicht weil ich mich gegen das Anpassen entschieden habe. Heute stehe ich hier und rufe mit so vielen anderen im Chor, weil es nicht anders geht; weil die Wut irgendwo hinmuss, die Verzweiflung und die Angst, dass die Welt in Gefahr ist.

Schon zwei Demonstrationen später schreie ich nichts mehr. Noch immer ist das, was am anderen Ende der Welt passiert, schrecklich und unbegreiflich zugleich. Nach wie vor finde ich es richtig, an diesem Tag vom Potsdamer Platz vorbei an der CDU-Zentrale und der Siegessäule zum Brandenburger Tor zu laufen, zwei Stunden lang, und für ein Ende der Nutzung von Atomenergie einzustehen. Ich freue mich, dass so viele da sind, und ich ärgere mich, wenn andere zu Hause bleiben und am Telefon scheinbar abgeklärt sagen, dass das alles doch nichts brächte. Aber im Gegensatz zu den Brennstäben kühle ich schon wieder ab. Ich kann kaum glauben, dass ich das, was noch in der vergangenen Woche mein Denken bestimmte, wirklich gefühlt habe – »Angst, dass die Welt in Gefahr ist«. Klingt das nicht ein wenig pathetisch? Etwas zu dramatisch? Fast kitschig?

Schon distanziere ich mich von mir selber. Und an den nächsten Montagen gehe ich nicht mehr zur Mahnwache. Es war wohl nur ein Aufflackern. Für einen Moment war so klar, dass es richtig ist, etwas zu tun, dass es wichtig ist, unter dem Kanzleramt zu stehen und zu rufen – viel wichtiger als die Arbeit, der Gang zum Sport oder ins Kino. An diesem Abend unter dem Kanzleramt waren mein Herz und mein Verstand dabei.

Noch so ein pathetischer Satz. Aber er stimmt. Warum fällt es mir sonst so schwer, so absolut für etwas einzustehen – unbedingt und ohne Relativierung? Laut hörbar zu sagen, was ich richtig finde? Es zur Not sogar zu schreien? Was ist es, das mich davon abhält, mich dauerhaft für eine Idee zu begeistern?

Wieder ziehe ich meine Liste mit den guten Vorsätzen hervor. Langsam nervt sie mich. »Vor 132 Tagen erstellt«, meldet mein Handy. Ruhe, denke ich. Diese verdammte Liste. Es muss doch möglich sein, diese Dinge endlich mal zu tun. Obwohl, so viel fehlt gar nicht mehr. Demonstriert habe ich ja jetzt. Der Punkt ist also erledigt. Herzlichen Glückwunsch! Geflogen bin ich schon länger nicht mehr. Da muss ich also auch nichts ausgleichen. Das mit den Kindern im Viertel ist schon mal schiefgegangen, das lass ich erst mal sein. Bleiben also zwei Vorhaben: »Ich werde versuchen, bei Unternehmen einzukaufen, die nach Tarif zahlen.« Und: »Ich will das Geld, das ich spare, weil ich keine Kirchensteuer zahle, spenden.« Das muss doch möglich sein, denke ich. Dafür kann ich doch jetzt nicht noch mal 132 Tage brauchen.

Wenig später klicke ich mich auf der Homepage des Berliner Hauptbahnhofs durch die Kategorien der Firmen, die hier ein Ladenlokal gemietet haben. »Beauty und Wellness«, steht da. Das kaufe ich nie. »Blumen und Geschenke«, auch eher selten. »Hertha BSC Fanshop«, auf keinen Fall. Bleiben die Kategorien »Bücher und Presse«, »Gastronomie« und »Lebensmittel und Frische«. Ich notiere die Namen der Geschäfte aus diesen Listen. Virgin und Relay, dort kaufe ich meine Zeitungen. Starbucks und Segafredo – meine Kaffeehändler. Und Crobag, Wiener Feinbäcker, Kamps, Upper Crust und Point Shop – dort besorge ich Brötchen, Getränke, Kekse und Kaugummi.

Dann schreibe ich meine Briefe, berichte von meinem Buch, der Liste mit den guten Vorsätzen: »Da ich oft reise und im Berliner Hauptbahnhof einkaufe, möchte ich gerne in Zukunft vor allem in den Läden kaufen, die ihre Mitarbeiter angemessen entlohnen«, schreibe ich und bitte, »mir als Hilfe für meine Kaufentscheidungen folgende Fragen zu beantworten. Zahlen Sie in Ihrem Laden nach Tarif? Und wenn ja, nach welchem? Wie viel verdient ein Mitarbeiter im Schnitt bei Ihnen?« Ich notiere meine Nummer und meine Mailadresse für Rückfragen und hänge »Beste Grüße« an.

Das Problem beginnt, als ich meine Briefe absenden will. Da merke ich, dass diese ganze Ladenwelt ziemlich unübersichtlich geworden ist. In meiner Heimatstadt im Münsterland heißt der Metzger Segbert, die Molkerei Söbbeke und der Bäcker Hollekamp. Wenn man Fragen zur Wurst, zur Milch oder zum Brötchen hat, ruft man Herrn Segbert, Herrn Söbbeke oder eben Herrn Hollekamp an. Aber hier? Wer ist für diese Geschäfte zuständig? Bei den beiden Kaffeehändlern ist es noch am einfachsten. Es sind internationale Ketten, die eine aus den USA, die andere aus Italien, beide haben aber deutsche Zentralen. Starbucks veröffentlicht im Internet sogar ein salbungsvolles Leitbild. Dort lese ich über die, die mir den Kaffee verkaufen: »Wir Mitarbeiter heißen Partner, weil es nicht nur ein Job ist – es ist unsere Leidenschaft. Wir behandeln einander stets mit Respekt und Würde.« Ich bin sicher, dass man mir hier antworten wird.

Die Presseläden Relay und Virgin heißen zwar unterschiedlich, gehören aber beide einer Firma, der HDS Retail Deutschland GmbH: »Deutschlands größter Flughafen-Medienhändler«, wie sich das Unternehmen rühmt, der auch Shops an »einer Vielzahl attraktiver Bahn-Drehkreuze« unterhält. Mein Hauptbahnhof, denke ich und lese, dass die HDS wiederum dem französischen Lagardère-Services-Konzern gehört, dem »größten internationalen Travel Retailer« mit 3900 Läden und 11 000 Mitarbeitern in der ganzen Welt. Ein »Retailer« ist ein Einzelhändler, lerne ich und hoffe, dass mein Brief den Richtigen in diesem riesigen Retailer-Geflecht erreicht.

Die größte Überraschung kommt am Ende. Ich kaufe meinen Reiseproviant zwar in fünf verschiedenen Läden, aber bis auf einen gehören alle zu einer Firmengruppe, von der ich noch nie etwas gehört habe. »SSP: The Food Travel Experts« nennt sich das Unternehmen und bewirbt sich als der »führende Dienstleister in der Verkehrsgastronomie«. Auf der SSP-

Homepage lese ich die stolze Aussage: »Unser Netzwerk umspannt 32 Länder.« Ein Faden führt zum Berliner Hauptbahnhof. An ihn hänge ich meinen Brief und warte. Währenddessen frage ich mich, ob es vielleicht besser wäre, gar nicht mehr bei solchen unüberschaubaren Ketten zu kaufen, sondern nach den Berliner Varianten von Herrn Segbert, Herrn Söbbeke oder eben Herrn Hollekamp zu suchen, nach Läden, wo man den, der dran verdient, vielleicht sogar sieht. Aber wäre das durchzuhalten? Dann dürfte ich an kaum einem Bahnhof, in kaum einer Fußgängerzone mal schnell Kaffee und Brötchen besorgen. Ich glaube nicht, dass ich das schaffen würde.

Eines steht jetzt schon fest: Es war alles einfacher, als ich nichts anderes tat, als einzukaufen, wenn ich Hunger oder Durst hatte, ohne darüber nachzudenken. Vielleicht habe ich die Liste mit meinen guten Vorsätzen so lange unberührt gelassen, weil ich ahnte, dass sie mein Leben verkomplizieren würde.

Noch hoffe ich, dass sich mit den Ketten und Konzernen leichter über Lohnzahlungen sprechen lässt als mit Alice Schwarzer über Ideale. Noch immer schicke ich fleißig Erneuerungen meiner Anfrage, noch immer habe ich nichts von ihr gehört. Als wollte ich überprüfen, ob Alice Schwarzer wirklich existiert, lese ich immer wieder in ihrem Internettagebuch, wo sie ein- oder zweimal pro Monat ihre Sicht der Welt veröffentlicht. Da schreibt sie dann über die Revolution in Tunesien und Ägypten, über christlichen und islamischen Fundamentalismus und, das dritte Weltthema, über den Prozess gegen den ehemaligen Wetteransager Jörg Kachelmann, bei dem Alice Schwarzer mit im Gericht sitzt.

Mir schreibt sie nie. Mittlerweile kann ich nicht verhindern, dass ich beleidigt klinge, wenn ich darüber rede. Die bislang letzte Mail war Nummer zehn oder elf. »Noch immer würde ich mich sehr freuen, wenn es zu einem Interview kommen könnte«, hatte ich geschrieben. Und: »Ich hoffe diesmal, eine Antwort zu erhalten.« Als ein Freund meinte: »Gib doch auf«, habe ich ihn nur angefaucht: »Man gibt immer viel zu leicht auf. Diesmal nicht.« Langsam mausert sich diese profane Interviewanfrage zum inoffiziellen sechsten Punkt auf meiner Liste mit guten Vorsätzen. Wenn am Ende nur die Antwort von Alice Schwarzer als nicht erledigt offenbleibt, lag es wenigstens nicht an mir, denke ich und rufe zum letzten Mal an diesem Tag den gelben Zettel mit meinen Vorhaben auf dem Handy auf.

Die Briefe sind geschrieben und versandt. Ich nähere mich dem vorläufigen Finale. »Ich will das Geld, das ich spare, weil ich keine Kirchensteuer zahle, spenden«, hatte ich mir vorgenommen. Heute will ich das Geld je zur Hälfte der Aids-Stiftung und Amnesty International überweisen. Ich fülle zwei Mini-Formulare aus, gebe meine Bankdaten an, klicke drei Mal »bestätigen«, und zehn Minuten später habe ich gespendet. Elf Minuten später schreibt mir Amnesty die erste Mail: »Herzlichen Dank.« Ich lese, dass ich einen wichtigen Beitrag für die Einhaltung der Menschenrechte geleistet habe. An der Mail hängt ein kleines Briefchen des Ägypters Hafez Ibrahim. »Es ist noch immer wie im Traum«, schreibt er. »Ich verdanke mein Leben Amnesty International.« Und damit nun auch ein bisschen mir, ergänzt Amnesty. »Dank Ihrer Hilfe können wir uns für Menschen wie Hafez Ibrahim einsetzen. Deshalb ist ihre Spende so wichtig.«

Ich denke: cool, erledigt und warte. Mit viel gutem Willen könnte man meine Vorsätze als umgesetzt betrachten. Eigentlich müsste ich mich jetzt gut fühlen. Eigentlich müsste sich jetzt eine tiefe Befriedigung breitmachen, das Gefühl, auf dem richtigen Weg zu sein. Aber da ist nichts. Ich warte weiter. Aber die einzigen Empfindungen, die emporkriechen, sind

Scham und Skepsis. Mir ist es unangenehm, dass ich ein bisschen Geld überweise, das mir auf lange Sicht nicht fehlen wird, und mir dann jemand schreibt, dass ich mitgeholfen habe, einen Ägypter, den ich nicht kenne, vor dem Tod zu bewahren – und dass sich dieser Ägypter auch noch dankend an mich wendet. Ich kann nicht glauben, dass ich mit meiner zehnminütigen Spendenaktion wirklich so viel für ihn erreicht habe. Ich kann nicht fassen, dass es so einfach sein soll, etwas wirklich Gutes zu tun. Ist die Welt nicht viel komplizierter?, denke ich reflexartig. Auf meiner Liste stehen ein paar kleine Dinge, von denen ich denke, dass es besser wäre, sie zu tun, als sie zu unterlassen. Mit Idealen, mit großen, übergreifenden Ideen, denen ich nachstrebe, hat meine To-Do-Liste recht wenig zu tun. Ist das das Problem? Fehlt mir ein großes Ganzes, das ich aus meinen Minibausteinen des richtigen Handelns errichten kann?

»Haltung fällt schwer, wenn die politischen Rezeptbücher leer sind«, schreibt der Journalist Tom Schimmeck, der die *taz* mitgründete und beim *Spiegel* war. »Das kommunistische Ideal ist schon länger kaputt. Nun rumpelt die neoliberale Heilslehre auf den Schrottplatz. Viele verachten vorsichtshalber nun gleich jedes Ideal.« Vom Ende des Kommunismus habe ich nur noch ein paar Schlussakkorde mitbekommen. Als er scheiterte, war ich noch ein Kind. Aber wie fast alle habe auch ich gelernt, dass diese Idee, die die Menschen gleicher machen sollte, sie am Ende ihrer Freiheit beraubte. Den Neoliberalismus habe ich in ganzer Pracht erlebt. Sein Versprechen, Grenzen zu sprengen, den Markt zu befreien und damit auch den Menschen. Ich glaube, dass Tom Schimmeck recht hat. Natürlich lässt mich auch das erlebte Scheitern der beiden Großideologien an Idealen zweifeln. Vielleicht bin ich wirklich zu sehr darauf getrimmt, zu hinterfragen und zu relativieren.

Nachdem ich die Briefe der Schüler aus Hessen und Düsseldorf Dutzende Male gelesen hatte und immer noch nicht begreifen konnte, dass das, was sie schrieben, tatsächlich ihre Träume waren, las ich, was die Jungen früher dachten. *Wir wollen eine andere Welt*, heißt das Buch, das der Journalist Fred Grimm zusammengestellt hat. *Jugend in Deutschland 1900–2010. Eine private Geschichte aus Tagebüchern, Briefen und Dokumenten* überschreibt er diese 500 Seiten. Es ist eine Sammlung, die mit ziemlich viel Zuneigung zu diesen unfertigen Menschen verfasst wurde. Eine Sammlung, in der die Jungen vom Lauf der Geschichte erzählen, aber immer auch von Liebe und Streit mit den Eltern. Und vor allem in den Jahren rund um die Studentenrevolte blitzt in dem, was die Schüler damals schrieben, ein rührender Glaube an ebendiese andere Welt auf, an eine andere Jugend. Da klingt dann plötzlich ein ganz anderer Ton an als in vielem, was mir die heutigen Schüler schrieben. Ein Ton, der etwas von dem Enthusiasmus ahnen lässt, mit dem zum Beispiel der Publizist Georg Hirth 1896 das Jungsein beschrieb. »Jugend«, schwärmt er, »ist Daseinsfreude. Jugend ist Genussfähigkeit, Hoffnung und Liebe, Glaube an die Menschen.«

»Man müsste alles Geld der Erde in einen Topf tun«, schreibt die sechzehnjährige Anneliese in ihrem Tagebuch. »Und dann wieder verteilen, an alle Menschen. Jeder bekäme gleich viel, absolute Gerechtigkeit.« – »Dieses Wort ›Jugend‹ bedrückt einen irgendwie«, notiert eine Realschülerin. »Es bedeutet ja etwas Neues, Junges, das noch alles vor sich hat. Man will nicht versagen, will es schaffen, es zu etwas bringen. Zu was? Wohnung, Auto, Beruf – ist das schon alles?« Sandra, 14, vertraut ihrem Tagebuch an: »Ich habe erkannt, was erwachsen sein bedeutet: sich anpassen, aber nicht immer nachgeben, sich mit Problemen anderer beschäftigen. Über das eigene Ich nachdenken. Versuchen, gegen Vorurteile anzukämpfen. Nicht jemanden unbetrachtet richtig finden. Nicht zu schnell aufgeben. Erst in zweiter Linie kommt gepflegt sein, selbständig, fleißig, höflich, freundlich, bescheiden und solche Sachen.«

Sabine, gerade volljährig, kehrt beseelt von einer Großdemonstration zurück und stellt fest: »Es ist Wahnsinn sich vorzustellen, dass man als Einzelner zwischen einer halben Million Menschen steht, alle grundverschieden, aus den unterschiedlichsten Schichten, mit den unterschiedlichsten Meinungen, doch alle mit einer tiefen Sehnsucht nach Frieden, nach einer gerechteren, schöneren Welt – hoffentlich, hoffentlich wird es eine Bewegung, die bis in die letzten Winkel der Erde dringt und Raketen, Grenzen, Unrecht, Folter, Unterdrückung und Hass fortspült.« Und Heidi, Elke und Ute hockten sich im Juni 1968 im kleinen Ort Geislingen hin und verfassten einen Brief: »Hoch verehrter Rudi Dutschke!«, schrieben sie, »Du bist unser großes Vorbild. Wir sind drei Mädchen im Alter von 16 und 17 Jahren. Wir haben schon oft in unserer Stadt, in Geislingen, für Dich demonstriert. Auf ein Plakat schrieben wir: Hoch lebe Dutschke! Da nun die Notstandsgesetze weg sind, wissen wir nicht mehr, über was wir demonstrieren sollen. Wir bitten Dich nun, uns Ratschläge zu geben.«

Und dann ist da noch dieser Liedtext eines dreizehnjährigen Jungen aus Oldenburg, den Fred Grimm zitiert. Eines Jungen, der als Erwachsener eine ganz andere Tonart bevorzugt, der berühmt ist, weil er die, die heute jung sind, anpeitscht, auch mal fertigmacht. Es war damals wohl wirklich eine andere Zeit, als selbst Dieter Bohlen einen Protestsong gegen den Krieg in Vietnam textete. »Viele Bomben fallen, doch keiner ändert was«, schrieb er. »Es nützt kein Krawallen, geschehen muss etwas.«

Wieso fiel es Anneliese, Sandra und Sabine, Heidi, Elke und Ute, ja selbst Dieter Bohlen damals so viel leichter, so naiv das Gute einzufordern? Und was würden sie heute dazu sagen?

Ende der achtziger Jahre klingen die Träumereien in den Tagebüchern dann langsam ab. 1988 schreibt die dreizehnjährige Carmen: »Manchmal bekomme ich Angst vor der Zukunft. Die Menschen werden sich nur noch für Dinge wie Computer, Autos und so weiter interessieren, nicht etwa für die Probleme und Sorgen ihrer Mitmenschen, und egoistisch werden und Einzelgänger. Und schließlich langweilen sich Menschen dann. Sie haben einfach zu viel. Niemand wird richtig glücklich sein.«

Warum bringe ich meinem Sohn nicht einfach bei, dass er seine Privilegien mit anderen teilen soll und dass es gut ist, von dem Geld, das er hat, auch etwas abzugeben? Auch wenn der, der um ein paar Cent bittet, an den Tisch ins Café kommt und für zehn Sekunden nervt? Warum sage ich ihm nicht, dass er ruhig auf die Straße gehen und protestieren soll, wenn er überzeugt ist, dass etwas falsch ist? Und dass es gut wäre, das häufiger zu tun als drei Mal in 13 Jahren? Warum überzeuge ich ihn nicht davon, dass er das Fleisch von Schweinen und Puten besser nicht essen sollte, wenn diese, eingepfercht in Ställen und Käfigen, ein erbärmliches Leben führten – nur weil es bequemer ist, immer das zu nehmen, was einem vorgesetzt wird?

Das alles könnte ich ihm voller Überzeugung sagen. Und inzwischen bin ich mir auch fast sicher, dass es richtig wäre, das zu tun, dass man sich nicht aus allem raushalten kann; dass es falsch ist, das Geschehen aus sicherer Distanz zu verfolgen. Trotzdem ist das alles nicht so einfach. Denn da ist auch noch diese diffuse Angst, dass auch das der verkehrte Weg sein könnte. Eine Angst, die genährt wird von Stereotypen in meinem Kopf.

Stereotype, die von vielen so oft und so penetrant bedient werden, dass es schwerfällt, das Denken von ihnen zu befreien. Normalerweise lagern sie irgendwo in den Abstellkammern meines Gehirns. Jetzt gerade aber hat jemand dort drinnen die

Tür ganz weit aufgerissen. Bio, Demo, öko, das ist dir jetzt wichtig?, höre ich mich selber fragen. Dann such dir mal neue Freunde. In der nächsten Sekunde jagt eine Karikatur durch mein Bewusstsein: ein haariger Liegeradfahrer, der ausgeblichene T-Shirts trägt und den libanesischen Falafel-Mann erst mit Fragen zum Nahost-Konflikt nervt, um dann Ewigkeiten über den eventuellen Milchgehalt des Fladenbrots zu debattieren, der nicht tanzen und trinken geht, sondern am Sonntag gemeinsam mit muffeligen Frauen Plakate malt, die er dann »Transpi« nennt. Ich zucke kurz zusammen. »Gutmenschen-Alarm« könnte man das nennen, was laut in meinem Kopf klingelt. Ist doch übertrieben, denke ich. Jetzt mal Ruhe da oben. Aber so leicht lässt sich die Gutmenschenangst nicht vertreiben.

Dutzende Autoren haben in den letzten Jahren Hunderttausende Bücher verkauft, in denen es vor allem darum ging, mit scharfen verbalen Geschützen auf den Gutmenschen zu schießen. Die Titel lauten *Achtung, Gutmenschen! Warum sie uns nerven. Womit sie uns quälen. Wie wir sie loswerden* oder *Diktatur der Gutmenschen*. Und das, was darin zu lesen ist, klingt wie meine Paranoia-Karikatur, ist aber meistens ernst gemeint. Der Gutmensch verschandele die deutsche Sprache, klagen die Autoren des Buches *Schöner Denken. Wie man politisch unkorrekt ist*. Er zwinge die anderen, von Energiewende zu sprechen, obwohl doch klar sei, dass das ein »zuverlässiger Weg in die Dunkelheit« sei, er fordere »Respekt« für Minderheiten und meine damit, dass man »Klitorisbeschneidung als Weltkulturerbe« betrachten solle, und er stehe für Entwicklungshilfe ein, obwohl doch klar sei, dass das ein »Betäubungsmittel gegen Eigeninitiative« sei.

Der Gutmensch, schimpft der *Focus*-Redakteur Michael Klonovsky, dominiere mit strengem Zorn die deutschen Debatten. »Die Tatsache, dass es unproduktive Unterschicht, Sozialschmarotzer, ja dass es Plebs gibt, findet der Gutmensch so skandalös, dass er jeden zum Schlechtmenschen erklärt, der darauf hinweist«, schreibt Klonovsky und meint, wer gut verdiene, werde vom Gutmenschen zur Scham gezwungen. »Wer weiß ist, soll sich gegenüber den Menschen der Dritten Welt schlecht fühlen, und wer deutsch ist, hat sowieso tausend Jahre wiedergutzumachen.«

Die Gutmensch-Debatte ist eine, die in den deutschen Talkshows, in den Feuilletons und Buchveröffentlichungen seit gut zehn Jahren geführt wird. »Es gibt eine ganze Medienindustrie, die davon lebt, jeden Ansatz von Utopie zu zerstören«, sagt der Philosoph Richard David Precht im Gespräch mit der *Zeit*. »Sie werden als Idealist verlacht, als Spinner, als weltfremder Romantiker, als Gutmensch.« Seit dem Ende der neunziger Jahre werde der Begriff »Gutmensch« inflationär gebraucht, schreibt auch die Gesellschaft für deutsche Sprache, und zwar »durchweg distanziert und kritisch, ja abschätzig und polemisch«. »Gutmensch« werde fast ausschließlich als »Schmähwort« genutzt, als »Schlagwort zur Stigmatisierung des Protests, zur Diffamierung des moralischen Arguments«.

Das Wort »Gutmensch«, schreibt Tom Schimmeck, sei der »Allround-Niedermacher des frühen 21. Jahrhunderts. Das Wort spiegelt die Verachtung des zynischen Pragmatikers für jedwede Vision.« Es habe vor allem einen Zweck, meint Schimmeck: »Es dient der Abgrenzung gegen jene, die den Gipfel cooler Abgeklärtheit noch nicht erklommen haben. Gegen lächerliche Idealisten, die sich für Analphabeten, Arbeitslose und Afrika engagieren. Die nachts aufstehen, um Kröten über die Straße zu tragen. Die immer noch diskutieren, protestieren, rebellieren wollen.« – Es gibt Menschen, die der Erfolg der Anti-Gutmenschen-Kampagne sehr freut. Endlich sei die Zeit des »wohlfeilen Gutmeinens, Beschwichtigens und Problemzurechtbiegens«, die Epoche eines »linksliberalen, feministischen, sozialstaatsfixierten Multi-kulti-Wischi-waschi-Mainstreams« vorbei, jubelt die Redaktion der Zeitschrift *Focus* in ihrem Jahresrückblick 2010.

Wie platt ist eine Debatte, die jemanden, der Spenden für Afrika sammelt, jemanden, der Energie sparen will oder der sich Sorgen um die Armen in der Gesellschaft macht, als »Gutmenschen« verspottet? Die ihm vorwirft, er spritze den Afrikanern Betäubungsmittel gegen Eigenverantwortlichkeit oder er verbiete braven deutschen Bürgern, mal so richtig über Sozialschmarotzer herzuziehen? Und wie dominant sind diese Argumente, wenn sie in meinem Kopf derartige Abwehrmechanismen auslösen, nur weil ich beschließe, dass es gut wäre, endlich mal für ein paar Ideen einzustehen? Es wird Zeit für eine Annäherung an den Gutmenschen. Einen echten, einen lebendigen. Vielleicht kann das helfen, die Stereotype in meinem Kopf für immer wegzusperren.

Die Idylle in der Platte

Es ist kurz nach sieben, als ich am Domplatz auf die Straßenbahn warte. Hier im Zentrum wirkt die Stadt, in die ich gefahren bin, wie aus einem Werbeprospekt für die Wiedervereinigung. Auf Bildern, die kurz vor der Wende gemacht wurden, sieht man halb verfallene Häuser, Ruinen, die nur noch vom Fachwerk gehalten werden. Über der Stadt hing damals oft ein milchiger Dunst. Die Abgase der Industrie, die man fast ungefiltert in die Luft blies, erschwerten die Sicht und das Atmen und tauchten hier alles viel zu oft in ein trauriges Grau. Mitte der achtziger Jahre hatte die DDR-Verwaltung beschlossen,

Teile der Altstadt niederzureißen. Aber statt der Fachwerk-
häuser fiel die Mauer, und heute, zwanzig Jahre und Hunderte
Millionen Euro später ist das, was mal Verfall war, einer wahren Pracht gewichen. Es ist nicht nur der Dom, der stolz und
mächtig und uralt vor mir emporragt. Alle paar Meter strahlt
hier links ein frisch saniertes Fachwerkhaus, rechts eine sorgsam restaurierte Kirche. Es gibt Plätze, die umrahmt werden
von prachtvollen Fassaden, Kopfsteinpflasterwege und alte
Brücken über kleine Kanäle.

Die Frau, die ich heute zu ihrer Arbeit begleiten werde, ist
hier geboren. Nie hat sie woanders gelebt. Sie hat den Nieder-
gang und das Auferstehen ihrer Stadt miterlebt. Gestern
Abend hat sie mich zu Aussichtspunkten geführt, mir gezeigt,
was man alles restauriert hat, wo überall etwas Neues entsteht.
Sie hat mir mit leisem Stolz die schönsten Ecken vorgeführt
und mit schüchterner Genugtuung gesehen, wie ich, das West-
kind, über diese schöne Oststadt staune. Trotzdem ist es ihr
lieber, dass ich den Namen der Stadt nicht nenne und dass ich
auch ihr in diesem Text einen Namen gebe, den sie in Wahrheit gar nicht trägt.

Schon nach unserem ersten Gespräch war klar, dass Bettina
Leber die Richtige sein würde, um die Stereotype in meinem
Kopf durch Realität zu ersetzen. Denn Bettina Leber ist ein
Gutmensch. Sie sagt, dass sie durch ihren Beruf etwas verändern wolle, dass es kein Job sei, sondern eine Berufung. Sie
lehnt es ab, Dienst nach Vorschrift zu machen, und fast jeden
Tag nimmt sie Arbeit mit nach Hause. Sie kann und sie will
nichts unerledigt lassen. Bis vor einem Jahr ist sie an einem Tag
in der Woche nach dem Frühdienst sogar noch in die Fach-
hochschule gefahren und hat, obwohl sie berufstätig ist, ein
komplettes Studium durchgezogen. Auch wenn das hieß, dass
sie bis spät in den Abend und am Wochenende Bücher studieren und Referate schreiben musste, auch wenn das bedeu-

tete, dass sie deshalb kaum Zeit für sich und weniger Zeit für ihre Kinder hatte, die in der Pubertät steckten und den Eifer ihrer Mutter nicht immer gut fanden. »Aber ich wollte mich einfach weiterbilden«, sagt Bettina Leber. »Ich wollte mehr wissen, mehr können, weil das auch meiner Arbeit zugutekommt.«

Zuerst habe ich nicht begriffen, warum Bettina Leber solch ein Leben verbergen will. Als sie aber meint, dass viele einfach nicht verstehen könnten, warum sie so ist, wie sie ist, als sie sagt, dass es nicht einfach sei, sich so sehr aus der Masse hervorzuheben, dass manche ihr »Überengagement« sogar nervig fänden, stimme ich zu, ihren Namen zu ändern. Dann denke ich mit einem kurzen Schaudern an Mojtaba. Ich möchte nicht noch einmal dafür verantwortlich sein, das Leben eines Menschen, der seinen Idealen folgt, so zu erschweren, denke ich, und biete Bettina Leber an, auch den Namen ihrer Heimatstadt zu verschweigen. Nachdem das geklärt war, wich die Nervosität aus Bettina Lebers Worten. Plötzlich klang sie sehr sicher und bestimmt. »Ich bin Idealistin«, sagte sie. »Ideale sind mein Antrieb, das zu tun, was ich tue.«

Und zum ersten Mal in meinen Interviews formulierte jemand eine Überzeugung, der er sein Leben widmet, klar und eindeutig. Es war nicht der ehemalige Bundeskanzler, dem das gelang, nicht sein grüner Staatssekretär und auch nicht der Topmanager der Hypo Real Estate Bank. Die Erste, die ihr Ideal in gerade, überzeugte Worte fasste, war Bettina Leber, 47, alleinerziehend, Kindergärtnerin in einem Problemstadtteil in Ostdeutschland, momentan verantwortlich für eine Horde Fünfjähriger. »Mein Ideal ist, als Kindergärtnerin allen Kindern, die zu mir kommen, einen Schonraum zu bieten«, sagte sie. »Einen Schonraum, in dem nicht das Geld ihrer Eltern und nicht ihre Herkunft zählt. Sie sollen erfahren, dass sie gut sind, wie sie sind, dass ihnen Achtung und Wertschätzung entgegengebracht werden, dass sie in einer Gemeinschaft leben, in der niemand ausgegrenzt wird.«

»Amen«, würden die Gutmenschkritiker wohl sagen. Ich versprach Bettina Leber, sie in ihrer Kindergartengruppe zu besuchen. Seit der Einführung von Hartz IV habe ich viele Filme über arme Familien gedreht. Ich habe gesehen, wie man oft schon den Kleinsten anmerkt, ob ihre Eltern Arbeit haben oder nicht. Ich habe Kinder getroffen, die nicht bleich, sondern weiß waren, weil sie oft das Falsche aßen. Kinder, die wenig sprachen, weil sie kaum Worte hatten, und Kinder, die nach Fremden schlugen, statt ihnen die Hand zu reichen. Mehr als die Hälfte der Eltern, die ihre Kinder zu Bettina Leber in die Kindergartengruppe schicken, lebt von Hartz IV. Ich kann nicht verbergen, dass ich skeptisch bin, dass ihr Ideal dort Wirklichkeit werden kann.

Die Straßenbahn fährt mit einem kräftigen Ruck an und verlässt den Domplatz. Schon ein paar Stationen später erinnert nichts mehr an die Werbeprospektbilder, die die Altstadt lieferte. Nachdem die Bahn über eine lange Gerade gerattert ist, legt sie sich kurz hinter einem Einkaufscenter in die Kurve. Vor mir steigen Plattenbautürme auf. Auf der rechten Seite begrenzen Plattenbauquader den Blick. Links liegt vor dem nächsten Plattenblock eine große, grüne Wiese. Auch hier standen mal graue Hochhäuser. Aber als nach der Wende immer weniger Menschen in diesem Viertel leben wollten, riss man sie ab. Ein schmaler Pfad führt über die Wiese zwischen weiteren Plattenbauten hindurch zu dem Kindergarten, in dem Bettina Leber arbeitet. Das Haus sieht aus wie ein langgestreckter Bungalow – funktional, nicht schön. Es wirkt, als wäre das Geld für Renovierungen schon lange knapp. An den Fensterrahmen wellt sich der alte Lack. Die Kinderbasteleien sind auf den ersten Blick das einzig Bunte hier.

Im ersten Moment fällt es mir ein wenig schwer, mir vorzustellen, dass dies der Ort sein soll, von dem Bettina Leber gestern voller Begeisterung und Wärme sprach. Aber dann gehe ich durch die Tür, laufe den langen Flur entlang, an den halbhohen Kleiderhaken mit all den Kinderjacken vorbei, öffne die Tür zum Gruppenraum, blicke auf Kisten voller Bauklötze, auf den langen Tisch, auf dem sich Ausmalbilder stapeln, auf Malkästen und Brettspiele. Hier drinnen scheint es an nichts zu fehlen. Ich stehe nur einen Moment etwas unschlüssig da, schon habe ich eine warme, kleine Hand in meiner. »Guten Tag. Ich bin Benni«, sagt das Kind, das vor mir steht. »Und ich Julia«, antworte ich. »Hallo«, sagt Benni. »Baust du mit mir?«

Beim ersten Mal bin ich noch überrascht. Aber schnell merke ich, dass Bennis Höflichkeit kein Zufall war. Denn diese Szene wird sich an diesem Morgen noch sechzehnmal wiederholen. Ein Kind kommt. Es streckt mir die Hand entgegen. Es sagt seinen Namen. Es lauscht auf meinen. Dann will es mir meist etwas zeigen. Ein Bild. Ein Buch. Oder, so wie jetzt, eine Baustelle. »Das ist ein Stall für meinen Hasen«, sagt Benni und zeigt auf ein paar hölzerne Klötze. »Das ist eine Straße, die führt über einen Fluss«, sagt Max und will, dass ich sehe, wie er Bretter auf zwei umgedrehte Kisten legt. »Und das ist ein Düsenjet«, sagt Luca. »Der fliegt so schnell, überallhin.«

Um acht Uhr bin ich am Kindergarten angekommen. Um zwei Minuten nach acht stand ich zögernd im Türrahmen. Jetzt ist es noch nicht einmal Viertel nach acht, und schon fühle ich mich heimisch. Ich sitze auf einem Spielpodest. Neben mir stapeln sich Legosteine. Ich sehe Eltern und Großeltern, die ihr Kind zur Tür geleiten, die es noch einmal drücken, bevor es davonrennt. Manchen, die ihre Kinder bringen, merkt man sofort an, dass es in ihrem Leben gerade nicht so gut läuft. Einige haben abgetragene Kleidung an, manche tiefe Augenringe, andere etliche Kilos zu viel. Den Kindern aber sieht man nicht an, dass in so vielen Familien das Geld knapp ist. »Wir achten einfach darauf«, sagt Bettina Leber, als ich sie später erstaunt danach frage. »Wir wollen, dass die Kinder sauber und gepflegt sind, wenn sie hierherkommen. Die müssen keine teuren Sachen haben, das kann ruhig alles wenig kosten. Aber sauber muss es sein.« – »Und das akzeptieren die Eltern?«, frage ich. »Ja«, sagt sie. »Das sehen Sie doch. Die Eltern wissen, dass wir mit ihnen zusammenarbeiten, dass es nicht um Geschmack geht, sondern um das Wohl des Kindes. Die Eltern vertrauen uns, deshalb akzeptieren sie das.«

Gestern hatte ich die üblichen Klischees abgefragt, die einem in den Kopf schießen, wenn man über arme Kinder spricht. »Haben die Sprachprobleme?«, wollte ich wissen. »Nein, eigentlich nicht«, hatte Leber geantwortet. »Verhaltensprobleme?« – »Die allermeisten nicht«, hatte sie gesagt. »Können sie schon schreiben, zählen?« – »Fast alle ein bisschen«, sagte sie. Während unseres Gesprächs dachte ich, sie wäre eine Schönfärberin. Jetzt sehe ich, dass sie recht hat. Drei Mädchen malen ihre Namen auf meinen Schreibblock. Ein Junge hat einen Legoturm gebaut und zählt die Klötzchen, die er benutzt hat: »Dreiundvierzig, vierundvierzig, fünfundvierzig.« Die anderen Kinder haben sich alle direkt nach ihrer Ankunft ein Eckchen gesucht, in dem sie spielen können – ziemlich friedlich und so gar nicht verhaltensauffällig.

Bettina Leber könnte in diesem Moment ohne Probleme Dienst nach Vorschrift machen. Sie könnte sich ans Fenster lehnen, Kaffee trinken oder mit den Kolleginnen quatschen. Sie könnte schon jetzt auf die Uhr schauen und überlegen, wie lange es noch bis zum Feierabend dauert. Und niemand zwingt sie, dann noch Arbeit mit nach Hause zu nehmen. Das Gallup Institut untersucht einmal pro Jahr, wie sehr sich die Arbeitnehmer in ihrem Job engagieren. Fast zwei Drittel, so lautete das Ergebnis der letzten Studie, machen nicht mehr als nötig, Dienst nach Vorschrift also.

Bettina Leber läuft an diesem Morgen unermüdlich von einem Kind zum anderen, erklärt, wie man Türme stabiler bauen kann, was es bedeutet, wenn ein Milchzahn wackelt, und woran man merkt, dass nun der Frühling kommt. »Ich komme nicht mit einem vorgefertigten Schema zu den Kindern und sage: Montag ist die Mathematik dran, Dienstag die Musik, und am Mittwoch malen wir alle«, hatte sie mir am Vorabend erklärt. Die Kinder dürfen viel Zeit mit Dingen verbringen, die sie interessieren. Bettina Leber beobachtet sie dabei. »Dann gebe ich ihnen Futter, Anregungen, die sie in das, was sie gerade interessiert, einbauen können. Mir ist wirklich wichtig, dass die Kinder hier ihren Wissensdrang stillen können«, sagt sie. Und damit das funktioniere, müsse sie auf die Kinder eingehen. Jeden Tag aufs Neue.

Bettina Leber hat sich nach der Wende und in ihrem Studium viel mit Maria Montessori beschäftigt. Auf deren Idee basiert vieles von dem, was sie mit ihrer Gruppe macht. »Hilf mir, es selber zu tun«, lautet einer der Grundgedanken Montessoris. Hier in dem Kindergarten zwischen den Plattenbauten wird dieser Grundsatz umgewandelt angewandt: »Nutz meine Neugierde, damit ich so viel wie möglich über die Welt erfahre«, so könnte man das Prinzip beschreiben, mit dem Bettina Leber ihren Kindern jeden Tag begegnet. Wenn Verena immer wieder über ihren Goldfisch erzählt, darf sie ihn auch mal mitbringen. Dann reden sie darüber, was Fische essen. Wenn Benni keine Ruhe findet, darf er mit dem Dreirad im Garten Runden drehen. Und sich freuen, dass er der Schnellste ist. Und weil Viktor die Zahlen so liebt, darf er Matheaufgaben machen. »Elf minus drei sind acht. Sieben plus fünf sind zwölf«, wird er später rechnen. Er kann das, obwohl er erst fünf Jahre alt ist und obwohl mit ihm zu Hause nur selten jemand übt.

»Früher in der DDR haben wir streng nach Schema gearbeitet«, sagt Bettina Leber. »Nein. Es saßen nicht alle stundenlang zur gleichen Zeit auf dem Töpfchen«, fügt sie lachend hinzu. »Aber trotzdem hatten die Kinder weniger Freiräume. Das hier ist natürlich anstrengender. Aber es lohnt sich. Ich kann den Kindern so gerecht werden.«

Die ganze Zeit habe ich mich von meinem Podest aus gewundert, warum sich zwei Jungs so ungeduldig an den Türrahmen drängen. Um kurz vor neun erfahre ich den Grund: »Es ist okay. Ihr dürft den Essenswagen aus der Küche holen«, sagt Bettina Leber. Die beiden rennen los und kommen mit dem Frühstück zurück. Kurz darauf sitzen siebzehn Kinder an fünf Tischen mit winzigen Stühlen. Hinter ihnen hängen Plakate, die von ihren Vorlieben erzählen: Samira isst kein Fleisch, steht darauf, Verena keine Paprika, und Viktor mag nur Schokolade, aber keine Gummibärchen. »Ich möchte euch jetzt gerne etwas wünschen«, ruft Bettina Leber. Schon verklingt das Geschnatter, das vorher den Raum erfüllt hat. »Guten Appetit!«, sagt sie, und siebzehn dünne Stimmchen wiederholen im Chor: »Guten Appetit!«

Dann legen die Kinder los. Sie futtern Butterbrötchen und Heißwürstchen. Sie reden darüber, wer sich nachher auf die große Rutsche traut, sie debattieren, ob Spiderman besser ist als Superman, und sie verkünden große Wahrheiten: »Ketchup«, sagt Luca, »in jede Tomatensoße gehört Ketchup. Immer. Das ist doch klar.« Ich blicke über die Tische, schaue die zufrieden essenden und quatschenden Kinder an und denke zum ersten Mal, dass es ein großes Glück ist, dass sie auf jemanden getroffen sind, der seinen Idealen folgt. Später stehe ich im Garten und schaue gemeinsam mit Bettina Leber den Kindern beim Spielen zu. Am Vorabend hatte ich gesagt, dass ich nach fünf Jahren Recherche zu Arbeitslosigkeit und Armut oft erkennen könne, wenn Kinder aus Hartz-IV-Familien kämen. »Und?«, fragt mich Bettina Leber, »wer sind die Kinder, deren

Eltern Arbeit haben, die, wie man so sagt, aus einer höheren Schicht kommen?«

»Manu?«, tippe ich. – »Die Mutter ist alleinerziehend. Hat zwei Kinder, schlägt sich so durch«, sagt Bettina Leber. »Samira?« – »Kommt aus einer ziemlich armen Familie. Gerade ist da das fünfte Kind geboren worden.« Ich wage einen letzten Versuch: »Patricia?« – »Da war schon mal das Jugendamt, weil es da nicht so gut läuft«, sagt Bettina Leber. Ich gebe auf. Sie hat gewonnen. Wessen Eltern wie viel verdienen, ist an diesem Morgen tatsächlich nicht zu erkennen. »Es ist mir sehr, sehr wichtig, dass die soziale Herkunft keine Rolle spielt«, wiederholt Bettina Leber das, was sie mir in unserem Gespräch immer wieder gesagt hat. »Aber wie schaffen Sie das?«, frage ich. »Wir leben es«, antwortet sie. Ganz bestimmt und ganz schlicht.

»Hier ist der Ort, an dem Kinder aus verschiedenen Schichten noch Freundschaften schließen können«, sagt sie. »Später sortiert sich das. Hier ist der Ort, wo es ihnen tatsächlich noch egal ist, was der Vater arbeitet oder was die Mutti macht. Eure Arbeit ist Spielen, sage ich ihnen immer. Die Arbeit von dem einen Vati ist es, ins Büro zu gehen, und die von dem anderen, zu Hause alles in Ordnung zu halten.« Und hier sei eben ein Ort, wo sie den Kindern ein Fundament geben könne, damit die die Chance auf ein gutes Leben haben. Gerade erst sei ein Elternpaar da gewesen, das aus Russland nach Deutschland gekommen sei und immer Schwierigkeiten mit der Sprache gehabt habe, erzählt Bettina Leber. »Danke, dass Sie hier mit den Kindern immer Deutsch gesprochen haben«, hätten die Eltern gesagt, »sie haben es jetzt aufs Gymnasium geschafft.« Und während ich noch staune, rollert Rudi, das Nesthäkchen der Gruppe, vorbei. »Es ist so schön«, sagt Rudi. »Was ist schön?«, fragt Bettina Leber. »Alles«, sagt er. »Es ist alles schön.«

Plötzlich merke ich, dass ich gerührt bin. An diesem Morgen wirkt das, was Bettina Leber und ihre Kolleginnen hier im Schatten der Platten geschaffen haben, wie ein Miniutopia. Ein Platz, der so weit weg scheint von den Problemen, die draußen in der Neubausiedlung auf viele der Kinder warten. Weit weg von Arbeitslosigkeit, von Armut, von Ausgrenzung. Ein Platz, an dem Kinder, die es nicht einfach haben, den ganzen Tag mit denen spielen und essen und leben, denen die Eltern mehr mitgeben können. Am Ende haben alle einen vollen Bauch und ziemlich viel im Kopf. Ich stehe in der Sonne, sehe Rudi beim Rollern zu und denke, dass alles so einfach sein könnte.

Nur ein paar Stunden braucht der Zug, der mich zurück in die Realität bringt. Zu Hause schaue ich mir Reden an, die Politiker zum Thema Kinder hielten. Als wären es Lieder-CDs mit einem ziemlich heftigen Sprung, bleiben sie alle immer an einem Satz hängen: »Kinder sind unsere Zukunft«, sagte Angela Merkel im Oktober 2009 in ihrem Video-Blog. »Kinder sind unsere Zukunft«, sagte Gerhard Schröder auf einer Konferenz im April 2005. Auch Bundespräsident Christian Wulff, die ehemalige Familienministerin Ursula von der Leyen und die neue, Kristina Schröder, sagten diesen Satz. Es ist ein Satz, der nichts kostet und der mit jeder Wiederholung hohler klingt. Die Reden, die ich höre, sind Sonntagsreden. Reden, in denen Idealisten wie Bettina Leber »Vorbilder« heißen, manchmal sogar »Helden«. Reden, die wohl darüber hinwegtäuschen sollen, dass man diese Vorbilder meist allein lässt, wenn der Montag kommt.

In Berlin haben Kinder, deren Eltern arbeitslos sind, kaum Chancen, ganz früh in den Kindergarten zu kommen. In vielen westdeutschen Bundesländern sieht es noch viel schlechter aus. In diesem Frühjahr gibt es in Deutschland für gerade einmal 20 Prozent der Kinder unter drei Jahren einen Platz im

Kindergarten. Und auch Bettina Leber hat immer wieder betont, dass sie sich noch besser um die Kinder kümmern könnte, wenn die Bedingungen andere wären. Sie und ihre Kollegin betreuen zu zweit neunzehn Kinder. »Ich weiß nicht, ob ich das bis zur Rente schaffe«, hatte sie gesagt. »Manchmal bin ich schon ziemlich erschöpft. Und vom Geld her würde ich mir mehr wünschen.« Im Schnitt verdient eine Erzieherin nach fünfzehn Berufsjahren 2500 Euro brutto im Monat – Hunderte Mal weniger als Frank Krings bei der Deutschen Bank bekam. Offensichtlich bemisst der Markt den Wert von effizienten Idealisten höher als den von echten.

Kurz nach unserem Treffen verlässt Bettina Leber für drei Wochen ihre Heimatstadt. Sie fährt an die Ostsee an den Timmendorfer Strand. Sie macht das nicht, um mal richtig auszuspannen, um sich von all dem Lärm und Getöse im Kindergarten zu erholen. Dafür hat sie sich auch die falsche Reisegruppe ausgesucht. Bettina Leber fährt in einem Minibus gen Norden, und mit ihr im Bus sitzen ihre Kinder. Nicht ihre zwei eigenen, die schon groß sind, sondern dreizehn kleine aus der Hochhaussiedlung. Das Ferienhaus am Meer bezahlt eine Stiftung. Für das Benzin, das der Bus verfährt, musste die Leiterin des Kindergartens lange sammeln. Und Bettina Leber wird in den nächsten drei Wochen rund um die Uhr arbeiten müssen. »Aber ich kann nicht anders. Ich muss das machen«, sagt sie. Für viele der Kinder ist es das erste Mal, dass sie das Meer sehen. »Die sind so begeistert«, sagt Bettina Leber. »So lieb. Ich kann ihnen doch so etwas Schönes nicht verwehren.«

Zu viel Blut

Der zweite Gutmensch, den ich treffe, hat es eilig. Ich bin ein bisschen spät dran, und im Operationssaal wird schon die Narkose vorbereitet. »Kommen Sie«, sagt Nina Ofer, trotz der Eile, trotz meiner Verspätung freundlich. Ich laufe hinter ihr her durch das Unfallkrankenhaus der Berufsgenossenschaft in Ludwigshafen. Auf Stühlen und Bänken sitzen Menschen, die auf Hilfe hoffen. Patienten mit geschienten Armen, mit verbundenen Beinen. Angehörige mit Reisetaschen und suchendem Blick. Das hier ist eine Großklinik, ein Hochleistungszentrum. 1000 Mitarbeiter, 25000 Operationen im Jahr. Unfallopfer. Schwerstverletzte. Bei einer der Operationen darf ich gleich zusehen. »Wollen Sie wirklich?«, fragt Nina Ofer besorgt. Ich nicke. Für eine Reportage über ein Bestattungsunternehmen habe ich schon einmal zugeschaut, wie Tote aus den Kühlräumen der Krankenhäuser geholt wurden. Außerdem sieht Nina Ofer, 32 Jahre alt, das braune Haar zum Pferdeschwanz gebunden, schlank und sportlich, vertrauenerweckend aus, fast harmlos. Ich bin sicher, dass nichts Schlimmes geschehen wird.

Ich ziehe mich bis auf die Unterwäsche aus, schlüpfe in eine pinke OP-Hose und ein viel zu großes Hemd. »Die Haare zurückbinden«, sagt Nina Ofer und drückt mir eine Haube und einen Mundschutz in die Hand. Bis hierher ist das alles ganz amüsant. Ein bisschen wie Verkleiden. »Wollen Sie wirklich?«, fragt Nina Ofer noch einmal. Ich nicke wieder. »Es geht um einen Verbandswechsel«, sagt sie. Das klingt doch noch harmlos, denke ich. Im Haus des Patienten, in der Nähe von Frankfurt, gab es vor gut drei Wochen eine Explosion. Als die Rettungskräfte eintrafen, konnte sich der Mann an nichts mehr erinnern. Die Hälfte seiner Haut war verbrannt, Oberarme, Unterarme, Beine und Stirn. Die Verbände, die die zerstörte Haut schützen, müssen nun erstmals abgenommen werden.

Es ist Nina Ofers zweite Operation an diesem Tag. Im Schnitt sind es vier, manchmal fünf, bis sie am Abend nach Hause gehen kann. Nina Ofer ist Chirurgin im Verbrennungszentrum. Ihr Vater ist Hausarzt. »Ich fand das, was er gemacht hat, immer schon ganz gut«, sagt sie. Aber sie wollte lieber in den OP. Sie liebt das Handwerkliche an ihrem Job. »Ich habe immer gern gebastelt, geschnitten«, sagt sie. Und ich muss grinsen. Ihre Doktorarbeit brachte sie in das Unfallkrankenhaus, denn hier konnte sie hoch filigrane Bastelarbeit machen. Ihre Patienten damals waren Ratten. »Ich habe deren Hinterläufe transplantiert«, sagt Nina Ofer. »Klingt schlimm, war aber eine gute Übung. Wir haben deren Knochen zusammengepuzzelt, die Muskeln genäht und die hauchdünnen Gefäße. Das hat mir so gut gefallen, dass ich gesagt habe: Okay, ich mache das.«

Inzwischen ist sie Oberärztin. Sie arbeitet manchmal 50, manchmal 60 Stunden in der Woche. Morgens um sieben fängt sie an, »um sechs, halb sieben am Abend bin ich dann meist raus«, sagt sie. Dazu kommen Nachtdienste, Bereitschaftsdienste. Ihre Arbeitszeit verbringt sie fast komplett im Operationssaal. Wenn der eine Patient, noch sediert, hinausgerollt wird, hat das Team längst die sterilen Tücher und die Instrumente beiseitegeräumt, damit so zügig wie möglich der nächste hereingefahren werden kann. Auch wenn ein Patient im Operationssaal stirbt, geht es »nach Plan«, wie Nina Ofer sagt, weiter. »Pausen gibt es bei uns letztendlich nicht. Da muss man schon fast ein schlechtes Gewissen haben, wenn man mal Mittag macht«, sagt sie.

Nina Ofer verdient als Oberärztin ein Grundgehalt von 4500 Euro brutto im Monat, für die Bereitschaftsdienste kommen mal 500, mal 1000 Euro Zuschlag dazu. Das ist ja weniger als mancher Gymnasiallehrer, denke ich. »Natürlich ist meine Arbeit schlechter bezahlt als ähnlich verantwortungsvolle Jobs, vor allem als die in der freien Wirtschaft«, sagt Nina Ofer. »Die Arbeitsbelastung ist hoch, die Verantwortung auch. Es geht um Menschenleben. Das wird weder in den Arbeitsbedingungen noch im Gehalt abgebildet.«

Nina Ofer müsste nicht hier im Umkleideraum einer berufsgenossenschaftlichen Unfallklinik stehen. Viele ihrer Kollegen würden früher oder später versuchen, eigene Praxen aufzumachen, sagt sie. Denn sie ist keine normale Chirurgin. Ihre genaue Berufsbezeichnung lautet: »Fachärztin für plastische und ästhetische Chirurgie.« Sie könnte Lider richten, Brüste vergrößern oder Fett absaugen. Sie könnte eine eigene Praxis haben, ihre OP-Pläne selber aufstellen und in der Nacht und am Wochenende immer frei haben. Und sie würde damit vermutlich reich werden. »Natürlich könnte ich da mehr Geld verdienen«, sagt sie. »Das Vierfache, das Fünffache, sicher, vielleicht auch das Zehnfache. Aber das ist nicht alles«, sagt sie. »Es ist meine Berufung, Menschen zu helfen. Deshalb bin ich hier.«

Der Mann liegt in der Mitte des Raums auf einem Operationstisch. An seinem Kopf steht die Anästhesistin. Ein Überwachungsmonitor zeigt Herzschlag und Puls. Fünf Sekunden später wünsche ich mir, den Blick nie von diesem Bildschirm abgewendet zu haben. Die Verbände sind bereits abgenommen. Dort, wo die Schuhe waren, ist die Haut intakt, beige, rosa, wie immer man es nennen will. Die Arme und Beine des Mannes sind tiefrot, komplett verbrannt. Überall fließt Blut aus offenen Wunden. Ich blicke weg, wieder hin, wieder weg. Setze mich, auf einen Schemel. Im Radio läuft R.E.M., *Everybody hurts*. Nina Ofer muss Reste der verbrannten Haut entfernen, Salbe, die auf den Wunden klebt, abtragen. Sie macht das ruhig, gelassen. Als ich zu ihr hinschaue, greift sie gerade nach der Hand des Mannes, um den Arm hochzuheben. Freundlich sieht das aus, fast zärtlich. Das Blut läuft. Der Assistenzarzt deckt Tücher über die Wunden. Tücher, die grün sind und sofort rot werden.

»Ist das der Schaber?«, fragt Nina Ofer. Die OP-Schwester nickt. »Brauchst du eine frische Klinge?«, fragt sie. Jetzt nickt Nina Ofer. Dann raspelt sie die Schicht aus toter Haut und verklebter Salbe ab. Zentimeter für Zentimeter. Bald liegen auf dem Boden überall Hautreste, wie Haare beim Friseur. Ein Pfleger kommt in den Saal. Er fasst meine Hand. »Geh mal besser raus«, sagt er. Jetzt erst sehe ich, dass das pinke OP-Hemd schweißnass ist. Als ich von dem Schemel rutsche, merke ich, dass meine Beine kaum halten. In der Küche bekomme ich Wasser und ein bisschen Brot. In einer Tüte auf dem Tisch liegt ein ganzer Laib. Auf der Anrichte steht eine Suppenschüssel. Brot und Suppe. Das wird später Nina Ofers Mittagessen sein. Helden wie sie sollten besser versorgt werden.

Zur nächsten Operation traue ich mich wieder in den Saal. Eine Frau, schmal und klein, liegt auf dem Tisch. Nach einer Verbrennung ist die Haut an ihrer Hand so vernarbt, dass sie den Daumen nicht mehr richtig bewegen kann. Nina Ofer wird Haut von der Hüfte an die Hand transplantieren, um der Frau zu helfen. Sie arbeitet mit feinem Besteck, auf der Nase hat sie eine Brille mit Lupengläsern. Sorgsam zeichnet sie Striche auf die Hand, schneidet hinein, zieht die Haut zurecht, legt ein Loch frei. Ihr Kollege zeichnet und schneidet an der Hüfte. Er reicht den Hautlappen über den Tisch. Sie entfernen das Unterhautfettgewebe und nähen die neue Haut an. Es blutet kaum. Alle im Saal sind konzentriert. Bastelarbeit eben.

Während sie schneiden, denke ich an einen Jungen, mit dem ich zur Schule ging. Sein Vater hatte, so erzählten wir es uns,

Spiritus in den Grill gekippt. Der Junge hatte schwere Verbrennungen, Narben im Gesicht. Er trug immer eine Ledermaske. Heute würde man ihn auf dem Schulhof »Opfer« nennen. Wenn es gut für ihn lief, haben wir ihn ignoriert. An den schlechten Tagen verspottet und geärgert. Es tut mir leid. Aber das wird ihm nichts mehr nützen. »Wir versuchen alles zu tun, damit das Leben der Menschen danach so gut wie möglich wird«, hatte Nina Ofer gesagt. Auch, wenn dazu mehrere Operationen nötig sind. So wie jetzt. Die Frau wird ihren Daumen viel besser bewegen können. »Das war eine schöne OP«, wird Nina Ofer später sagen. Und ich denke, dass man sich Mühe geben muss mit dem Leben, wo Menschen wie die Ärzte hier so viel arbeiten, um es zu schützen und zu bewahren.

»Am Anfang, als ich hier im Verbrennungszentrum begonnen habe, dachte ich, wir haben bestimmt ganz viele Arbeitsunfälle, von der BASF oder so«, sagt Nina Ofer. Aber da habe sie sich getäuscht. Die Sicherheitsstandards seien hoch. Bei der Arbeit verbrenne man sich selten. »Was ich wirklich schockierend fand, war, dass viele Patienten sich selbst angezündet haben«, sagt sie. »Oder dass Patienten mit Benzin übergossen wurden, irgendwelche Eifersuchtsdramen. Das fand ich schlimm, und das konnte ich auch bei den Operationen erst nicht ausblenden.« Aber dann habe sie einige Menschen erlebt, die versucht hatten, sich umzubringen, und die nachher, einmal gerettet, das Leben doch wieder mochten. »Ich finde«, sagt sie, »das ist Motivation genug, alles nur irgend Mögliche für die Patienten zu tun. Das Leben ist erhaltenswert.«

Auf der Rückfahrt denke ich an all die Lästereien, die ich über »Gutmenschen« wie Bettina Leber und Nina Ofer gelesen habe. Ich erinnere mich an die vagen Aussagen, mit denen mir Politiker und Wirtschaftsleute auf die Frage nach ihren Idealen antworteten, und ich denke an meine eigene Inkonsequenz bei dem Versuch, Lesepatin zu werden. Und durch all die Denkerei wird aus der Rührung langsam Wut. Wir ziehen uns alle mit einem Haufen Ausreden aus der Affäre. Wir reden und argumentieren und lassen währenddessen so vieles einfach geschehen. Gerhard Schröder ließ zu, dass in Deutschland der Abstand zwischen den Reichen und Armen größer wurde. Frank Krings tat nichts, um zu verhindern, dass der Bund in wenigen Jahren 16 000 Euro im Monat auf sein Konto überweisen wird, statt das Geld in Kindergärten zu stecken, und ich habe es noch nicht einmal geschafft, jeden Dienstag eineinhalb Stunden mit Yasemin zu lesen. Stattdessen müssen Menschen wie Bettina Leber und Nina Ofer mit enormem Aufwand die Welt zumindest an einer kleinen Ecke wieder geraderücken. Ohne dass ihnen jemand hilft.

Keine Villa, kein Auto, kein Haus

Es ist ein Samstagnachmittag in Berlin. Vor mir stehen elf Menschen in einem Kreis, die sich der Reihe nach anbrüllen. Sie kennen sich nicht. Sie werden sich nach diesem Nachmittag vermutlich nie wieder begegnen. Sie sind die, die die Zeitungen in den letzten Monaten »Wutbürger« nannten, unzufrieden mit so vielem in diesem Land. Sie sind gekommen, weil sie ihre Wut nicht länger verbergen wollen. Und weil die, gegen die sich die Empörung richtet, gerade nicht da sind, führt der Kreis eine Art Stellvertreterkrieg.

»Es kotzt mich so an«, schreit ein Mädchen ihre Nebenfrau an. »Ich habe keinen Bock mehr, immer und immer auf euch vertrauen zu müssen. Auf eure verdammten Bahnen, die immer ausfallen und zu wenig Waggons haben und zu viele Menschen. Und es stinkt alles, und es ist so widerlich!« Die be-schimpfte Frau dreht sich zur Seite. Jetzt brüllt sie. »Immer weißt du Bescheid«, schreit sie den Mann an, der neben ihr steht. »Am besten schneide ich mir deine Visage ab, klebe sie mir auf, und dann kann ich mal sagen, wo es langgeht.« – »Seid ihr alle noch Menschen?«, keift der Nächste. »Ihr seid doch alle eine Suppe, macht nur das, was man euch sagt.«

Ich sitze an diesem Samstag in einem Arbeitsraum im Hin-terhof des Maxim-Gorki-Theaters, weil auch ich meine Wut nicht loswerde. Seit ich im Kindergarten gesehen habe, wie viel es bringt, wenn ein einziger Mensch das Richtige tut, seit ich im OP-Saal gemerkt habe, wie ein einzelner Idealist die Um-stände doch ändern kann, bin ich wütend, dass die allermeis-ten die Welt einfach so hinnehmen, wie sie ist. Seitdem kann ich die ganze Gleichgültigkeit, die mich so oft umgibt, dieses »Was soll man machen?«, »Was kann man schon bewegen?«, »Was kann ich denn schon ändern?« kaum mehr hören. So lasch diese Ausreden bei anderen klingen, so unerträglich finde ich sie inzwischen bei mir selbst.

Aber auch wenn ich völlig beseelt von all dem Kinderglück aus der Plattenbausiedlung und sehr beeindruckt aus dem sterilen OP-Saal zurückkehrte, war mir klar, dass ich jetzt nicht alles stehen und liegen lassen kann, um eine idealisti-sche Kindergärtnerin oder Chirurgin zu werden. Zum einen mag ich meinen eigenen Beruf sehr, zum anderen habe ich Tage gebraucht, um mich von den zwei Operationen zu erho-len, und kleine Kinder, die in großen Gruppen auftreten, ner-ven mich recht schnell. Mit einem überstürzten Berufswech-sel wäre also niemandem geholfen. Außerdem habe ich gemerkt, wie mein Verstand recht schnell Bettina Leber und Nina Ofer als idealistische Ausnahme zu kategorisieren ver-suchte, um mein Gewissen zu entlasten. Arbeiten sie doch in einem klassischen Helferberuf, da gehört ein gewisser Idealismus ja fast zur Grundausstattung. Natürlich ist es löblich, dass es all die netten Kindergärtnerinnen, Krankenschwestern und Sozialarbeiterinnen gibt. Aber kann es nicht sein, dass in der kalten Restwelt andere Gesetze gelten? Dass andere Zwänge wirken, auf die man sich zu Recht ständig beruft? Die wir anführen, wenn wir begründen wollen, warum wir ja anders wollen, aber nicht können?

Ich habe lange gesucht, um jemanden zu finden, der sein ganzes Leben konsequent an Idealen ausrichtet; jemanden, der sich rigoros gegen alle Kompromisse entschieden hat und gegen das Verdrängen, das mich meine guten Vorsätze im Alltag immer so schnell vergessen lässt; jemanden, der die ganzen Sätze, die in meinem Kopf mit »Eigentlich müsste man« beginnen und dann mit »vegetarisch essen«, »nicht fliegen«, »keine Wegwerfprodukte kaufen«, »protestieren« und »die Welt ändern« weitergehen, für sein Leben umformuliert hat; der nicht nur schwätzt, sondern auch den logischen zweiten Schritt geht, der sagt: »Ich habe eingesehen, dass man eigentlich vieles ändern müsste, und deshalb mache ich es.«

Auf einem Bürotisch, der an der Stirnseite des Raumes steht, in dem sich die Menschen gerade anschreien, hockt die, die ich so lange gesucht habe. Hanna Poddig ist ein schmales Mädchen. Um den Hals hat sie einen dicken Wollschal gewickelt. Sie ist erkältet. Neben sich hat sie eine große Kanne Tee gestellt, ständig trinkt sie, damit die Stimme heute hält. In ihrem roten Wollmantel vor der weißen Wand und auf dem weißen Tisch sieht sie noch blasser aus, als sie ohnehin schon ist, sie wirkt unnahbar und zart, fast verletzlich. Sie sei eine Vollzeitaktivistin, eine Widerstandsnomadin, eine Berufsrevolutionärin, hatte ich über sie gelesen. Sie hat ein Buch über ihr Leben geschrieben, das sie forsch *Radikal mutig. Anleitung zum Anderssein* nannte. So jemanden hatte ich mir ganz anders vorgestellt. »Das ist ein bisschen mein Prinzip«, wird Hanna später sagen. »Dagegen sein und dabei trotzdem gut aussehen.«

Wenn Hanna spricht, lässt sie das Naive, das Kleinmädchenhafte schnell vergessen. Das, was sie sagt, ist klar und eindeutig und so gar nicht nett und niedlich. »Ich gehe durch eine Welt, in der mich unheimlich viel aufregt«, sagt sie. »Und deshalb habe ich irgendwann für mich beschlossen, dass ich das nicht ertragen kann und dass ich versuchen will, etwas zu ändern; dass ich nicht einfach mitmache, sondern immer und immer wieder sage, womit ich nicht einverstanden bin.« Das klingt gut, denke ich im ersten Moment. Aber da ist mir auch noch nicht klar, dass dieser Entschluss das, was wir ein normales Leben nennen, für Hanna unmöglich macht.

Vor einer halben Stunde hat Hanna Poddig die Menschen, die vor ihr stehen, gebeten, zu schreien und zu schimpfen. Sie will, dass sie die Wut, die sich angestaut hat, rauslassen. Ich hatte kurz überlegt, mich in den Kreis einzureihen und mitzumachen. Aber nun bin ich doch recht froh, neben ihr auf dem Tisch hocken und zuschauen zu dürfen. Auf Kommando meine Nachbarleute anzubrüllen, kann ich noch weniger, als im Stadion auf den Schiedsrichter zu schimpfen. »Du Scheißfahrkartenkontrolleur«, motzt ein Mädchen gerade, »ihr seid doch die Letzten. Ihr habt doch keine Ahnung vom Leben.« Wenig später macht Hanna dem Geschrei ein Ende: »Danke«, sagt sie, »das war es leider schon. Unsere Stunde ist vorbei.«

Danach wird eine Teilnehmerin sagen, dass ihr das Schreien ganz gutgetan hat, dass es entspannt und erleichtert. Schön, denke ich. Aber die Welt hat das jetzt nicht wirklich verändert, oder? »Nein«, sagt Hanna abgeklärt. »Das hatte ich auch nicht erwartet. Aber vielleicht fühlen die sich jetzt nicht mehr so ohnmächtig.« Dann packt sie ihren Tee, wickelt ihren Schal noch fester um den Hals und geht. Der Nachmittag im Gorki-Theater war für sie nur ein kurzer Halt auf dem Weg in eine andere Welt. Drei Mal werden wir uns nach diesem Nachmittag treffen, um zu sprechen. Es wird nicht lange dauern, bis ich mir wünsche, das Interview mit einer etwas weniger dämlichen Frage begonnen zu haben. Hanna Poddig beschäftigt sich seit Jahren mit nichts anderem als den Mängeln dieser Welt. Natürlich ist ihr klar, dass ein bisschen Schreierei im Gorki-Theater ihre Visionen nicht real werden lässt.

Und so ist es fast logisch, dass Hanna auf meine Frage nach den Idealen ganz anders antwortet als Gerhard Schröder, Rezzo Schlauch und Frank Krings, die auswichen und abschweiften, auch anders als Bettina Leber, die über ihren Beruf sprach. Für Hanna Poddig ist dies die Frage, die ihr Leben ausmacht. Natürlich habe sie Ideale, sagt sie. Und dann fängt sie an zu erzählen. Sie träumt von einer Welt, in der die Menschen frei und selbstbestimmt leben können. Von einer Welt, in der die Natur nicht geplündert wird, um Wohlstand zu mehren. Von einer Welt, in der Tiere nicht leiden müssen. Von einer Welt ohne Armut, in der jeder das hat, was er braucht. Diese Träume klingen rosig und sanft. Und so global, dass sich viele finden werden, die sie teilen. Vermutlich auch all die, die ich bislang traf. Nach dem Aufwachen machen sie es dann aber genauso wie ich. Wir leben so, dass wir mit fast allem, was wir tun, dazu beitragen, dass diese Träume niemals wahr werden: Wir essen Tiere aus Fleischfabriken. Wir kaufen Klamotten, die andere für Hungerlöhne nähen. Wir verbrauchen Ressourcen, indem wir viel mehr heizen, viel mehr fahren, viel mehr fliegen, als die Erde verkraften kann.

Hanna macht all das nicht. Denn sie, das ist das Erste, was ich begreifen muss, meint ihre Träume ernst. So richtig ernst. »Ich esse kein Fleisch, keinen Fisch, keine Milchprodukte und keine Eier«, zählt sie auf. »Ich kaufe auch kein Leder und keine Hautpflegeprodukte mit tierischen Bestandteilen.« Dass es aufwändig ist, vegan zu leben, weiß ich von Freunden. Im Restaurant, im Supermarkt, in der Eisdiele, sogar bei Partys müssen die immerzu darauf achten, ob nicht irgendwo Eier, Milch oder Fleischspuren lauern. Aber Hanna geht noch einen Schritt weiter. Weil sie es unerträglich findet, dass in einem Land wie Deutschland Unmengen von Lebensmitteln weggeschmissen werden, kauft sie ihr veganes Essen fast nie im Bioladen, sondern sie versucht, es zu sammeln.

Fast jeden Abend nach Geschäftsschluss der Supermärkte zieht sie los und geht dorthin, wo die Läden ihren Müll lassen. Da zieht sie sich dann das aus den Tonnen, was sie noch gebrauchen kann. Ein bisschen Obst und Gemüse. Ein paar Pakete Nudeln oder Reis. Kiloweise Mehl oder Paletten voller Marmelade. »Containern« nennt Hanna Poddig das. Sie besteht darauf, dass man auch so satt werden kann, gibt aber zu, dass es verdammt anstrengend ist. Oft muss sie die Nudeln lange aufbewahren, bis sie bei einer ihrer nächtlichen Runden auch noch eine Dose Tomatensoße findet.

Veganes Essen aus Mülltonnen – für mich klingt das nach Selbstkasteiung. Für Hanna Poddig ist es die einzig erträgliche Art, ihr Essen zu beschaffen. »Als ich zum ersten Mal gesehen habe, wie viele Lebensmittel von den Geschäften weggeworfen werden, konnte ich das gar nicht glauben«, sagt sie. »Dann wurde ich wütend. Es kotzt mich an, dass so viele Menschen verhungern und dass wir das Essen einfach wegwerfen.« Und dann erklärt sie noch, dass jede Dose, jede Nudelpackung, jedes Mehlpaket sehr, sehr viel Energie verschlungen habe, weil sie produziert, transportiert und im Regal offeriert werden mussten. Und dass es natürlich fatal ist, diese Energieschlucker dann einfach wegzuwerfen.

Ich fühle mich sofort ertappt. Ich bin eine ausgesprochen schlechte Vorratshalterin. Immer wieder schmeiße ich tütenweise Sachen weg, weil ich sie angebrochen und dann im Kühlschrank vergessen habe. Ich weiß, dass ich das ändern sollte. Und ich weiß auch, dass Hanna Poddig mit alldem, was sie sagt, recht hat. Aber das Abendbrot aus Mülltonnen zu fischen, das klingt trotzdem ein bisschen eklig. Es klingt nach schimmeligem Brot, braunem Salat und ranziger Butter. Hanna kennt diese Einwände. »Die Sachen sind noch in Ordnung«, erklärt sie geduldig. Vieles werde weggeworfen, weil es einfach falsch etikettiert wurde. »Und weil es billiger ist, dann neue Marmelade zu kaufen, als einen Aufkleber abzulösen und einen neuen draufzukleben, landen ganze Paletten im Müll.«

»Und ist das Mitnehmen der Sachen verboten?«, frage ich. »Ja und nein«, sagt Hanna. »Es ist eine Grauzone. Formal gehört der Müll noch dem Laden und ab Abholung der Müllabfuhr.« – »Es ist also Diebstahl.« – »Aber das, was ich klaue, ist nichts wert«, sagt sie. »Der Laden müsste mich anzeigen, weil ich Ware im Wert von null Euro gestohlen habe. Das hat noch niemand gemacht.« Okay, denke ich, ihr veganes Essen kommt also meist aus dem Müll. Und der Rest? »Auch sonst versuche ich, kaum Nachfrage nach der Neuproduktion von Dingen zu schaffen«, sagt sie. »Ich will möglichst viel möglichst lange und effektiv nutzen, weil das ressourcenschonend ist.« Auch den roten Mantel, den Hanna trägt, hat sie aus einem Container gezogen. Genau wie das Kleid. Die Schuhe hat ihr ihre Mutter geschenkt, und der Schal lag mal in einer Werkstatt herum und gehörte niemandem mehr.

»Aber was ist, wenn du mal wirklich etwas willst?«, frage ich. »Von ganzem Herzen?« – »Mir ist gute Technik wichtig«, sagt Hanna, »damit ich meine Arbeit tun kann. Aber sonst habe ich diese Bedürfnisse einfach nicht. Ich fand einkaufen gehen zu müssen eigentlich schon immer total doof.« Es sei also kein Verzicht, der ihr wehtue, sagt sie. »Und ich würde mich wirklich schlechter fühlen, würde ich anders leben. Die Konsequenz vermittelt mir das Gefühl, mich in meiner Haut wohlzufühlen. Ich bin mir treu. Das macht es leicht.« Ich blicke in Hanna Poddigs ernstes Gesicht. Als ich zum ersten Mal von ihr las, dachte ich, sie sei nicht viel mehr als ein Ökofreak. Jetzt kann ich nicht verhehlen, dass ich beeindruckt bin. Mit solch einer Klarheit und Geradlinigkeit habe ich selten jemanden über die Prinzipien seines Lebens reden hören. Da sind keine Ausreden, keine Ausflüchte, dass sie sich treu ist, glaube ich ihr sofort. Nur »leicht« wirkt nun wirklich nichts, was sie von ihrem Leben erzählt. Und ich ahne, dass ich von ihr erfahren kann, warum es mit mir und meinen guten Vorsätzen allenfalls schleppend läuft. Ich wäre nie bereit, so große Teile meines guten und bequemen Lebens zu opfern.

Dass sich Hanna ihr Essen und ihre Kleidung aus dem zusammensammelt, was die anderen übrig lassen, sind nur zwei ihrer Regeln. Sie will nicht nur verhindern, dass die Unternehmen ihretwegen immer neue Waren ausspeien müssen, es geht ihr um mehr. Sie will zeigen, dass ein freies Leben abseits aller Zwänge möglich ist. Deshalb kauft sie nicht nur nicht ein, sie versucht, wenn möglich, ganz auf Geld zu verzichten. Sie hat keine feste Wohnung, und ihren Besitz hat sie auf das Nötigste reduziert.

Am Morgen nach dem Workshop im Gorki-Theater wird Hanna wieder ihren Rucksack und die kleine Tasche packen. Sie wird ihren Schlafsack rollen und das Kopfkissen zusammendrücken. Sie wird die paar Klamotten und ihr Waschzeug in den Rucksack stecken. Sie wird ein bisschen Werkzeug, eine Taschenlampe und ein paar Stifte zusammensuchen. Den größten Platz im Gepäck wird wieder mal all das einnehmen, was sie für ihre Arbeit braucht: die Mappe mit den Unterlagen, den Kopiervorlagen für Flugblätter, den Briefumschlägen und den Marken. Dann noch die Plakate, die Digitalkamera, die Boxen und der Laptop. Sie wird ihren roten Mantel anziehen, sich den Rucksack aufschnallen, die kleine Tasche in die Hand

nehmen und sich dann irgendwo bei Berlin an eine Ausfallstraße stellen und warten. Sie wird die Hand heben und hoffen, dass ein Autofahrer hält, die Tür öffnet und das Mädchen
am Straßenrand mitnimmt.

Wenn sie dort ankommt, wo sie glaubt, als Nächstes gebraucht zu werden, schläft sie bei Freunden, bei Sympathisanten oder bei politischen Projekten, die Betten bieten für
Menschen wie sie. »Ich schaffe es so wirklich, fast ohne Geld
zu leben«, sagt sie. »Ich habe eine Krankenversicherung und
einen Handyvertrag. Das ist ein Luxus, den ich brauche. Darüber hinaus gibt es Monate, in denen bin ich fast bei null.
Oder manchmal halt bei dem, was eine Tafel Schokolade kostet.« – »Und glaubst du wirklich, dass sich die Welt dadurch
verändert?«, frage ich. »Die Welt verändert sich immer irgendwie«, sagt Hanna. »Und ich hoffe, dass ich durch das, was ich
tue, vielleicht mal eine Dynamik lostrete.« Eines ihrer Vorbilder sei Rosa Parks, sagt Hanna. Die Frau, die sich im Jahr 1955
weigerte, ihren Sitzplatz im Bus für einen weißen Fahrgast zu
räumen, und die zur Ikone der Bürgerrechtsbewegung wurde.
»Es ist ein belangloser Vorgang«, sagt Hanna Poddig, »so klein,
aber es ist doch so unglaublich groß, und es hat so viel los-
getreten. Und je widerständiger ich meinen Alltag lebe, desto
höher ist die Chance, dass genau so etwas passiert.«

Während sie redet und mein Aufnahmegerät Regel um Regel, Erklärung um Erklärung aufzeichnet, frage ich mich die
ganze Zeit, wie man so wird. Hanna Poddig ist erst 25 Jahre alt.
Wie ist dieses Gedankenkonstrukt, das sie durch ihr ganz anderes Leben leitet, entstanden? Ist sie mit dieser strengen
Kompromisslosigkeit geboren worden? Ist sie ihr anerzogen?
Oder hat sie durch Zufall irgendwann die Ausfahrt in Richtung Konsequenz erwischt, die ich seit Beginn meiner Recherche suche?

Hanna wuchs auf wie so viele, die in die behütete deutsche

Mittelschicht geboren werden. Ihr Vater ist Professor, ihre Mutter Krankenschwester. Sie lebte erst in einem Dorf bei Hamburg, dann zog sie in die Nähe von Schweinfurt. Ihre Eltern kümmerten sich gut um sie und waren auch dann noch für ihr Kind da, als sie sich trennten. Sie waren schon recht politisch und ökologisch, sagt Hanna. Bevor sie ins bayerische Unterfranken zogen, kauften die Eltern eine Landkarte und malten mit einem Zirkel Kreise um jedes Atomkraftwerk. »In all die Dörfer, die innerhalb dieser Kreise liegen, ziehen wir nicht«, sagte Hannas Mutter damals. Die Eltern nahmen ihr Kind schon früh mit zu Anti-Atomkraftdemos, zu Protesten gegen den Ausbau von Autobahnen und Müllverbrennungsanlagen. Und wenn Hanna von der Schule kam, hörte ihre Mutter oft die alten Arbeiterlieder von Hannes Waader. Dann fiel ihr das Putzen leichter.

So eine Kindheit mag man »links« nennen, »alternativ« vielleicht. Aber es gibt viele, die so aufwachsen, und nur ganz wenige, die dann ein Leben so abseits der Norm führen. Was es war, das sie so anders machte, vermag auch Hanna Poddig nicht zu sagen. Aber Bausteine nennt sie. Da waren die Mädchen in ihrer Klasse in der Schweinfurter Schule, die immer nur shoppen gingen und über Jungs sprachen und die sich für all das, was Hanna wichtig fand, nie interessierten. Da war der Unterricht, den sie oft im Halbschlaf an sich vorbeiziehen ließ, weil die Lehrer so wenig Antworten auf die Fragen hatten, die sie bewegten. Da war ihr Hobby, die Jonglage, die Artistik, das sie früh mit Leuten zusammenbrachte, die auch ein bisschen abseits standen. »So Freaks waren das«, sagt Hanna. »Jonglieren ist ja auch irgendwie Künstlerkram, und die Leute, die das professionell machen, sind fast ein wenig verrückt. Und das waren meine Freunde.«

Und dann nennt sie noch einen Baustein für das, was heute ihr Leben ist. Er trägt unter anderem den Namen Gerhard

Schröder. Das, was sie erzählt, wenn sie sich an seinen Wahlsieg erinnert, ist mir ein bisschen unheimlich. Wenn sie redet, ist es so, als würde ich meinen eigenen Gedanken lauschen. »Es war der erste Wahlkampf, den ich erlebt habe, der wirklich etwas hätte ändern können«, sagt sie. »In meinem Leben gab es bis dahin immer nur Helmut Kohl, und ich hatte die Hoffnung, dass nach dem rot-grünen Wahlsieg nun vieles besser wird, dass nun endlich an all den Ungerechtigkeiten gerüttelt wird, die so lange als unveränderlich galten.« Hanna Poddig war damals erst 13 Jahre alt. Trotzdem machte sie zusammen mit ihrer Mutter Wahlkampf für den grünen Kandidaten ihres Heimatortes. »Ich habe Flyer verteilt und so Werbegeschenke, irgendwelche Sonnenblumen«, sagt sie. »Und ich mochte die Leute, die da für die Grünen angetreten sind. Die sind Rad gefahren statt Auto, ich fand ihre Forderungen gut. Die haben mich schon beeindruckt.«

Auf der Wahlparty des grünen Abgeordneten habe sie noch gefeiert, sagt Hanna. Aber schon bald sei da nur noch Frust gewesen. »Es gab dann ja schnell die Kriegseinsätze. Da habe ich zum ersten Mal gedacht: Was machen die da?« Als Nächstes wurde aus dem Raum des grünen Politikers, in dem Hanna immer gemeinsam mit ihrer Mutter ein und aus gegangen war, in dem es immer Platz gegeben hatte für all die, die sich für die Region engagierten, plötzlich ein »Wahlkreisbüro des Bundestagsabgeordneten«. Schnell fühlte sich Hanna hier nicht mehr willkommen. »Da saß dann eine Sekretärin, und man konnte nicht mehr einfach rein und Transparente aus irgendeinem Fach holen«, sagt sie. Als immer mehr Entscheidungen folgten, die Hanna nicht verstand, ging ihre Mutter zu dem grünen Abgeordneten und erinnerte ihn an seine alten Positionen. »Also, das können wir uns jetzt nicht mehr erlauben«, sagte der. »Das ist Oppositionsdenken.«

Hannas Mutter zog sich dann von der Politik zurück. Sie

trat bei den Grünen aus, und ihre Tochter, gerade ein Teenager, sah zu, dachte nach und beschloss, von nun an Parteien nicht mehr zu glauben. »Ich war desillusioniert«, sagt sie. »Ich hatte plötzlich das Gefühl, dass die, für die ich mich eingesetzt hatte, gar keine Utopien mehr hatten oder dass die Utopien zumindest sehr weit in den Hintergrund getreten waren.« Dieses Erlebnis, das Ingo Schulze zum engagierten Bürger machte und mich zu einer etwas ratlosen Beobachterin, schubste Hanna Poddig ein ganz entscheidendes Stück aus unserem System heraus. Sie wählt jetzt nicht einmal mehr. Sie sagt Sätze, die mich, die trotz allem an die Demokratie glaubt, schlucken lassen: »Man wird belogen«, sagt sie. »Politik funktioniert in Wahlperioden und in Wahlversprechen. Es geht um Wahlkampf, um Macht und um Geld. Das hat nichts mit dem zu tun, was ich mir wünsche.«

Ich denke an Hans-Christian Ströbele, der mit so viel Pathos in der Stimme davor warnte, was passieren kann, wenn Politiker immer wieder ohne Erklärung ihre Positionen ändern, ihre früheren Überzeugungen aufgeben, ihre alten Versprechen vergessen. »Wenn wir damit nicht aufhören«, hatte er gesagt, »dann werden die Menschen irgendwann sagen: Dieses ganze demokratische System ist Quatsch. Es ist unehrlich. Wir glauben den Leuten nicht.« Es ist, als habe Hans-Christian Ströbele damit Hannas politisches Leben beschrieben. Sie glaubt den Leuten nicht mehr. Sie ist überzeugt davon, dass es besser ist, niemandem in der Politik zu vertrauen. Natürlich ist ihre Abkehr eine radikale. Vielleicht hätte sie sich sowieso irgendwann aus diesem Staat verabschiedet. Aber auf alle Fälle haben die, die nicht taten, was sie versprachen, ihren Teil dazu beigetragen.

Und so geht Hanna heute in kein Abgeordnetenbüro mehr, wenn sie etwas gegen Atomkraft tun will, sondern kettet sich an das Tor des Atomkraftwerks Biblis. Wenn sie sich gegen

Gentechnik engagieren will, schreibt sie keine Positionspapiere für politische Gremien, sondern besetzt tagelang Felder, auf denen genetisch verändertes Saatgut ausgebracht wird. Und wenn sie sich für Frieden einsetzen will, gibt sie ihre Stimme keiner Partei mehr, die mal pazifistisch war. Sie versucht, die Bundeswehr selbst zu stoppen. Auch wenn das bedeutet, dass sie ihr Leben riskiert. Und während sie von diesen Momenten erzählt, begreife ich, dass den Idealismus, der mir imponiert, nur Zentimeter von einem Fanatismus trennen, der mich erschreckt.

Im Gleis

10. Februar 2008. Es ist ein kalter Sonntagmorgen. Gegen drei Uhr in der Früh nähert sich ein Güterzug einem Bahnübergang auf der Strecke Husum–Jübek. Der Zug hat Radargeräte und scharfe Munition geladen. Die Bahn hat den Auftrag, diese in das Bundeswehrdepot Wester Ohrstedt zu liefern. Von dort soll die Ladung auf den Truppenübungsplatz »Jägerbrück« gebracht werden. Hier, wo sich die Uecker Richtung Polen schlängelt, führt die Nato in diesen Februartagen ein Manöver durch. Ein Manöver, das die Nato-Response-Forces, die schnellen Eingreiftruppen, auf Einsätze in aller Welt vorbereitet, natürlich auch auf Kriegseinsätze.

Der Zug rollt ratternd durch die Nacht. Er kommt dem Bahnübergang näher und näher. Hanna weiß das. Trotzdem liegt sie recht ruhig im Gleisbett. Sie spürt die Wirkung des Adrenalins in ihrem Blut. Sie ist konzentriert, wach und gefasst, erzählt sie mir später. Hannas Arme stecken bis zum

Ellenbogen in einem Stahlrohr, in dem ihre Handgelenke mit einer Kette zusammengebunden sind. Das Rohr liegt unter der Schiene, mit der Hanna dadurch fest verbunden ist. Selbst wenn sie wollte, käme sie hier erst mal nicht mehr weg. Sie kann nur noch hoffen, dass alles nach Plan verlaufen wird, dass der Lokführer wie immer an einer nahen Weiche halten und rechtzeitig ihre drei Freunde erkennen wird, die dort demonstrieren, dass er den Güterzug abbremsen und der dann auch zum Stillstand kommen wird.

Hanna weiß, dass sie es nicht überleben würde, wenn etwas schiefgeht. »Züge zu stoppen ist nichts für Einsteiger«, wird sie später mit der ihr eigenen unheimlichen Ruhe sagen. »Es ist potenziell lebensgefährlich. Aber ich wollte den Menschen klarmachen, dass in dieser Nacht Kriegsmaterial vor ihrer Haustür entlangfuhr, dass Krieg nicht irgendwo weit weg ist, sondern hier mit uns zu tun hat. Ich wollte mich das trauen.« Und natürlich ist alles gut gegangen, sonst hätte ich heute, drei Jahre später, kaum mit Hanna sprechen können.

Der Zug hält. Das Gleis ist blockiert. Es wird Stunden dauern, bis es wieder befahrbar sein wird. Auf einem Video, das Aktivisten in dieser Nacht gedreht haben, sieht man, was passiert, nachdem der Zug gestoppt ist. Alles ist dunkel. Ein paar Männer, nicht mehr als laufende, leuchtende Streifen, nähern sich. Es sind Mitarbeiter der Bahn, die Hanna und ihre Freunde finden. »Deutsche Soldaten, deutsches Geld morden mit in aller Welt«, liest einer. »Das steht hier auf so einem Bettlaken«, sagt er. Er meint das Transparent, das Hannas Freunde in die Nacht halten. »Kriegt ihr das Mädchen da raus?«, hört man einen der Einsatzleiter am Telefon fragen. »Nee, erst mal nicht«, sagt der Bahner. Er klingt gelassen, als fände er jede Nacht ein schmales blondes Mädchen, das sich irgendwo in der norddeutschen Tiefebene an ein Bahngleis kettet.

Dann erhellen Scheinwerfer das Dunkel, Sirenenlichter tanzen, immer mehr Warnwesten leuchten. Am Ende werden fast fünfzig Menschen um das Gleis versammelt sein. Bahnmitarbeiter, Polizisten, Feuerwehrmänner und Bundeswehrsoldaten. Sie alle werden rätseln, wie man das Mädchen aus dem Gleis lösen kann. Schließlich zoomt der Filmemacher auf Hanna. Sie liegt auf einem Kissen, gehüllt in eine goldene Decke, die sie vor der Kälte dieser Nacht schützen soll. »Wie geht es Ihnen?«, wird sie gefragt. »Gut geht es mir«, sagt sie in die Kamera. »Der Zug kann jetzt nicht weiterfahren, kann keine Kriege beliefern, und das finde ich eigentlich ganz gut, weil ich der Meinung bin, dass man mit Kriegen keine Menschen glücklicher macht und keine Konflikte löst, sondern nur mehr Konflikte erzeugt, und weil ich denke, dass Kriege nicht aus humanitären Gründen geführt werden, sondern Rohstoffkriege sind oder Macht- und Verteilungskriege.«

Immer wieder schaue ich mir diese Szene in dem ins Netz gestellten Video an. Sie wirkt unwirklich und unheimlich. Die Nacht, das Gleis, der Zug, die Lichter, die Polizisten und dann Hanna. Ruhig. Gefasst. Von Rohstoffkriegen redend. Politische Statements formulierend. Auch hier. Gerade hier, würde sie sagen. Dann wird es plötzlich sehr, sehr laut. Funken fliegen durchs Dunkle. Weil die Einsatzkräfte nicht mehr weiterwissen, haben sie entschieden, nicht Hanna vom Gleis zu lösen, sondern einen kompletten Schienenstrang abzutrennen, um das Mädchen mitsamt ihrem Rohr ausfädeln zu können. Und so fräsen sie, auf dem Boden sitzend, den Stahl der Schiene, sie heben das Gleisstück an und führen Hanna kurz darauf ab. Dicke Jacken und eine Warnweste umhüllen ihren Körper. Die Arme stecken noch immer in dem Rohr. Das blonde Haar steht in wirren Strähnchen empor. Um 6 Uhr 48 ist die Blockade endgültig beendet. Nach gut drei Stunden ist das Gleis zwischen Husum und Jübek wieder passierbar. Die Bundeswehr kann ihren Nachschub mit Verspätung in Empfang nehmen. Zwei Züge mussten ausfallen, dann nimmt am Morgen auch die Bahn ihren Betrieb wieder auf. Hanna Poddigs Protest wird an diesem 10. Februar 2008 nicht viel mehr als eine Fußnote sein.

Drei Jahre später. 25 Kilometer von dem Bahnübergang, an dem Hanna im Gleis lag, entfernt. Es regnet in Strömen. Die Stadt Schleswig, die sich auf Fotos so malerisch an den Fjord der Schlei schmiegt, gibt sich unwirtlich und grau. Ich sitze im Taxi und lasse mich zum Oberlandesgericht bringen. Heute verhandeln hier Richter das Verfahren der DB Netz AG, einer Tochter der Deutschen Bahn, gegen Hanna Poddig. Fast die Hälfte ihrer Zeit, hatte mir Hanna erzählt, verbringe sie inzwischen mit Gerichtsprozessen – mit denen von Freunden oder mit ihren eigenen, bei denen es auch immer wieder um die Februarnacht vor drei Jahren geht. In Strafverfahren musste sich Hanna wegen Nötigung und Störung öffentlicher Betriebe verantworten. Damit hatte sie gerechnet. Heute aber ist ihr Prozessgegner die DB Netz AG, ein Privatunternehmen, auch wenn die Aktien noch Staatseigentum sind.

Die DB Netz AG fordert von Hanna Geld. Sehr viel Geld. Um genau zu sein 14 821,32 Euro nebst Zinsen. So teuer, begründet die Bahn, seien die Reparaturen an dem aufgeschnittenen Gleis gewesen. »Dieses Zivilverfahren hatte ich so nicht erwartet«, hatte mir Hanna am Vorabend gesagt. Sie wusste, dass bei der Blockade von Castortransporten meist das Rohr, nicht die Schiene aufgetrennt wird. Und dass die Bundespolizei die Schäden in der Regel auch selbst behebt und dann eine meist viel niedrigere Rechnung an die Demonstranten schickt. Bei ihr aber lief das komplett anders. Das Verfahren vor dem Landgericht hat sie bereits verloren. Sie hat Berufung eingelegt. Heute geht der Prozess in die nächste Instanz. 14 821,32 Euro. Selbst ohne den Aufschlag von Zinsen könnte Hanna das niemals zahlen. »Das soll sie sich vorher überlegen. Es ist doch auch Quatsch, so etwas zu machen«, sagt der Taxifahrer, als ich ihm erzähle, wo ich hinwill. Er hat von dem Prozess gelesen. »Politische Aktion«, sagt er. »Das behaupten die doch alle. Die soll mal schön bezahlen.«

Ich bin früh dran, stehe lange vor dem Gericht im Regen. Neben mir, an der Glastür, hängen zwei bedruckte DIN-A4-Zettel, eine Mitteilung des Gerichts. Es werde »zur Aufrechterhaltung der Ordnung« Folgendes angeordnet, steht da. Es sei verboten, »mit Gegenständen zu werfen, zu applaudieren, durch unnötige Geräusche (ständiges Husten, Fallenlassen von Gegenständen, u. Ä.) zu stören«. Wer nicht »in einer der Würde des Gerichts entsprechenden Weise« erscheine, lese ich, könne des Saales verwiesen werden. Und: »Zuhörer haben während der Hauptverhandlung zu schweigen.« Eine Zuwiderhandlung will das Gericht hart bestrafen. Es »kann wg. Ungebühr ein Ordnungsgeld bis zu 1000,00 Euro festgesetzt werden«.

Dass solche Regeln an die Pforte des Gerichts geschlagen werden, ist unüblich. Was erwarten die hier heute?, frage ich mich. Drinnen bereiten Beamte die Einlasskontrolle vor. »Justiz« prangt auf einem Schild auf ihrer rechten Brust. Das ist normal. Auf der anderen Seite aber haben sie noch einen Schriftzug. »Mobile Einsatzgruppe«, lese ich da und staune. Diese Spezialeinheit wurde nach den Terroranschlägen vom 11. September gegründet. Mutmaßliche Unterstützer der Attentäter standen auch in Deutschland vor Gericht, und die Justiz überlegte, wie sie sich und ihre Verhandlungssäle besser schützen könne. In Schleswig-Holstein entschied man sich, eine Spezialeinheit zusammenzustellen – besonders harte Jungs und Mädels, die die Richter anfordern können, wenn Gefahr in Verzug ist. Die neun Männer und Frauen seien »in Abwehr- und Zugriffstechniken geschult, bewaffnet mit Schlagstöcken, Pfefferspray und Handschellen«, werde ich später in der lokalen Presse lesen.

Hanna Poddig mag eine Spinnerin sein. Man kann es mit gutem Grund verurteilen, dass sie sich auf Gleise legt. Man kann auch verlangen, dass sie den angerichteten Schaden begleicht. Aber sie ist nicht gewalttätig. Warum rüstet die Justiz derart auf? Warum hängt sie kleinliche Verhaltensregeln an die Tür, droht mit drakonischen Strafen fürs Husten, fürs Applaudieren? Und vor allem: Warum schickt sie ihre härtesten Leute hierher? Um das Gericht vor Hanna zu schützen?

Gestern Abend war Hanna Poddig noch bis in die Nacht hinein gemeinsam mit ein paar Freunden durch Schleswig gelaufen. Sie standen in der Fußgängerzone, gingen zu Veranstaltungen der Jusos, der Jungen Grünen und zu einer Versammlung von Gentechnikgegnern und drückten allen, die sie trafen, ihre Flugblätter in die Hand. Darauf erklärt Hanna, warum sie sich in jener Februarnacht ins Gleis gelegt hat und bittet, sie während des Prozesses zu unterstützen. Neben den Text hat sie im Stil einer Kinderzeichnung zwei Jugendliche gemalt. Sie halten ein Plakat hoch, auf dem steht: »Solidarität ist eine Waffe.« Hat das Gericht davor Angst?

Während ich noch grüble, sehe ich Hanna Poddigs roten Mantel. Noch ist er nicht mehr als ein Punkt in der Ferne. Aber schon jetzt erahne ich, dass all die Jusos, die Grünen und die Gentechnikgegner und all die Menschen aus der Fußgängerzone wohl zu Hause geblieben sind. Die Solidarität ist an diesem Morgen eine stumpfe Waffe. Nicht mehr als ein Dutzend Leute hat Hanna gefunden, die sich um sie sammeln. Viele sind Freaks wie sie: einer ihrer besten Freunde, der stets barfuß läuft; ein anderer, der sofort auf einen Baum klettert, um dort eine Fahne zu hissen; eine dritte, die einen Rucksack auf dem Rücken hat, der so riesig ist, als wollte sie darin übernachten. Sie mögen nervig sein, anstrengend, sie mögen verquere Ansichten vertreten. Aber dies ist beim besten Willen keine Gruppe, die den Justizapparat zu Furcht und Abwehr zwingt. Die Pressereferentin des Gerichts wird mir später mitteilen, dass all dies Maßnahmen seien, um die ordnungsgemäße Durchführung der Verhandlung zu gewährleisten. Aufgrund der Erfahrung, die man mit den vorherigen Verfahren gegen Hanna Poddig gemacht hat, habe man mit »Sympathisanten« gerechnet, die versuchen würden, »den Ablauf der Gerichtsverhandlung durch Zwischenrufe und Störaktionen zu beeinträchtigen«.

Als ich das Gerichtsgebäude betrete, halte ich wie gewohnt meinen Presseausweis hoch und will weiter Richtung Verhandlungssaal gehen. »Erst zur Durchsuchung«, höre ich einen Beamten sagen. Schon liegt mein Rucksack auf einem Tisch. Schon muss ich Handy und Laptop abgeben. Ich muss meine Umhängetasche öffnen, und zwei Beamtinnen ziehen jedes Papierchen heraus und begutachten es. Und es sind viele Papierchen. Mein Freund sagt immer, anhand meiner Taschen könne man mein Leben der letzten Wochen lückenlos rekonstruieren. Die Beamtinnen drehen also Kinokarten, Bonbonhüllen, Kassenbons und Sammelkarten hin und her. Sie kneten das gelbe Lätzchen meines Sohnes durch und begutachten seinen Plastiklöffel. Was suchen die?, frage ich mich. Noch während sie mich abtasten, merke ich, wie ich langsam aggressiv werde. Was habe ich denen getan?, denke ich, als sie die Kapuze meines Pullovers umdrehen. Als sie zum zweiten Mal mit den Fingern an meiner Hüfte entlangfahren, um genau den Zwischenraum unter dem Gürtel und über der Jeans abzutasten, möchte ich nur noch, dass sie mich in Ruhe lassen. Nach langen Minuten darf ich die Kontrolle passieren.

Im Verhandlungssaal nehme ich im Zuschauerraum Platz. Eine Glasscheibe trennt mich von den Richtern und Anwälten. Kugelsicher. Dies ist der Hochsicherheitstrakt des Gerichts. »Ach du Scheiße«, sagt ein Mädchen, als es hereinkommt. »Das macht einen schon betroffen«, meint ein Mann, der ein

Gesetzbuch unter dem Arm hält. Während wir sitzen und warten, eskaliert die Lage im Vorraum, wo die mobile Einsatzgruppe immer noch kontrolliert. »Ah, ah, Sie tun mir weh!«, schreit ein Junge. Ich springe auf und laufe Richtung Tür. »Bleiben Sie, wo Sie sind«, sagt ein Beamter. Durch die Tür sehe ich, wie einer von Hannas Freunden auf dem Boden liegt und schreit. Zwei Beamte knien über ihm, seine Arme haben sie auf den Rücken gedreht. Eine Journalistin, die während der Kontrolle neben dem Jungen stand, erzählt, dass die Beamten ihn aufgefordert hatten, seinen Rucksack auszukippen, weil sie nicht hineingreifen wollten. Als er sich weigerte, wiesen sie ihn an, das Gericht zu verlassen. Und weil er nicht freiwillig ging, zwangen sie ihn, bis er schrie.

»Die Person ist entfernt worden«, werden die Beamten später zu Protokoll geben. Ich merke, wie ich immer wütender werde. Hier führt der Staat einen Prozess gegen eine Gleisbesetzerin, als ginge es darum, eine gemeingefährliche Bande zu stellen. Er schickt seine härtesten Hunde, um die Justiz zu bewachen. Und natürlich beißen die dann auch zu. Und während ich noch versuche, mich wieder zu beruhigen, betritt Hanna Poddig ihre Seite der Glaswand. Sie setzt sich neben ihren Anwalt und wartet, dass die Verhandlung beginnt. Und als sie da hockt, vor sich das Richterpult, neben sich die Anwaltsbänke, hinter sich das kugelsichere Glas, wirkt sie plötzlich so verloren, als wäre sie aus der Welt genommen. Und vor allem sieht sie sehr, sehr einsam aus.

Vielleicht ist diese Einsamkeit die fast zwangsläufige Folge eines Lebens, das, positiv ausgedrückt, durch und durch idealistisch ist – oder dogmatisch, wenn man weniger wohlwollend ist. Wer sein Leben so klaren Prinzipien unterordnet, dem ist es unmöglich, sich in der Masse zu verbergen, der kann nicht einfach mitlaufen, mitmachen; der steht meist abseits. Als Hanna ein Schulmädchen in der bayerischen Provinz war, sagten die anderen: »Die trägt keine schicken Klamotten. Was für eine blöde Kuh.« Sie war Außenseiterin. Und wenn sie sagt: »Ich war jetzt nicht die ganze Zeit hindurch das totale Opfer. Schon eher Opfer. Aber nicht immer«, dann erahnt man, dass sich hinter diesen Worten keine einfache Jugend verbirgt.

Wenn sie erzählt, wie sie sich nach und nach aus fast allen Umwelt- und Protestgruppen, in denen sie aktiv war, zurückgezogen hat, weil sie es unerträglich fand, wie die Menschen dort vieles von dem, was sie nach außen forderten, nach innen nicht lebten, dann begreift man, dass Konsequenz keine Eigenschaft ist, mit der man sich viele Freunde macht. Und wenn man liest, wie wildfremde Menschen auf die Interviews reagieren, die Hanna Zeitungen, Zeitschriften und diversen Talkshowmoderatoren gibt, dann erschreckt man, weil man auf so viel Wut, ja auf Hass nicht gefasst war. »Eine einzige Lachnummer«, urteilt ein Leser über sie. »Heuchlerin«, »Schmarotzerin«, »Asoziale« toben die anderen. »Die kompromisslosen selbstgerechten Hardcore-Ökoaktivisten helfen der Gesellschaft nicht weiter«, schimpft einer, und ein anderer qualifiziert gleich Hannas gesamte Familie ab: »Sieht man mal wieder, wohin eine fehlgeleitete Erziehung führt.« Es sei halt ein Fehler, sein Kind auf »blödsinnige Demos zu schleppen«. Es sei denn, holt er zum finalen Beleidigungsschlag aus, »man ist stolz auf das naseweise Dummgeschwätz einer noch immer spätpubertierenden Müll-Mampferin«.

Nach meinem ersten Buch, in dem es um die junge deutsche Elite ging, gab es ein paar böse Kommentare im Internet. Ich würde dumm daherplappern, wäre nur neidisch, sollte mir einen vernünftigen Beruf suchen, hieß es da zum Beispiel. Harmlos im Vergleich zu dem, was die Menschen über Hanna veröffentlichen. Trotzdem saß ich manchmal völlig irritiert da, wenn ich las, wie der Ton entgleitet, wie aus Kritik Beleidigung wurde. Die kennen mich gar nicht, dachte ich. Warum beschränken die sich nicht darauf, meine Meinung abzulehnen? Warum beschimpfen die mich? Ich weiß nicht, ob ich damit zurechtgekommen wäre, wenn mich Leute für alle nachlesbar als »asozial«, als »Schmarotzerin« oder »Heuchlerin« diffamiert hätten.

Als ich Hanna fragte, ob sie all diese Kommentare, diese hasserfüllten Beleidigungen lese, zögerte sie lange, bevor sie antwortete. »Am Anfang ja«, sagte sie dann. »Ich habe das alles gelesen und meine Mutter auch. Die hat sich furchtbar aufgeregt und sich das sehr zu Herzen genommen. Und für mich war es auch nicht gut.« Sie habe dann Freunde gebeten, ihr zu verbieten, sich diese Kommentare anzuschauen, darauf zu achten, dass sie nicht immer wieder zum Computer geht, um nachzusehen, ob neue Beleidigungen dazugekommen sind. »Inzwischen geht es«, sagte sie dann. »Ich habe mich sogar damit angefreundet.« »Warum das?«, wollte ich wissen. »Dass es so Hass auslöst, liegt ja daran, dass ich irgendeinen wunden Punkt treffe«, sagte Hanna. Dann schaute sie wieder ernst und gefasst und formulierte ohne jede Emotionalität Sätze, die mich erschauern ließen: »Ich habe mittlerweile mehr Distanz zu mir als Produkt«, meinte sie. »Ich muss mich davon abkoppeln, was mit dem Produkt passiert. Ich kann nicht mehr komplett mitreden in dem, was Leute über mich denken und was die schreiben. Das ist einfach so.«

»Wir meinen, dass sie sich nicht auf die Versammlungsfreiheit berufen kann.« Ich blicke hoch, auf die andere Seite der kugelsicheren Scheibe. Der Prozess ist gerade ein paar Minuten alt, da sagt der Richter schon den entscheidenden Satz. Er ist ein zufrieden wirkender älterer Herr mit Schnauzer, und er meint, dass es in diesem Fall wenig zu diskutieren gibt. »Dem Grunde nach steht der Klägerin ein Schadensersatz zu«, sagt er. Und fragt: »Soll dazu noch etwas vermerkt werden?« Es sieht nicht gut aus. Und in diesem Moment merkt man das Hanna Poddig auch an. Da mag sie sich noch so sehr mühen, um sich von sich selbst zu distanzieren. Da mag sie den Schleswiger Journalisten noch so aufrechte Sätze in die Blöcke diktieren. »Ich erwarte keine Gerechtigkeit«, hatte sie gesagt, »sondern sehe in den Prozessen die Chance, die Rolle von Gerichten in dieser Gesellschaft zu beleuchten.« Das klingt unbeirrbar, und es mögen für das Produkt Hanna Poddig die richtigen Worte seien. Aber dort vor den Richtern sitzt kein Produkt, sondern ein Mensch. Und der sieht an diesem Morgen noch immer sehr einsam aus.

Hanna wird den Prozess verlieren. Über die Höhe des Schadensersatzes wird in einem weiteren Verfahren entschieden werden. Vielleicht werden es die 14 821,32 Euro plus Zinsen und Prozesskosten, die die Netz AG fordert, vielleicht ein paar Hundert oder ein paar Tausend Euro weniger. Es sind Summen, die Hanna Poddig nicht zahlen können wird. »Ich habe keinen Besitz«, wird sie später sagen. »Wenn das Urteil nicht aufgehoben wird, muss ich wohl einen Offenbarungseid leisten.« Die Nacht im Gleis wird ihr Leben wahrscheinlich über Jahre prägen. Sie weiß, dass das Urteil ihr ein bürgerliches Dasein mit Geld und Besitz lange verwehren wird. Sie sagt heute, dass sie das gut finde. Aber was ist, wenn sie in fünf Jahren anders denkt?

Nach dem Prozess verlässt Hanna Poddig das Gericht in ihrem roten Mantel. Sie ist kaum draußen, da halten ihr Journalisten die Mikrophone hin. Sie formuliert schon wieder Anklagen gegen die rabiate Einsatzgruppe, strategische Statements, Aussagen, die klarmachen, dass sie weiterkämpfen will. »Noch bin ich nicht rechtskräftig verurteilt«, sagt sie – und betont, dass der Richterspruch ihr Recht auf Versammlungsfreiheit unzulässig einschränke. Wenig später wird sie eine Verfassungsbeschwerde einreichen. Sie wird Spenden sammeln, die sie für Anwälte braucht. Sie wird den Rechtsprofessor, der das

Plagiat Karl-Theodor zu Guttenbergs enttarnte, für ein Gutachten gewinnen. Sie wird noch viel mehr Zeit in und vor Gerichten verbringen, und sie wird neue Menschen brauchen, die sie davor schützen, die nächsten Hasskommentare zu lesen, die auch nach dem Prozess wieder online gingen. »Wie lange hältst du das durch?«, frage ich sie am Schluss. »Das weiß ich nicht«, antwortet sie. »Aber ich sehe gerade keine Alternative.«

Je länger ich Hanna Poddig begleite, desto klarer wird mir, dass ihr Leben mir kein Vorbild sein kann. Niemals würde ich diese Disziplin aufbringen, niemals könnte ich mit solch einer Härte gegen mich selbst zu Werke gehen. Ich kann mich nicht zwingen, mir alle Konsumwünsche zu versagen. Ich kann mein Leben nicht in so starre Regeln zwängen. Und ich könnte auch nicht akzeptieren, dass aus mir ein »Produkt« geworden ist, das ich strategisch positionieren muss. Hanna, das ist das Erstaunliche, wirkt bei dieser Art zu leben nicht unglücklich. Auch nicht überschwänglich glücklich. Aber wer ist das schon. Sie ruht in sich, ist ruhig und gefasst. Ein bisschen wie eine Nonne. Wie die an ihren Gott, glaubt Hanna an ihre Überzeugungen. Das trennt uns. Ich glaube nicht. Mein Verstand, der ständig Wenn und Aber denkt, steht solch einem Leben als totaler Idealistin im Wege.

Zu Hause blättere ich noch einmal die Passagen durch, die ich mir in Hannas Buch mit wachsender Empörung markiert hatte. Als sie über die Menschen schrieb, die sie beim Trampen mitnehmen, lästerte sie, dass oft lange Umbauphasen nötig seien, damit ihr Rucksack und ihre Jonglierkeulen neben »die teuren Angelruten noch in den schicken Sportwagen passen«. Als sie von Leuten erzählte, die nicht vegan leben, aber sich trotzdem Gedanken über ihre Ernährung machen, spottete sie: »›Aber ich esse doch nur Bio‹, höre ich jetzt Menschen sagen. Ich glaube, dass viele ihr Gewissen beruhigen, indem sie

›Biofleisch von glücklichen Kühen‹ essen.« Und als sie über Campact schrieb, eine Organisation, die mit großem Einsatz Protestaktionen gegen Atomkraft, genmanipuliertes Saatgut oder Agrarfabriken auf die Beine stellt, urteilte sie, Campact böte den Menschen »konsumierbaren Widerstand«: »Die Leute klicken einmal etwas an und haben dann deswegen kein ganz so schlechtes Gewissen mehr, sonst nichts zu machen.«

Damals fand ich es ziemlich fies, über die herzuziehen, die bereit sind, einen im Auto mitzunehmen, und ich fand es dämlich, jenen Vorwürfe zu machen, die im Prinzip ähnliche Dinge wollen, nur eben auf eine andere Art und Weise. Ich war nach der Lektüre dieser Passagen so genervt, dass ich das Gespräch erst absagen wollte. Aber Hanna hat mir imponiert. Sie ist wesentlich bedachter, wesentlich klüger, als ich nach der Lektüre ihres Buches befürchtet hatte. Ich finde es gut, wenn sie bescheiden sagt, sie verlange nicht, dass andere sie als Vorbild nähmen. »Ich wünsche mir nur, dass Leute, weil sie sehen, dass man so leben kann wie ich, neue Dinge in Erwägung ziehen und über das, was sie so machen, mal nachdenken.« Aber dieses Unbehagen, das ich damals beim Lesen hatte, bleibt.

Als ich sie frage, ob sie sich anderen gegenüber überlegen fühle, sagt sie »Nee«, aber sie zögert. Als ich wissen will, ob sie die Gefahr sieht, selbstgerecht zu werden, sagt sie: »Ja. Und ich weiß, dass ich aufpassen muss, dass genau das nicht passiert.« Aber geht das überhaupt? Kann jemand, der wirklich von etwas überzeugt ist, tatsächlich andere Wahrheiten neben der eigenen akzeptieren? Kann jemand, der so viel Mühe investiert, das richtige Leben zu führen, hinnehmen, dass andere das nicht tun? Und wird jemand, der so viel Widerstand erlebt, nicht automatisch zum einsamen Kämpfer?

Klick, macht es in meinem Kopf, klick. Und noch einmal klick. Wie in einem Diavortrag ziehen sie vorüber – die Bilder derer, die wir heute Idealisten nennen, die wir als Helden, als

Vorbilder ehren. Sie bleiben ein paar Sekunden stehen, ich schaue sie mir an. Klick macht es, schon kommt der Nächste. Die Reihe beginnt mit Mahatma Gandhi, dem kleinen Runzelmann mit der runden Brille, der durch Indien zog, um gewaltfrei für einen »Triumph der Wahrheit« zu kämpfen. Dann Nelson Mandela, der immer so gelassen dreinblickt, trotz über 27 Jahren im Gefängnis, trotz einer Welt, die ihn, der gegen die Teilung in Schwarz und Weiß kämpfte, lange als Terroristen beschimpfte. Die winzige, gebeugte Teresa, die als »Missionarin der Nächstenliebe«, als »Heilige der Gosse« die Leprakranken aus Kalkutta umsorgte. Klick, macht es, und es erscheint das Bild von Martin Luther King. Klick, so ziehen sie vorüber.

Was bleibt, ist der Gedanke, dass auch sie ziemlich einsame Kämpfer waren, dass auch sie sich von uns »Normalen« in fast allem unterscheiden; dass sie, wüsste man nichts von ihren Taten, auch als Freaks einsortiert werden könnten. Ein kleiner Mann, der 400 Kilometer zu Fuß durch Indien zieht, um am Meer ein Salzkorn aufzulesen. Ein schwarzer Jurastudent, der Gewalt erst ablehnt, dann aber, erschreckt von der Brutalität der Gegenseite, doch anwendet. Und eine Frau, geboren in einer reichen Familie in Mazedonien, die die Sterbenden am anderen Ende der Welt pflegt und die Lebenden manchmal nervt, weil sie so unnachgiebig predigt, gegen die Abtreibung, die Verhütung und gegen Medizin, die uns Schmerzen nimmt.

Natürlich ist Hanna keine Teresa. Aber ist nicht das, was wir an den einen nicht genug loben können, das, was an Menschen wie ihr oft so stört? Das kompromisslose Festhalten an einer Idee. Der unbedingte Einsatz für eine Sache. Der unnachgiebige Kampf, wenn es sein muss, auch gegen sich selbst.

Vielleicht ist das das größte Problem am Idealismus. Seine Unbedingtheit kann Gutes bewirken, er macht das Leben übersichtlicher, weil klar ist, wofür man steht. Aber nicht ohne Grund trennen ihn nur ein paar Buchstaben von der Ideologie. Dann schottet dieselbe Unbedingtheit ab, weil man so vieles von dem, was andere denken, aus Prinzip verwirft. Und wenn es schlecht läuft, dann merkt man nicht, dass die Ideale, an die man zu glauben meint, während der ganzen Kämpferei längst verloren gegangen sind. Und weil man überzeugt ist, als Einziger die Wahrheit zu kennen, bleibt man dabei, auch wenn das ein riesiger Fehler ist.

Einer gegen den Rest der Welt

Zu Hause blättere ich den Ordner durch, der die Aufschrift »Ideale« trägt. Fast ganz unten ist dieser Brief eingeheftet, den ich vor einem Jahr zu Beginn meiner Recherche erhalten habe. Es prangt ein Wappen auf ihm, obwohl der Absender keiner adeligen Familie entstammt. Der Briefschreiber lud mich zu einem Interview nach Saarbrücken ein, auch wenn er zunächst skeptisch war. Vieles von dem, was er erlebt habe, spreche dagegen, mit mir zu reden, schrieb er. Aber er fände das Thema hochinteressant, denn er glaube nicht, dass die Jungen keine Visionen, keine Ideale mehr hätten. Er vermute vielmehr, dass viele junge Leute sich nicht trauten, diese zu leben, da sie schon sehr früh erkennen würden, »dass, wenn man anständig bleibt und Verantwortung übernimmt, man eine Einsamkeit ertragen muss und Leistungen nicht immer anerkannt werden«.

Mit diesem bitteren Satz beschrieb er wohl das, was ihm geschah. Aus seiner Sicht ist er ein Opfer seines Idealismus geworden. Es gibt sehr viele Menschen in diesem Land, die das ganz anders sehen. Manchen ist er ein Sinnbild für den Verfall der Sitten in der Wirtschaft. Sie nennen ihn in einem Atemzug mit Steuersündern wie Klaus Zumwinkel. Manchen ist er Chiffre für alles, was in ihrem Leben schiefläuft. Jahrelang pinselten sie seinen Namen auf Transparente und skandierten ihn, als sie wütend durch die Städte zogen.

Es dauerte fast zehn Stunden, bis mich die Bahn quer durch Deutschland nach Saarbrücken gebracht hatte. Aber sosehr ich mich auch während der langen Fahrt mühte, ich konnte mir nicht vorstellen, wie es ist, Peter Hartz zu sein, der Mann, den Journalisten mal als »Erlöser« priesen und der so tief stürzte wie kaum jemand sonst in diesem Land.

Am 16. August 2002 war Peter Hartz ganz oben. Er war nicht nur Vorstandsmitglied der Volkswagen AG, des größten deutschen Unternehmens, sondern er war an diesem Tag vor allem der Mann, der Deutschland versprach, das Problem der Arbeitslosigkeit zu lösen. Sechs Monate vorher hatte der damalige Bundeskanzler Gerhard Schröder Peter Hartz gebeten, den Vorsitz der Kommission »Moderne Dienstleistungen am Arbeitsmarkt« zu übernehmen. Nun lagen die Ergebnisse vor, und Hartz tat alles, um das Bild des Heilsbringers in noch bunteren Farben zu malen. Er sparte nicht an großen Worten. Am Morgen, als er vor einer blauen Wand stand, neben sich die Deutschlandflagge und den einen halben Kopf kleineren und schweigenden Bundeskanzler, vor sich in einer breiten Runde Dutzende Journalisten, Kameras mit ausgefahrenen Objektiven, sagte er: »Beginnend heute ab elf Uhr ist es machbar, die Zahl der Arbeitslosen innerhalb von drei Jahren um zwei Millionen zu reduzieren.« Dann drückte er Gerhard Schröder eine kleine Daten-CD in die Hand, sagte: »Herr Bundeskanzler, wir haben hier die Zukunft von zwei Millionen Arbeitslosen konzipiert« und verschwand, um am Nachmittag noch einmal nachzulegen.

Bei einer großen Feierstunde, die Gerhard Schröder unter der Kuppel des Französischen Doms in Berlins historischer

Mitte einem Staatsakt gleich organisiert hatte, sagte Peter Hartz voller Pathos: »Wir haben nach dem Krieg Deutschland aufgebaut, wir haben die Wiedervereinigung geschafft – und jetzt das Arbeitslosenproblem.« Er sei überzeugt, dass dies bald Geschichte sei, sagte er. Und sprach den Satz, in dem seine ganze Begeisterung gipfelte: »Heute ist ein schöner Tag für die Arbeitslosen in Deutschland.«

Acht Jahre später war es wieder ein schöner Augusttag, als ich nach Saarbrücken fuhr. Ich hatte mir von dieser Stadt, in einem so entlegenen Winkel Deutschlands, Idylle erhofft. Stattdessen sah ich Autoschlangen, Asphalt und Ausfahrtschilder, als ich am Ausgang der Altstadt die Saar in Richtung Schloss überquerte. Entlang der Ufer des Flusses, der ihrer Stadt den Namen gab, hatten die Saarbrücker eine Autobahn gelegt. »Es gibt Ideen, wie man das besser lösen könnte«, würde Peter Hartz später in seinem Büro sagen. Aber erst einmal lief ich an vielen Menschen vorbei, die vermutlich mit dem Resultat seiner letzten Lösung lebten. In Saarbrücken ist jeder Zehnte ohne Arbeit. Mehr als im Bundesdurchschnitt. Auf den Bänken am Bahnhof, vor den geschlossenen Geschäften in der Fußgängerzone, auf den Plastikstühlen vor den Eiscafés und Bäckereien – überall sah ich an diesem lauen Donnerstagmorgen Männer und Frauen sitzen, die offensichtlich nichts zu tun hatten. Vermutlich hatten viele von ihnen keine Arbeit, vielleicht schon länger nicht mehr. Hartz-IV-Empfänger oder »Hartzer«, wie sich manche selber nennen. Es war ein seltsames Gefühl, zu dem Mann unterwegs zu sein, der ihnen seinen Namen gab.

Peter Hartz hat sich zurückgezogen. Er residiert nicht mehr in dem gigantischen roten Backsteinbau des Volkswagenkonzerns in Wolfsburg, er steht auf keiner Bühne mehr, die zu seinen Ehren im französischen Dom errichtet wird. Wer Peter Hartz treffen will, muss nicht nur nach Saarbrücken reisen, er muss auch noch in die Randgebiete dieser Randstadt fahren, an einen Ort, der sehr, sehr weit entfernt ist von der Mitte der Republik, in der man Hartz einmal gebannt lauschte. Sein Büro befindet sich in einem kleinen Gewerbepark – ein Callcenter gibt es hier noch, ein paar IT-Firmen. »B 5« steht unter seiner Adresse. Das ist das weiße, funktionale Gebäude ganz am Ende.

»Warum sind Sie hier?«, werde ich Peter Hartz später fragen. »Hier sind die Mieten günstig«, wird er antworten. Er habe extra das Gebäude ohne Aufzug gewählt, um noch ein bisschen mehr zu sparen. »Wir wollen alles in unsere Stiftung stecken«, sagt er und drückt mir drei Broschüren in die Hand. Die Stiftung. Seine neuen Ideen. Darüber wird er an diesem Morgen viel lieber sprechen wollen als über das, was mich interessiert: Wie ist es, Peter Hartz zu sein – der Mann, der den Menschen so viel versprach und der heute damit leben muss, dass sein Name für immer mit einer Politik verknüpft sein wird, die viele als ungerecht empfinden? Der Mann, der lange dafür gelobt wurde, Volkswagen mit innovativen Personalkonzepten in die Zukunft zu geleiten und der dann eine Hauptrolle in einer der anrüchigsten Wirtschaftsaffären der letzten Jahre spielte? Der Mann, der im Jahr 2007 wegen Untreue in 44 Fällen zu einer zweijährigen Freiheitsstrafe auf Bewährung und einer Geldstrafe in Höhe von 576000 Euro verurteilt wurde, weil er gestanden hatte, den VW-Betriebsratsvorsitzenden Klaus Volkert lange Jahre mit Sonderzahlungen verwöhnt, ihm insgesamt fast zwei Millionen Euro »Sonderboni« zugeschanzt und Volkerts brasilianische Geliebte mit einem »Agenturvertrag« versorgt zu haben? Der Mann, der zumindest toleriert hatte, dass Volkert und andere Betriebsräte sich jahrelang Sexreisen auf Volkswagen-Kosten gönnten, und der ertragen musste, dass der Boulevard plötzlich von Nutten schrieb, wenn es um Hartz ging?

Tiefer, so denkt man, nachdem man all das noch einmal nachgelesen hat, kann man kaum fallen. »Wenn man anständig bleibt und Verantwortung übernimmt«, müsse man die Einsamkeit ertragen, hatte mir Peter Hartz in seinem Brief geschrieben. Jetzt sitzt er vor mir und sagt: »Ich musste einen so hohen Preis zahlen. Es hat mich so viel gekostet, etwas ändern zu wollen. Das alles hat zu viele Narben hinterlassen.« Ist das die Antwort auf meine Frage? Ist der Mann, dessen Name schon Teil der deutschen Geschichte ist, ein Opfer seiner Standfestigkeit, seiner Überzeugungen, seines Idealismus geworden? Das kann ich kaum glauben.

Als ich mit Gerhard Schröder sprach, fragte ich ihn, ähnlich zweifelnd, ob er Peter Hartz für einen Idealisten halte. »In großen Teilen ja«, antwortete Schröder. »Sie kennen diese VW-Geschichte«, fügte er an. Ich nickte und dachte noch, dass das eine niedliche Umschreibung der Korruptionsaffäre sei. Damals ahnte ich nicht, dass Peter Hartz konsequent und noch verschämter von den »Wolfsburger Geschehnissen« sprechen würde. »Diese VW-Geschichte überschattet natürlich sein Lebenswerk«, sagte Schröder. »Aber für mich ist Peter Hartz ein Freund und ein Mann, der Beachtliches geleistet hat.« Ich fand es anständig, dass Schröder das sagte, aber mich überraschte diese Einschätzung. Peter Hartz nicht. »Der Gerd Schröder«, sagt er und lacht, als ich ihm davon erzähle. »Es freut mich«, sagt er. »Aber da er mich kennt und das, was ich in Niedersachsen und für ihn in seiner Kanzlerzeit gemacht habe, käme er um diese Bestätigung gar nicht herum. Selbst wenn er mich nicht mögen würde.«

»Weil es so offensichtlich ist, dass Sie ein Idealist sind?«, frage ich zögernd. »Ja«, sagt Hartz. »Dieses Arbeitsmarktthema und dieses Jobthema – das ist mein Lebensthema.« – »Warum?« – »Meine Erziehung«, sagt Hartz. Er erzählt von seiner Kindheit als jüngster von drei Söhnen in »sehr einfachen Familienverhältnissen«. Sein Vater arbeitete in einer Drahtzieherei, er beizte das Metall, veredelte es. Die Dämpfe, die er dabei einatmete, setzten sich in die Lungen und in die Bronchien. Schließlich war der Vater zu schwach, die schweren Drahtringe zu heben. »Er wurde aussortiert und dann als Hilfsarbeiter durch die Gegend geschubst«, sagt Hartz. Aber obwohl der Vater krank war, blieb er fast nie zu Hause. Von ihm habe er gelernt, wie wichtig es ist, einen Arbeitsplatz zu haben, sagt Hartz. Und seine Mutter habe noch als sehr alte Frau jeden ihrer Söhne und ihrer Enkel bei jedem Treffen zur Seite genommen und gefragt: »Hascht du Arbeit?« Dieser Satz, tausend Mal wiederholt, in saarländischem Dialekt sei ihm nie aus dem Kopf gegangen, sagt Hartz. »Hascht du Arbeit?«

Für die Kriegs- und Nachkriegsgeneration liege in dieser Frage die Lösung aller Probleme. »Wenn man einen Job hat, ist alles gut. Dann wird man gebraucht, man hat Würde und kann sein Essen verdienen. Ich bin Überzeugungstäter. Ich bin überzeugt, dass man das Problem der Arbeitslosigkeit lösen kann. Und wenn Sie als Staatsbürger glauben, ein Problem lösen zu können, dann müssen Sie sich auch einbringen.« Und so sagte Peter Hartz, als Ferdinand Piëch, der damalige Vorstandsvorsitzende von Volkswagen, ihn im Jahr 1993 anrief und fragte, ob er, Hartz, nicht als Konzernvorstand nach Wolfsburg kommen wolle: »Wenn Sie meinen, ich komme zu Ihnen, um die dreißigtausend Leute rauszuwerfen, die sie zu viel haben, dann bin ich der falsche Mann.« Piëch habe nachgedacht, erinnert sich Hartz und dann gesagt: »Wenn Ihnen etwas anderes einfällt, dann machen Sie etwas anderes.«

Und Peter Hartz machte. Er führte die Viertagewoche ein. Er erdachte einen neuen Firmenteil, den er 5000 × 5000 taufte und in dem er 5000 neue Mitarbeiter einstellte, die unter dem Haustarif bezahlt wurden und 5000 Mark brutto verdienten, und er machte der Stadt Wolfsburg ein besonderes Geschenk.

»Es war der sechzigste Geburtstag von Wolfsburg«, sagt Hartz. 1938 war die Stadt von den Nazis unter dem bizarren Namen »Stadt des KdF-Wagens bei Fallersleben« gegründet worden. »Die Oberbürgermeisterin fragte mich, was Volkswagen denn schenken wolle.« Er habe geantwortet: »Ihr habt doch alles. Ihr seid so reich durch uns. Ihr habt eine Sternwarte, eine Halle, die Infrastruktur.« Und dann, auf dem Weg zur Weihnachtsfeier, sei ihm plötzlich die Idee gekommen, sagt Hartz. »Und wir schenkten ihnen die Halbierung der Arbeitslosigkeit.«

Es war im Kleinen das, was er später dem ganzen Land bescheren wollte. Bei allem, was er tat, sei er immer von einer Idee getrieben worden, sagt Peter Hartz: »Kein Nachschub für Nürnberg.« Dort befindet sich die Bundesagentur für Arbeit, also die Verwalterin der Arbeitslosen. Und noch einmal sagt Peter Hartz: »Kein Nachschub für Nürnberg.« Er macht das gerne – dieses Wiederholen von Halbsätzen. Es ist, als hielte er sich an ihnen fest, um nicht verloren zu gehen in dieser Geschichte, die von seinem Aufstieg und seinem Absturz erzählt. »Kein Nachschub für Nürnberg« – als wären diese Halbsätze kleine Podeste, auf denen der Erzählende haltmachen und ruhen kann. Und bis hierhin war es noch der einfache Teil der Geschichte: das Leben eines Aufsteigers, der nach oben kam und dort an der Verwirklichung seiner Ideale arbeitete.

Peter Hartz sicherte Arbeitsplätze. Er schaffte sogar neue, und er zeigte, dass es Alternativen zum massenhaften Personalabbau gibt. »Es kam dann der Vorsitz der Kommission«, sagt er. »Gerhard Schröder ist ja Niedersachse, und der hat gedacht, was gut für VW ist, ist auch gut für Deutschland.« Ob Schröder tatsächlich so simpel tickte, weiß ich nicht, aber Peter Hartz war auf jeden Fall überzeugt, dass er nun das Land so umbauen würde, wie er es mit seinem Unternehmen getan hat. Ob das der Moment war, in dem sein Wille zu gestalten zum Wahn wurde, über allem zu stehen?

Euphorisch gab er damals dem *Spiegel* ein Interview: »Mein Motto ist: Wenn man von etwas überzeugt ist und weiß, wie es geht, dann muss man dafür kämpfen«, sagte er. »Mit Kleinmut und Bedenkenträgerei ist der Kampf gegen die Arbeitslosigkeit nicht zu gewinnen.« Aber mit seinen Konzepten. Davon war er überzeugt. »Wir haben die ganze Welt nach guten Lösungen umgegraben«, sagte er über die Arbeit der Kommission. Am Ende präsentierte er 13 Maßnahmen, die er »Innovationsmodule« nannte. Sie trugen Namen wie Quick-Vermittlung, Bridge-System, Ich-AG und Personal-Service-Agentur. Rückblickend wundert es, dass die Politik nicht mit Unverständnis auf diese Baukastenkonzepte reagierte. Bridge-System? Ich-AG? Job-Floater? Das klingt nach Power-Point-Folien, nicht nach dem wahren Leben.

Es ist die Hartz-Sprache, die er schon in seinem ein Jahr zuvor erschienenen Buch *Job Revolution* inflationär anwandte: »Clustern«, schrieb er da zum Beispiel, »heißt der überspringende Funke zum Feuerwerk neuer Jobs.« Oder: »Wettbewerb heißt heute, auf einem Teppich zu laufen, der unter einem fortgezogen wird, um gleichzeitig bewegliche Ziele zu treffen.« Ich verstehe nicht, was er damit sagen will, und ich mag kaum glauben, dass man jemandem, der es liebt, einen mageren, kaum nachvollziehbaren Inhalt hinter teilweise absurden Wortkonstrukten zu verbergen, den Arbeitsmarkt eines ganzen Landes anvertraut. Aber damals riss Peter Hartz die Menschen offensichtlich mit. Die *Süddeutsche Zeitung* schrieb ihm sogar ein »Leuchten« zu, das von »innen kommt«, und wunderte sich, dass »da einer vor lauter Überzeugung und Leidenschaft seine Aura zum Strahlen bringen kann«.

Ich kann nicht beurteilen, ob es dieses Leuchten je gab. Aber wenn, dann ist es heute erloschen. Ich schaue Peter Hartz an. Auf den ersten Blick sieht er auch an diesem Vormittag aus wie auf all den Fotos, die ich von ihm kenne: Der Anzug, die Brille, das weiße Haar – das alles wirkt gewohnt, weil hundert Mal gesehen. Aber trotz der gewahrten Form macht er den Eindruck eines müden, eines geschafften Mannes. Ein Mann, der über die Knackpunkte seines Lebens, über die Frage, ob er, der Idealist, scheiterte, und wenn ja, warum, kaum sprechen kann. Immer wieder bringt er seine Sätze nicht zu Ende, lässt sie einfach in der Luft hängen. Dann schaut er ins Leere, oft gähnt er und spricht dann über andere, unverfänglichere Themen. Er sagt zwar: »Ich bin auch Reserveoffizier. Ich stehe für alles, was ich zu verantworten habe, gerade.« Aber als ich ihn nach der VW-Korruptionsaffäre frage, antwortet er nur: »Über die Wolfsburger Geschehnisse wollen wir nicht sprechen.«

Und auch darüber, ob seine Ideen für die Reform des Arbeitsmarktes richtig oder falsch waren, lässt sich mit ihm nur schwerlich debattieren. Würde er, wissend, was danach passierte, wieder die Kommission leiten?, frage ich. »Heute würde ich …«, sagt er und bricht ab. »Heute würde ich … würde ich bestätigen, dass man sich unbedingt einsetzen und einbringen muss. Aber was habe ich das teuer bezahlt. Sehr teuer.« »Warum haben so wenige der Module funktioniert?«, frage ich. Drei Jahre nach Beginn der Reform hatten drei Wirtschaftsforschungsinstitute jeden der Bausteine untersucht und festgestellt, dass die meisten nicht taugten, um die Qualität und die Schnelligkeit der Vermittlung von Arbeitslosen zu verbessern. »Nicht überall, wo Hartz draufsteht, ist auch Hartz drin«, antwortet er formelhaft. »Aber es ist doch viel von dem gemacht worden, was Sie wollten?«, entgegne ich. »Wer kann schon behaupten, dass so viele seiner Gedanken Realität wurden?«

»Stimmt«, meint Hartz. »Ich habe da mal für mich in einem Ampelsystem bewertet, was ist denn grün, gelb und rot von den Vorschlägen.« Also, in seinem Sinne umgesetzt, teilweise umgesetzt oder abgelehnt. »Und?«, frage ich. »Über die Hälfte waren grün und gelb«, sagt Peter Hartz. »Na also. Was hatten

Sie denn erwartet?«, frage ich. »Sie geben das Konzept ab, und alles wird ohne Änderung so gemacht?« »Ja«, sagt Hartz. Und fügt ein wenig trotzig hinzu: »Ich hatte auch noch den Umsetzungsplan dazugeschrieben. Und das den Herren Schröder und Clement gegeben, bis zum Stab, bis zur Projektgruppe, die das umsetzen sollte. Damit war die Arbeit ja erledigt.«

Fast drei Stunden konnte ich mit Peter Hartz sprechen. Ich habe seine Bücher gelesen und seine Artikel, und langsam fürchte ich, dass er tatsächlich davon überzeugt ist, dass die Welt am besten dran wäre, wenn sie ihm eins zu eins folgen würde. Im Jahr 2005 erschien in der *Zeit* ein Beitrag von Peter Hartz in der Rubrik »Ich habe einen Traum«. »Es träumt mir«, schrieb er da, »ich sei Alleinherrscher, ein wunderbarer, sympathischer, liebevoller Alleinherrscher, wie ihn die Weltgeschichte bisher noch nicht gekannt hat und der für das Volk nur das Beste will. Der aber plötzlich konfrontiert ist mit einem gigantischen Problem, dem der fünf Millionen arbeitslosen Untertanen.« Beim Lesen stockte ich, setzte mehrmals neu an. Alleinherrscher, dachte ich, krasser Traum. Ich las weiter: »Aber, hilfreich, wie Träume nun einmal sind, legt dieser Traum dem guten König paradiesische Vorschläge in Hirn und Herz, die er sogleich umsetzt in Perspektiven und in ein Rezept.«

In einem Jahr wolle er die Arbeitslosigkeit beseitigen, sagt der Herrscher Hartz in seinem Traum. »Wenn nur und ausschließlich das umgesetzt würde, was er vorgibt. Uneingeschränkt, ohne Kompromisse, ohne Bundesräte würden seine Visionen Wirklichkeit.« Und falls er es nicht schaffe, droht sich Hartz in seinem Traum, müsse der König »mit dem Kostbarsten bezahlen, was er hat: mit dem eigenen Leben. Und zwar unverzüglich.« – »Ein Mann, der träumt, er herrsche über das Land; der verspricht, alle in Arbeit zu bringen; und der sich selbst mit dem Tode droht, wenn er versagt. Warum haben Sie das geschrieben?«, frage ich. »Was bin ich deswegen verhöhnt worden«, sagt Hartz und klingt bitter. »Aber warum haben Sie das geschrieben?«, frage ich noch einmal. »Weil Sie die Macht haben müssen«, sagt Hartz, »die Macht zu sagen: Wir machen das jetzt so. Wenn ich diese Macht eine logische Sekunde lang hätte, um alles zu befehlen, dann würde ich das Problem der Arbeitslosigkeit lösen.«

Aber wir leben zum Glück in einem Land, in dem nicht einfach einer die Macht hat, denke ich. Und ich sage: »Aber man muss doch Kompromisse machen, das ist der Kern von Demokratie.« – »Kompromisse zeigen immer die Unfähigkeit der Beteiligten, ein Problem mit der Hilfe von Fachleuten zu lösen«, sagt Hartz. »Es werden immer viel zu viele Kompromisse gemacht.« – »Aber ist das denn aus Ihrer Sicht ein Fachthema, der Umgang mit der Arbeitslosigkeit?«, frage ich erstaunt. »Absolut«, sagt Peter Hartz. »Aber es ist doch ein Thema, bei dem ganz viel von unserem Menschenbild abhängt, von der Idee, die wir von dieser Gesellschaft haben«, wende ich ein, »das können Sie doch nicht den Fachleuten übergeben.« – »Das müssen Sie den Fachleuten übergeben«, sagt Hartz. »Und haben Sie damals gedacht, dass Ihre Vorschläge so wahrgenommen werden würden – als fachliche Bauanleitung?« – »Absolut«, sagt er noch einmal. Inzwischen glaube ich Gerhard Schröder, wenn er sagt, dass Peter Hartz ein Idealist sei. Er ist ganz offensichtlich von der Idee getrieben, den Menschen Arbeit zu verschaffen. Aber eines vergaß Schröder zu erwähnen: Ein lupenreiner Demokrat ist Peter Hartz nicht.

Ich denke an Hanna Poddig. Die beiden trennt viel. Sie würden sich vermutlich auch kaum mögen. Er, der Manager, der kurzzeitige Liebling der Politik, fast siebzig Jahre alt, als wir miteinander sprachen, ein »uralter Mann«, wie er mir sagt, zurückgezogen, enttäuscht von dem, was ihm geschah. Sie, gerade fünfundzwanzig, ernst und zäh, eine Aussteigerin, die der

Staat oft sehr hart rannimmt, noch zuversichtlich, dass das, was sie tut, vieles ändern wird. Aber eines eint die beiden: Sie haben feste Überzeugungen. Und sie fordern für sich das Recht ein, diese Überzeugungen über die Regeln zu stellen, die sich die Menschen in der Demokratie gegeben haben. Peter Hartz ist unbeirrbar, wenn er den Repräsentanten des Volkes das Recht abspricht, seine Vorschläge debattieren und ändern zu dürfen.

Als er doch kurz über die VW-Affäre spricht, über das Vertrauen, das er dort in die Mitbestimmung der Arbeitnehmer gesetzt hat, tut er meinen Einwand ab, dass sich daraus ja ein korruptes System mit Sonderzahlungen und Sexreisen entwickelt habe: »Es hat in Einzelfällen nicht geklappt«, sagt er. »Es gab ein paar Dinge, die aus dem Ruder liefen.« Es ist, als fände er es lässlich, wenn im Namen der großen Idee Gesetze übertreten werden. Als ich Hanna sagte, sie könne doch in Parteien gehen, um die Mehrheit von ihrer Art zu leben zu überzeugen, sagte sie: »Das möchte ich nicht, weil ich an der Logik von Mehrheitsabstimmungen prinzipiell nicht mag, dass eine Mehrheit über eine Minderheit entscheiden darf.« Und wenn ich sie darauf ansprach, dass sie ja auch vor Gericht stehe, weil sie permanent die Gesetze nicht achte, sagte sie, dass sie diese auch nicht achten müsse, weil sie die Autorität nicht akzeptiere, die diese erließe. Aber kann man es sich wirklich so einfach machen? Und was ist die Alternative? Eine Herrschaft der Fachleute? Ein Regiment derer, die glauben, den wahren Weg zu kennen? Das ist das, was schon Platon wollte, als er Sokrates über den idealen Staat nachdenken ließ und ihn zu dem Ergebnis kommen ließ, dass das Ideal nur zu erreichen sei, wenn nicht das Volk herrschen würde, sondern ein Philosoph, also jemand wie er selbst. Ist das der Punkt, an dem aus Idealismus Ideologie wird – wenn jemand so überzeugt von seinen Ideen ist, dass er es nicht ertragen kann, dass die Mehrheit diese ablehnt?

Auf einen Trüffel mit Peter Hartz

Nach dem Gespräch wartet vor dem Haus im Industriegebiet eine Volkswagen-Limousine. Ein Fahrer bringt Peter Hartz und mich zum Mittagessen in die Stadt. Es ist wie eine kurze Rückkehr in sein früheres Leben. Wir sitzen im Fonds auf Ledersitzen, der Innenraum ist mit Holz verkleidet. Ich erzähle von der langen Bahnfahrt. Hartz findet das kurios. Es gebe doch Billigflieger, sagt er. Ich erkläre, dass ich aus Prinzip Bahn fahre, wenn ich in Deutschland unterwegs sei, der Umwelt wegen. Peter Hartz lächelt verständnislos. Immer wieder wird er darüber Scherze machen.

Im Restaurant begrüßt uns der Chef persönlich. Man kennt Peter Hartz. Er war schon früher hier, als noch alles besser lief. Am Ende sitzen wir uns gegenüber und essen Carpaccio vom Rind mit Trüffelspänen. Es ist ein Moment, den ich als absurd empfinde. Seit fast sieben Jahren, seit der Einführung von Hartz IV habe ich für etliche Fernsehreportagen Tage, Wochen, Monate mit den Menschen verbracht, die mit den Ideen des Peter Hartz leben. Menschen, die über sechshundert Bewerbungen geschrieben haben und die trotzdem keiner will. Menschen, die in Ein-Euro-Jobs Arbeit machen, für die es eigentlich einen festen Lohn geben sollte. Und Menschen, die sich aufgegeben haben und deren Arbeitsleben im Wesentlichen aus Streit mit dem Amt besteht. Von all denen, deren Leben seinen Namen trägt, erzähle ich Peter Hartz. Er besteht darauf, dass ich sie ALG-II-Empfänger nenne, will, dass ich seinen Namen meide, wenn ich von den Armen rede, was ich verstehe.

Was ich nicht begreife, ist die Leichtfertigkeit, mit der Hartz auch jetzt so tut, als wisse er genau, was die Probleme dieser

Menschen lösen könne. Sie alle sollen doch »Minipreneure« werden, sagt Hartz, und ich »A-Trainerin«. »Ich bin Journalistin«, sage ich. »Meine Aufgabe ist es, zu berichten.« So könne ich mich nicht davonstehlen, sagt Hartz. »Sie kennen jetzt die Idee. Sie wissen, wie man das Problem lösen könnte. Sie haben keine Ausrede mehr.«

Die Idee. Das ist die senfgelbe Broschüre, die mir Peter Hartz zu Beginn unseres Treffens in die Hand gedrückt hatte. »Minipreneure«, steht darauf und auf dem Deckblatt: »Chancen für arbeitslose Frauen und Männer, die ihr Leben neu gestalten wollen.« Schon wieder, denke ich. Es lässt ihn nicht los. Das neue Konzept des Peter Hartz sind Selbsthilfegruppen aus jeweils zwanzig Arbeitslosen, die gemeinsam Geschäftsideen entwickeln. »Der Arbeitslose muss sich selbst zum Projekt machen«, hatte Hartz mir gesagt. Einmal pro Woche solle sich die Gruppe treffen und von einem Trainer gecoacht werden. »Die Seele des Konzeptes ist der A-Trainer, am besten ein ehemaliger Arbeitsloser, der wieder einen Job hat.« Ein paar Pilotgruppen hätten sich schon zusammengefunden, meinte Hartz. »Die A-Trainer haben ihre Ausbildung noch nicht, aber damit der Pilot jetzt anläuft, machen wir da den A-Trainer i. T. daraus, den A-Trainer im Training, und geben von unserem Büro aus die Stützräder dazu, damit die Gruppe ans Laufen kommt.«

Ob ich mir die Gruppe anschauen könne, wollte ich wissen. »Nein«, sagte Hartz. »Es ist noch viel zu früh.« Mir bleiben also nur der Prospekt und seine Worte, um diesen neuerlichen Versuch, den Menschen Arbeit zu bringen, zu verstehen. Die Broschüre ist wieder reich gefüllt mit Hartz-Vokabeln. Da ist vom »Polylog« die Rede, von »Kreativierungswochen« und einem »Joint-Venture von Kokreativität und wechselseitigem Lernen«. Da werden die Menschen mit Losungen versorgt, die tatsächlich nach den anonymen Alkoholikern klingen. »Ich will es und ich kann es!«, steht da. Oder: »Ich will die Zukunft meistern.« Und da wird, wie gewöhnlich bei Peter Hartz, nicht an großen Versprechen gespart: »Ziel ist, das Modell auf alle erwerbsfähigen Arbeitslosen auszudehnen und auf alle Bundesländer (…) zu übertragen«, lese ich. Hartz will, dass die Arbeitslosengruppen ausschwärmen, um in ihren Dörfern und Städten nach Beschäftigung zu suchen: »Wir liefern den totalen Arbeitsmarkt«, sagt er und merkt vor Begeisterung nicht, wie mich diese Wortwahl zusammenzucken lässt. »Dieses Konzept ist so faszinierend«, sagt er dann. »Wenn Sie das jetzt bundesweit nehmen, kriegen sie auch das Problem der Langzeitarbeitslosen in Deutschland gelöst.«

Viel später, als ich noch einmal die Broschüre durchblättern werde, werde ich lange dasitzen und überlegen, ob ich diese Beharrlichkeit bewundernswert finde oder eher tragisch. Jetzt frage ich ihn nur: »Warum machen Sie das?« – »Ich muss ja das Problem noch lösen«, sagt er. »Es ist ja lösbar. Und jetzt muss ich wenigstens noch diese Konzeptentwicklung und einen Piloten und ein Rezeptbuch zur Umsetzung machen.« Ich schaue Peter Hartz an und denke daran, wie er mir von seiner kranken Frau erzählte, davon, dass er Ärzte brauchte, um die letzten Jahre zu überstehen. »Warum können Sie nicht sagen, ich gehe jetzt nach Hause?«, frage ich ihn. »Ich kümmere mich um meine kranke Frau, um mich und um meine Pferde und lass die Arbeitslosen in Ruhe?« – »Das wäre eine Alternative«, sagt er. »Aber das gelingt Ihnen nicht?« – »Man darf nie aufgeben«, sagt Peter Hartz, »man darf nie aufgeben.«

Nach dem Essen bringt er mich zu Fuß zur Saarbrücker Bahnhofstraße. Wieder sitzen viele Menschen herum. ALG-II-Empfänger, würde Peter Hartz sagen, Hartz-IV-ler, würden sie wohl sagen. Ich fürchte, dass sie niemals zusammenfinden werden. Der Mann, der glaubt zu wissen, was für die Menschen gut ist, und die, die überzeugt sind, dass er ihnen viel

Schlechtes brachte. Ich weiß nun, dass es bitter ist, wenn solch eine Reform den eigenen Namen trägt. Aber ich weiß auch, dass sich der Mann, der all diese Ideen hatte, zumindest in den drei Stunden, die wir sprachen, nicht darum sorgte, ob es nicht ebenso bitter ist, mit dieser Reform leben zu müssen. Vielleicht ist auch das eine Eigenart dieses Idealismus, der die Mauer zur Ideologie reißt, vielleicht ist es die zwangsläufige Folge, dass jemand, der glaubt zu wissen, wie die Welt sein müsste, sich für die, die in dieser Welt leben, kaum mehr interessieren kann, dass sie ihm Objekte seiner Theorie sind, nicht Menschen, die wollen und wünschen dürfen, die ablehnen und aufbegehren können und die komplizierter sind, als die Baupläne von Fachleuten erfassen können.

Weil die Schnellstrecke zwischen Saarbrücken und Mannheim gesperrt ist, müssen wir uns in einen übervollen Regionalzug drängen. Kein guter Auftakt der zehnstündigen Rückreise. Und zum ersten Mal frage ich mich, ob es eine gute Idee war, meinen noch sehr, sehr kleinen Sohn mit nach Saarbrücken zu nehmen. Und ob es nicht doch etwas verbohrt ist, immer mit dem Zug fahren zu wollen. Aber dann finden wir doch einen Platz für den Kinderwagen, in dem das schlafende Baby liegt. Wir setzen uns daneben. Ich hole die »Minipreneur«-Broschüren aus der Tasche und will lesen, als ein Rentner mit seinen drei Enkeln zusteigt. Sie haben eine Fahrradtour gemacht. Es ist eng, und der Großvater lehnt drei der Räder gegen den Kinderwagen. Die Lenker stehen bedrohlich auf Kopfhöhe des Kindes. »Das geht nicht«, sagen wir. Und er: »Lassen Sie die Räder da stehen. Hier ist das Fahrradabteil.«

Mein Freund hält seine Hand über den Kopf unseres Sohnes. In der ersten Kurve fängt er den Lenker der kippenden Räder ab. Unser Sohn wacht auf. Mein Freund nimmt ihn auf die Knie. Auf meinen liegt noch immer die aufgeschlagene Minipreneur-Broschüre. Ich zeige sie dem Baby. »Minipreneur. Für dich wäre das doch was«, sage ich. Mein Sohn fängt an zu weinen. Es ist warm. Es ist eng. Und es ist noch sehr weit bis Berlin. Die Enkel räumen die Fahrräder zur Seite. Ihr Großvater schaut unbeteiligt. Und in diesem Moment wünsche ich mir, dass Gerhard Schröder zusteigen möge. Er könnte sich dann erst den Rentner zur Brust nehmen, und dann könnte ich ihn fragen, warum er seinen Idealisten nicht davor bewahrte, die eigene Überzeugung über alles zu stellen.

Ratlos

Nun bin ich wieder da, wo ich auch zu Beginn schon war: an meinem Schreibtisch in der hintersten Ecke unserer Wohnung. Dort, wo in das verstaubte Regal schon lange die fehlenden Bretter eingesetzt werden müssten. Dort, wo der Fußboden übersät ist mit Papieren, deren Inhalt ich bedenkenswert finde, und mit Haufen, auch sie aus Staub, die langsam so sehr angewachsen sind, dass man aus ihnen Fäden spinnen könnte. Dort, wo die Pflanze trocknet und die Farbe an den Pinseln, mit denen wir vor Monaten das Regal lasiert haben. Vielleicht wäre es besser, wenn ich die Bretter montieren, den Fußboden wischen und die Pflanze wässern würde, statt herumzureisen und nach Antworten zu suchen, die so schwer zu finden sind.

Ich war nun in Hannover, der Stadt hinter dem Baumarkt, im Osten, in der Plattenbausiedlung, und im Westen, im Gewerbegebiet. Ich war in einem geräumigen Haus im reichen Taunus und lief mit Menschen, die lieber unbehaust sein wollen, durch die regnerische Kreisstadt Schleswig. Und ich war immer wieder in Berlin. Im Prenzlauer Berg, in der kleinen

IDEALE

Wohnung, in der Ingo Schulze den Teebeutel wässerte. Im Kaffee Einstein, wo Rezzo Schlauch sich wie gewohnt an den weiß bedeckten Tisch setzte. Am Kottbusser Tor, wo Hans-Christian Ströbele seine Akten mit alten und neuen Weisheiten und Wahrheiten hortete.

Der erste Geburtstag meines Sohnes ist vorbei. Obwohl Ostern nicht fern war, sangen ihm 25 Gäste mit lauter Stimme »O Tannenbaum«, weil seine Freundin, das Mädchen aus der Nachbarwohnung, sich dieses Lied für ihn wünschte. Er, der noch vor so kurzer Zeit nur schlafen, schauen und weinen konnte, sitzt nun auf dem kleinen roten Auto, das wir ihm schenkten, und drückt mit gestrecktem Zeigefinger auf die Hupe. Er, der monatelang nur Milch trank, liebt plötzlich Reis und Schafskäse und Gambas vom Grill. Und er, der gekrümmt und auf dem Rücken liegend geliefert wurde, kann sich nun aus der Hocke hochstemmen, um frei und ohne Hilfe zu stehen. Noch ist das Kunststück wacklig, sind die Beine geknickt und der Oberkörper gebeugt, als wäre er ein Wellenreiter. Noch winkt er nur kurz, bevor er nach drei, nach vier oder fünf Sekunden erschöpft umfällt. Aber es ist unverkennbar, dass aus dem Baby langsam ein Kind wird, ein Persönchen, wie mein Freund ihn oft nennt. Zwar noch klein, aber schon ganz eigen.

Auch für ihn habe ich diese Reise gemacht. Gern hätte ich ihm schon zum ersten Geburtstag klar beschriftete Wegweiser geschenkt. Aber nun, nachdem zwei Drittel der Strecke, die ich mir zurechtgelegt habe, befahren sind, fürchte ich, dieses Präsent nicht einmal bis zu seiner Einschulung parat haben zu können.

Auf dem ersten Teil der Strecke erfuhr ich, dass ich mit meiner Sinnsuche in der Politik nicht weiterkomme. Danach begriff ich, dass ich den unbedingten Pragmatismus nicht lieben kann, dass mir Job, Haus, Auto und Ehemann, selbst wenn ich denn all das hätte, nicht genug wären; dass ich finde, dass es so etwas wie eine Verpflichtung gibt, sich um die Welt zu kümmern, und dass ich die Verzagtheit der Jungen fürchte, die Härte der Angekommenen und die Gleichgültigkeit aller. Wütend und nach der Rast in der Oase im Osten hoffend, fuhr ich weiter und sah, dass die Alternative auch nicht leicht auszumachen ist. Ich merkte, dass Ideale nur dann nicht verblassen, wenn sie mit Konsequenz gepaart werden; dass aber genau diese Konsequenz auch die Ideen, die gut klingen, zu Ideologien mutieren lässt; dass sie den Idealisten taub machen kann für die Einwände anderer und blind für die Widersprüchlichkeit des Lebens. Eines könnte ich meinem Sohn jetzt schon sagen: Es ist verdammt kompliziert mit den Idealen. Ohne geht es nicht und mit irgendwie auch nicht. Es ist eine ziemlich maue Antwort, ich weiß. Eine Antwort, die abwägt, die austariert, die nichts riskiert. Aber ich glaube, so sind wir. Geschult darin, im Ungefähren zu verweilen.

Ich denke an diesen Abend, den wir kurz vor der Geburt verbrachten. Es war auch im Osten. Aber nicht in der Platte, sondern vor klassischer Kulisse. Es war Winter, draußen lag Schnee. Wir saßen in einem Wirtshaus, aßen Knödel und redeten. Mit mir am Tisch waren ein paar der Menschen, die mir im Leben am meisten bedeuten. Wir hatten endlich mal wieder richtig viel Zeit. Es hätte ein Abend werden können, an dem man auf die Frage »Wie geht es dir?« ehrlicher antwortet als mit einer kurzen Floskel. Es hätte ein Abend werden können, an dem man über große Pläne redet oder über kleine Wünsche und was sie davon abhält, wahr zu werden. Stattdessen schlich das Gespräch dahin. Wir redeten über Jobs. Über Überstunden und Dienstzeiten. Und als wir darüber klagten, wie anstrengend manche Praktikanten seien, klangen wir so alt. Dann sprachen wir über Wohnungen, die es zu suchen und zu finden galt. Und als wir bemerkten, wie hoch die Mieten und wie der Zustand der Dielen und wie laut die Straßen seien, klangen wir noch älter. Vor Mitternacht gingen wir schlafen.

In der Nacht wälzte ich mich im Hotelbett hin und her und dachte Dinge, die wahrscheinlich jedem irgendwann mal durch den Kopf gehen. Wie sind wir so geworden? So fleißig und zahm? Und warum läuft es so? Weil wir dieses Leben wählen oder weil wir es geschehen lassen? Am Morgen sah, wie so oft, alles schon nicht mehr so trübe aus. Wir liefen durch die Stadt, wir knipsten uns vor Kirchen und vor Schlössern. Es war dann doch noch ein schönes Wochenende. Aber es blieb die Wehmut über ungeführte Gespräche, über Ungesagtes und Ungefragtes, genährt von einem Lied im Kopf, das der Soundtrack sein könnte: »Und wenn ich dich zwei Fragen fragen könnte«, singen Klee aus Köln, »wär das: Woran glaubst du? Und wofür lebst du?«

Die Journalistin Katja Kullmann ist neununddreißig, knapp zehn Jahre älter als ich. Sie beschreibt in ihrem Buch *Echtleben*, wie auch meine Gespräche mit Freunden in einer Dekade ablaufen könnten, wenn man sich daran gewöhnt hat, dass das Leben ganz anders läuft, als mal erträumt. Bei ihr und ihren Freunden, meint sie, sei das längst so. »Wie so viele andere bin ich auf dem Weg, exakt zu der Art Erwachsener zu werden, die ich nie sein wollte«, schreibt Kullmann. »Pragmatismus ist das Zauberwort. Viele benutzen es wie ein Bußgebet.« Aber der Pragmatismus sei eine ideelle Bankrotterklärung, schreibt sie. »Das Leben, die Politik, die Liebe, die Arbeit programmatisch pragmatisch anzugehen bedeutet: Man hat keinen blassen Schimmer, worum es eigentlich geht.« Allein das Durchkommen sei Zweck und Ziel. Schöne Aussichten sind das nicht.

Aber ich weiß, dass ich mich trotzdem noch immer nicht trauen würde, bei Knödeln und Bier um Antworten zu bitten; weil ich diese Fragen irgendwie ungehörig fände, indiskret fast. Und auch, weil ich weiß, dass ich, selbst gefragt, keine Antworten hätte. »Aber das ist doch auch Quatsch«, hatte Hanna Poddig, die Aussteigerin, gesagt, als ich sie Wochen nach ihrem Prozess im Garten eines Wohnprojekts traf. Es sei anstrengend, dass sie sich permanent für ihre Art zu leben rechtfertigen und auch anfeinden lassen müsse, meinte sie. »Aber eigentlich ist es gut, dass ich diese Gespräche führe. Ich finde es nämlich traurig, dass es kaum noch Debatten über Lebenswege gibt«, sagte Hanna.

Es wäre doch gut, wenn die Menschen darüber streiten würden, warum sie dieses gemacht und jenes gelassen haben. Aber oft sei da nur Schweigen. Und wenn man nachfrage, täten viele so, als würde das Leben mit ihnen passieren, als wären sie hilflose Schauspieler in ihrem eigenen Dasein, nicht die, die Regie führten. »Latte-Macchiato-Generation«, sagte sie dann noch, würden sie uns in Skandinavien nennen – nicht Kaffee und nicht Milch, nichts Halbes und nichts Ganzes, sich nicht positionierend und auf jede Frage antwortend: Das kann man so oder so sehen. »Durchs Leben zu gehen und sich nie für irgendetwas zu entscheiden, kann auch eine doofe Normalität sein«, sagte Hanna, und nicht nur, weil ich gerne Kaffee trinke und ihn, natürlich, auch gerne mit aufgeschäumter Milch entschärfe, fühlte ich mich ertappt.

Später wird mir einer, der das Leben gut kennt, weil er schon 84 Jahre alt ist und einen großen Teil dieser Zeit damit verbrachte, nachzudenken, sagen, dass er verstehe, dass wir Jungen uns so schwer damit tun, uns für einen Standpunkt zu entscheiden: weil die Welt so kompliziert geworden ist; weil vieles so unüberblickbar erscheint, so unbeherrschbar; weil der Einzelne so klein scheint und in seinen Entscheidungen so unwichtig; weil es so schwerfällt zu glauben, dass das, was man tut, tatsächlich etwas ändern kann. »Das sind Erklärungen dafür, dass es heute weit schwerer fällt, Partei zu ergreifen«, wird er sagen. Dann wird er innehalten, einen Schluck kalten Tee nehmen und entschieden anfügen: »Ich verstehe, dass man da verzagt. Aber ihr dürft euch der Welt nicht entziehen. Ihr habt eine Verantwortung dafür, wie sie wird.« Aber warum sollte gerade ich diese Verantwortung tragen, wenn es so viele gibt, die sich entziehen? Warum kann ich nicht einfach bei Knödeln und Bier dasitzen und mich raushalten? »Es geht nicht«, wird mir der alte Mann sagen, »es ist eure Verantwortung.«

Das türkisfarbene Büchlein in meiner Hand hat einer geschrieben, der noch zehn Jahre älter ist. »93 Jahre. Das ist schon wie die allerletzte Etappe«, beginnt der Franzose Stéphane Hessel seine Streitschrift *Empört Euch!*, die sich allein in Frankreich über eine Million Mal verkaufte, die auch in Deutschland ein Bestseller ist. Hessel, Mitglied der Résistance gegen die Nazis, der das Konzentrationslager Buchenwald nur knapp überlebte, gibt in bebendem Ton sein Erbe weiter: »Mischt euch ein, empört euch!«, schreibt er. »Ich wünsche allen, jedem Einzelnen von euch einen Grund zur Empörung. Das ist kostbar.« Nur wir selbst, sagt er mit Jean-Paul Sartre, seien allein und absolut für diese Welt verantwortlich – für die Schwachen, für die Verfolgten, für den Erhalt der Umwelt, für die Wahrung der Menschenrechte. Das Schlimmste sei die Gleichgültigkeit, schreibt Hessel. »Die Gründe, sich zu empören, sind heutzutage oft nicht so klar auszumachen – die Welt ist zu komplex geworden.« Aber das, so mahnt er, sei keine Entschuldigung. »Um wahrzunehmen, dass es in dieser Welt auch unerträglich zugeht, muss man genau hinsehen, muss man suchen.« Genau das habe ich vor.

Bei den Kröten

Ein Fleck aus Lichtern liegt in der schwarzen Karibischen See, südlich von Kuba. Darüber steht der volle Mond. Ich verrenke mich in meinem Sitz, Reihe F der kleinen Maschine der »Cayman Airways«, will mehr sehen und erkenne eine geschwungene Linie im Meer, gemalt aus dem Licht vereinzelter Lampen. Ein sieben Meilen langer Sandstrand, gesäumt von Hotels und Bars. Eines steht fest, noch bevor mein Flugzeug auf den Kaimaninseln gelandet ist: Das Geld hat als Ziel seiner Reise um die Welt einen wunderschönen Ort erkoren.

Vor über 20 Stunden bin ich in Berlin in ein Flugzeug gestiegen und über Madrid und Miami hierhergekommen. Während andere zum Denken die Stille eines Klosters aufsuchen oder die Weite der Natur, will ich an einen Ort, den kein Reiseführer in deutscher Sprache beschreibt. In meiner Tasche habe ich nur ein dickes Buch, das ich verschämt im Internet orderte. Eine Palme ziert den Titel, darunter steht *Steueroasen 2010. Handbuch für flexible Steuerzahler.*

Und während die Lichter im Meer immer näher kommen, lese ich im Kapitel »Was der Globus zu bieten hat« eine Beschreibung der Inselkette, die unter mir liegt: Die karibischen Antillen bieten »nicht nur optimale Bedingungen für Sonnenhungrige und Wassersportler«, heißt es, »sie haben sich in den letzten Jahren auch zunehmend zum Fluchtpunkt steuergestresster Europäer entwickelt. Neben Weltklasse-Hotels, Jet-Set-Wohnanlagen und exklusiven Golfplätzen schätzen sie vor allem Null-Steuern, gute Infrastruktur und internationale Verkehrsanbindungen.« Die Inseln, schreibt der Autor, seien ein echter Renner, »für all jene empfehlenswert, die für ihre legalen internationalen Geschäfte eine Nullsteuerbasis suchen«.

Jeder, so lese ich weiter, der irgendwie dazu in der Lage ist, versuche an Orten wie diesem möglichst viel Geld am Fiskus vorbeizuschleusen. In diesem Punkt geben die Statistiken dem Autor recht: Die Organisation Tax Justice Network vermutet, dass die Reichen dieser Welt 11,5 Billionen Dollar in Steueroasen lagern. Das wäre ein Viertel des globalen Vermögens.

Nach Schätzungen der Deutschen Steuergewerkschaft haben allein die Bundesbürger 300 Milliarden Euro illegal im Ausland angelegt. Jedes Jahr enthalten sie dem Staat etwa 30 Milliarden Euro vor. »Das ist doppelt so viel Geld, wie allen Kommunen gemeinsam für den Unterhalt der Kindergärten in Deutschland zur Verfügung steht«, rechnet die Zeit vor und nennt das Verhalten dieser Leute »Betrug«. Mein Steueroasen-Reiseführer sieht das anders: »Moralisch ist der Staat für die grenzüberschreitende Steuerhinterziehung mitverantwortlich«, lese ich, »da er durch die übermäßige Belastung den Steuerbetrug seiner Bürger provoziert.« Es mag auch an meiner Flugangst liegen, dass mir beim Landeanflug ein wenig übel wird.

Noch ist das, was mich in die Karibik treibt, ein diffuser Mix aus Neugierde, Abenteuerlust und dem Wunsch, dem Ziel näher zu kommen, das Mojtaba in seiner Frankfurter Küche beschrieb: »Ich muss die Welt verstehen«, sagte er. Erst dann könne er entscheiden, wie es für ihn weitergeht. Weil ich glaube, dass ich nicht gut darin bin, Erkenntnis zu erlangen, indem ich nur dasitze und nachdenke, fliege ich an diesen Ort, der dem, was ich von der Welt weiß, so fern ist wie möglich. Ein Ort, der aber trotzdem für das, was die Welt im Moment ausmacht, enorm wichtig ist. Lange war die Politik das Feld, auf dem die Frage des Idealismus verhandelt wurde, lange begrenzten oder belebten ihn Debatten und die Gesetze, die daraus folgten. Nach meinen Gesprächen, nach all dem, was ich gelesen habe, und nach dem, was ich erlebe, bin ich – wie viele – davon überzeugt, dass das so nicht mehr gilt. Längst wirkt die Politik getrieben von Entscheidungen, die woanders getroffen werden: in Unternehmen, an den Märkten, an den Börsen. Wenn die »nervös« sind, bleibt keine Zeit, um nachzudenken, um zu debattieren und zu entscheiden, was eine Gemeinschaft für richtig und falsch hält.

Und auch in meinem Job scheint es nicht mehr häufig die Politik zu sein, die zum Beispiel dem Ideal der unabhängigen Presse in die Quere kommt. Wenn ich auf Journalistentagungen sitze, mit Journalistenkollegen rede, dauert es nicht lange, bis der Zwang der Märkte erwähnt wird, der das Handeln bestimmt. Da werden dann Seiten renommierter Zeitungen an Unternehmen verkauft, kaum oder gar nicht als Werbung kenntlich gemacht. Und wenn man sagt, dass dies das Vertrauen der Leser zerstört, heißt es, dass es nicht anders gehe, weil der Markt es so verlange. Da werden dann junge Journalisten zu viel schlechteren Bedingungen eingestellt als alte. Immer befristet, ohne Sicherheit. Und wenn die dann klagen, dass der Druck zu groß wird, dass sie kaum noch frei denken können, aus Sorge, den kleinen Job auch wieder zu verlieren, heißt es, dass es nicht anders gehe, weil der Markt es nicht zulasse. Da schreiben Kollegen an einem Tag für die Wirtschaftspresse und am nächsten für die Broschüre eines Konzerns, sind an einem Tag Aufklärer im Dienste der Öffentlichkeit und am anderen Dienstleister eines Unternehmens. Und wenn man sagt, dass so keine Unabhängigkeit möglich ist, antworten sie, dass der Markt ihnen keine Wahl ließe. Manchmal habe ich den Eindruck, dass an diesem Markt unsere Ideale mindestens ebenso eifrig gehandelt werden wie so viele andere Dinge.

Auch, um die Gesetze des Marktes ein wenig besser begreifen zu können, bin ich hierhergeflogen. Ich will mich hier auf dieser Insel mit einem treffen, der den Markt kennt und der von dem, was ich bislang für wahr und richtig erachte, sehr weit entfernt ist. Vielleicht kann er mir helfen, die Milch vom Kaffee zu trennen. Vielleicht kann mich das Gespräch mit ihm dazu bringen, Verantwortung zu übernehmen. Vielleicht, so hoffe ich, weiß ich danach sogar wofür.

Damals, als ich in der Bertelsmann-Repräsentanz den jungen Helden beim Small-Talk-Menuett zusah, fiel einer auf, der anders war als die meisten. Zwar war auch er Anfang dreißig, erfolgreich und perfekt gekleidet, aber ihn zeichnete etwas aus, das die anderen vermissen ließen: Er war ein Rebell. Einer, dem die Glätte, die Gefälligkeit der anderen unangenehm zu sein schien. Einer, der bei der abschließenden Diskussion seinen Kopf in die Höhe reckte und Dinge sagte, die so gar nicht nach Latte Macchiato klangen. Er würde sich schämen, sagte er, dass Manager für ihre Millionen-Verdienste kritisiert würden. Das sei Neid, nichts als Neid. Keine Branche sei so sozial wie die Finanzbranche, da sie einen großen Teil der Gewinne an die Mitarbeiter weiterreiche. Und dass man sich nicht immer klein machen solle, nur weil man von den Menschen da draußen gemocht werden wolle.

Ich empörte mich damals so sehr, dass ich noch Stunden später rote Flecken am Hals hatte. Als sich das gelegt hatte, freute ich mich – darüber, dass jemand den Mut hatte, aufzustehen und seine Meinung zu sagen, dass jemand überhaupt eine Meinung hatte, dass es jemanden gab, mit dem ich über Überzeugungen reden und wahrscheinlich streiten konnte. Ich las Zeitungsartikel, schaute mir Ausschnitte aus Fernsehdebatten an und fand heraus, dass der, der so entschieden gesprochen hatte, Karsten Schröder heißt, gerade 32 Jahre alt und Inhaber des Hedge Fonds »Amplitude« ist, »managing a total of about 1 BN USD«, steht auf der Homepage des Fonds – eine Milliarde Dollar heißt das übersetzt. »Ein deutsches Wunderkind«, jubelt die Finanzpresse. Wie wird man als junger

Deutscher, der dazu in Rostock geboren wurde, als es die DDR noch gab, Manager und Inhaber eines Hedge Fonds mit einem Büro auf den Kaimaninseln?

Es ist, so vermute ich, kein Leben, in das man so reinrutscht. Es ist ein Leben, für das man sich entscheidet. Ein Leben mit einem Beruf, den die allermeisten Leute für vieles, was in dieser Welt gerade schiefläuft, mit verantwortlich machen. Karsten Schröder sammelt Geld ein, um es mit seiner Firma an allen großen Märkten der Welt zu handeln. »Das Herz der Firma ist der Großrechner«, hatte ich in der *Financial Times Deutschland* gelesen. An bis zu 36 Finanzmärkten gleichzeitig kauft und verkauft das Computerprogramm, das Karsten Schröder mit seinen zwei Mitinhabern entwickelt hat, alles, was Rendite bringt. Die Firma handle per Programm »mit Terminkontrakten auf den Dax genauso wie mit Öl, Weizen, Soja, Anleihen und Währungen«, zählt die *Financial Times Deutschland* auf und schreibt: »Was der Fonds im Einzelnen macht, lässt sich kaum nachvollziehen.«

Ein Fonds, der per Computer eine Milliarde bewegt. Ein junger Rostocker, der damit zu den ganz Erfolgreichen gehört. Eine Insel im Meer, die dem flüchtigen Geld ein Zuhause bietet. Es ist eine Szenerie, die mir noch unbegreiflich erscheint.

Als ich Karsten Schröder bat, mit mir über Ideale zu sprechen, schrieb er mir, dass er das Thema hoch spannend fände. Und ich war überrascht. Ich wusste, dass Menschen seiner Branche normalerweise ungern mit Journalisten sprechen und schon gar nicht über so etwas. Schröder aber schrieb: »Der Konflikt zwischen Idealen und Pragmatismus ist ein uralter. In Abhängigkeit vom Leidensdruck wird es immer Menschen geben, die sich für die eine oder die andere Seite entscheiden.« Er sei, so teilte er mir mit, bereit, über seine Seite zu reden. Er fände es nicht gut, dass die meisten in seiner Branche schweigen, nicht gewillt seien, sich auseinanderzusetzen. »Da darf man sich dann nicht wundern, wenn man in den Medien immer nur der Sündenbock ist«, sagte er. »Weil: Wo keine Gegenwehr ist, da wird das natürlich eine einfache Sache.« Wir verabredeten uns in der Lobby des Marriott-Hotels am langen Strand der Steueroase. Am »23., afternoon« hatte Schröder mir in einem seltsamen Deutsch-Englisch, das er, wie ich später hören sollte, gern verwendet, geschrieben. Selten habe ich mich so auf ein Interview gefreut.

Über eine Gangway, die auf dem Dach eines Pick-Ups herangefahren wird, verlasse ich das Flugzeug und bin nach einer 22-stündigen Reise endlich auf den Kaimaninseln angekommen. *Security. Stability. Prosperity* – Sicherheit. Stabilität. Wachstum. Das ist der Dreiklang, mit dem die Behörden die Ankommenden begrüßen. Der Ton ist freundlicher als in Miami, wo ich beim Umsteigen noch mit Befehlen wie *walk, walk* – »lauf, lauf«, *left hand, right hand* – »Zeig die rechte Hand! Zeig die linke!« durch den Zoll gepeitscht wurde. »*Hey lady*«, sagt ein Zöllner, »*are you German?*« Ich nicke, sage wie gewünscht ein paar Wörter in meiner Sprache. Er lacht und fragt, warum ich hier sei. Ich erzähle ihm von meinem Interview. »Arbeite nicht zu viel«, sagt er. »Schau dir den Strand an, das Meer. *Good luck, German lady*«, ruft er dann und grinst wieder. Und plötzlich fürchte ich, dass es mir hier gefallen könnte. Die Luft ist warm. Die Begrüßung war nett. Wenn die Menschen reden, wiegen die Wörter wie Boote auf dem Meer. So ein Kitschquatsch, mahne ich mich und beschließe, erst einmal zu schlafen. Ich will dieser Insel mit klarem Verstand entgegentreten.

Die drei Tage, die mir bis zum Interview bleiben, verbringe ich laufend und staunend. Alle paar Meter bleibe ich stehen – schreibe und fotografiere. Als wäre das ein Weg, diesen Ort, der mir so unfassbar erscheint, dem Verstand doch zugänglich zu machen. Grand Cayman, die Hauptinsel, ist zehnmal klei-

ner als das Saarland, in das sich Peter Hartz komplett zurückgezogen hat, kleiner als Berlin, die Stadt, in der ich lebe, kleiner als Dortmund, wo ich studierte, kleiner noch als Münster,
die Hauptstadt meiner Kindheit. Grand Cayman bedeckt eine
Fläche von nicht einmal 200 Quadratkilometern. Ein Land-
krümel. Und trotzdem scheint es mir nach drei Tagen so, als
würden hier viele der Fäden zusammenlaufen, die irgendwo in
Ländern gesponnen werden, die größer sind und sich für be-
deutender halten.

Klein, wie sie ist, bietet die Insel Platz für drei Welten, die
unterschiedlicher nicht sein könnten und die offenbar so gar
nichts miteinander zu tun haben. Da ist die Welt der Caymanians, wie sich die Einheimischen nennen. Es sind die Menschen, die ich am Flughafen traf, deren Sprache in sanftem
Rhythmus wiegt. Es sind die, die an der kleinen Bude am Hafen stehen, wo sie rote, dicke Fische anbieten, und die, neben
denen ich am Sonntag in der Kirchenbank sitze, wo sie mir,
der Fremden, die Hand schütteln und *Good morning, sweetie*
sagen, wo sie singen und tanzen und klatschen und laut *Praise
the Lord* rufen. Gerade einmal 20 000 Einheimische leben hier.
Seit sie die Riesenschildkröten fast ausgerottet haben, expor-
tieren sie nur noch ein Produkt: sämig-klebrig köstlichen
Rumkuchen. Wenn man zwischen Hafen und Kirche hin- und
herpendelt, kann man der Illusion erliegen, Gast auf einer
ganz normalen Karibikinsel zu sein. Zumindest am Wochenende. Denn am Montag kündigt sich mit lautem Hupen die
Invasion der zweiten Welt an.

Unten am Hafen, nur wenige Meter von dem kleinen Fisch-
stand entfernt, ist ein riesiges Betonrondell an die Kaimauer
gebaut, das mir, solange es leer war, ein Rätsel blieb. Um einen
Betonpavillon reihen sich Verkaufsstände, die bis zu diesem
Morgen geschlossen waren. Am Rand steht ein riesiges Klo-
haus. Unter dem *Restrooms*-Schild hocken die zwei Musiker

eines Calypso-Duos und stimmen ihre Gitarren. Eine halbe Stunde nach dem ersten Hupen wird das Betonrondell geflutet. Die *Princess Cruise* und die *Celebrity Eclipse*, zwei tankergroße Kreuzfahrtschiffe, ankern vor der Insel. Sie speien Hunderte Touristen aus – Amerikaner meist, die sich nun in langen Schlangen über das Rondell schieben. Dutzende bleiche, oft stramme Waden, viele mit tätowierten Bildern verziert, ziehen an mir vorbei. Als ich aufblicke, sehe ich ein Meer aus bunten Tropenhemden, Safarihosen und armgroßen Sonnenhüten.

Ich hatte gelesen, dass Kreuzfahrten längst keine Luxustouren mehr sind. An diesem Morgen glaube ich, dass das stimmt. Die Caymanians umringen die Touristen, halten Plakate hoch: *Local tour, 20 Dollar*, steht da oder *Taxi to the beach, 5 Dollar*. Einer der Anbieter geht auf Stelzen, um nur nicht übersehen zu werden. Aber es nützt nichts. Die meisten Touristen gehen achtlos vorüber. Sie wissen, wohin sie gehören. Auf der Brust der Kreuzfahrer kleben kleine Plastikmarken, die sie in Gruppen einteilen: die gelbe »Group 10«, die pinke »Group 23«, die rote 30. Sie werden auf einem großen Parkplatz neben dem Rondell in Busse verladen, werden ein paar Kilometer über die Insel drehen, am Strand halten und am Nachmittag zwei Stunden shoppen gehen. In der Innenstadt von George Town, dem Hauptort der Insel, hatte ich am Vortag lange nach einem Laden gesucht, in dem ich eine Zahnpasta und Sonnenmilch kaufen konnte. Auf meinem Weg war ich an zwanzig »Juwelen Outlet«-Läden vorbeigekommen. Gestern noch hatte ich mich gewundert, was die Caymanians mit so vielen Uhren, Ketten und Ringen anfangen wollen. Gegen 16 Uhr werden die Kreuzfahrer wieder verladen werden. Dann wird das riesige Rondell wieder ein leeres Rätsel sein. Bis am nächsten Morgen alles von vorn beginnt.

So offensichtlich diese zweite Welt ist, so verborgen ist die dritte. An einem Nachmittag, an dem ich mit ein paar Touristen auf einem Boot zu einer Sandbank hinausgefahren bin, um ein paar zahme Riesenrochen zu streicheln und zu küssen, um mir von ihren pferderauen Zungen die kleingeschnittenen Arme eines Oktopusses aus der Hand saugen zu lassen, fragt mich auf der Rückfahrt ein Rentner aus Iowa, warum ich auf der Insel sei. Ich erzähle von meinem Interview, berichte, dass fast 50 Prozent der Hedge Fonds auf dieser Insel gemeldet seien. Und dass dieser kleine Flecken Erde der fünftgrößte Finanzplatz der Welt sei. »Das habe ich gelesen«, sagt der Rentner. »Aber man sieht es ja gar nicht. Das kann doch eigentlich nicht sein.« Recht hat er. Man sieht es wirklich nicht. Und das kann eigentlich wirklich nicht sein.

Am Abend, als ich im Hafen sitze, neben mir ein Bier, vor mir Tauch- und Segelboote, die im Wasser schaukeln, lese ich noch mal all die Artikel, die ich über die Finanzindustrie auf der Insel gesammelt habe. 90 000 gemeldete Firmen, mehrere Hundert Banken, 12 000 Beschäftigte in der Finanzindustrie, davon viele ausländische Wirtschaftsprüfer und Anwälte. 1,9 Billionen Dollar in den Depots. Ich kann das nicht glauben. Bislang habe ich in der Fußgängerzone ein paar Banken gesehen. Die lokale Butterfield Bank, die Royal Bank of Canada, die First Caribbean International Bank. Für eine kleine Insel mag das viel sein. Aber für einen Finanzplatz, der über 1,5 Milliarden Dollar pro Jahr umsetzt? Ich blicke lange aufs Meer und versuche vergeblich, das, was meine Augen sehen, und das, was mein Kopf über diese Insel weiß, zusammenzubringen.

Am nächsten Morgen laufe ich wieder los. In meiner Tasche mein Fotoapparat und eine Liste mit Adressen von Banken und Firmen, die hier ihren Sitz haben sollen, die Nummern von zwei Deutschen, die auf der Insel leben und mir beim Suchen helfen wollen. Ich beginne meine Tour im Café del Sol, am Hauptplatz von George Town. In einem Artikel hieß es, dies sei ein »Hot Spot« der Finanzindustrie. Das kleine Café bietet zwanzig Kunden Platz, und ich würde den Erstligaplatz von Werder Bremen darauf verwetten, dass sie nicht zur Crème de la Crème der Finanzdienstleister gehören. Ein alter Amerikaner mit rotem Kopf und zittriger Hand nippt an seiner »Frozen latte«, eine extrem übergewichtige Dame in einem rosafarbenen Cotton-Dress verbirgt sich hinter einer strassbesetzten dunkelblauen Sonnenbrille, ein Junge mit Badelatschen an den Füßen starrt minutenlang auf seine Facebook-Seite. Ich sitze lange im Café del Sol, komme im Laufe des Tages immer wieder. Und tatsächlich, einmal schwingt die Tür, und kein Kreuzfahrer tritt ein, sondern zwei Männer in schwarzen Anzügen. Sie bestellen einen Kaffee zum Mitnehmen. Ich bin euphorisch. »Bleibt stehen!«, möchte ich rufen. »Wer seid ihr? Was macht ihr? Wohin geht ihr?« Dann sind sie schon wieder weg. Und auch ich verlasse den vermeintlichen »Hot spot« der Finanzindustrie, um nach einem tatsächlichen zu suchen.

Rund um den kleinen Stadtkern von George Town ziehen sich Straßen ohne Bürgersteig, auf denen niemand läuft außer mir. Pick-Ups fahren hier umher. Sie blinken und biegen ein in die Tiefgaragen von halbhohen pastellfarbenen Häusern mit verspiegelten Fensterscheiben. Wer sich nähert, sieht, dass sich hier die Finanzbranche versteckt. In dem hellblauen Bürohaus am Meer sitzt Merryl Lynch, pastellgrün ist der Sitz von Deloitte, hellorange der von Pricewaterhouse-Coopers. Das Ugland House dagegen, auch so ein verspiegelter Bürobau, ist in unschuldigem Weiß gehalten. Es wurde weltberühmt, weil hier rund 20000 Firmen ihren Sitz haben, alles *exempted companies*, »steuerbefreite Unternehmen«. »Entweder ist das das größte Gebäude der Welt oder der größte Steuerbetrug«, sagte Barack Obama, als er noch Senator war. Das Haus hat fünf Etagen. Mein Freund wird später sagen, es sehe aus wie die

Zentrale eines kleinen Unternehmens im Industriegebiet von Eberswalde oder Oranienburg. Er meint damit: ziemlich mickrig, ziemlich piefig. Von dem Titel »größtes Gebäude der Welt« dürfte es so weit entfernt sein wie die Kaimaninseln vom Gewinn der nächsten Fußballweltmeisterschaft.

Als ich das Gebäude betrete, stehe ich in einem bis auf zwei Ledersessel leeren Foyer. Nicht einmal das Laufband, von dem ich las, auf dem die Namen der hier registrierten Firmen vorbeiflimmern sollten, ist zu sehen. Nicht einmal Briefkästen finde ich. Vor vier Jahren hat der US-Senat eine Untersuchungskommission in dieses Haus geschickt. Die Ermittler zählten 18 857 hier gemeldete Firmen, die in Form von Aktenordnern in Schränken lagerten. Im Ugland House arbeiten vor allem findige Anwälte. Sie bieten das, was auch die Kreuzfahrer buchten: All inclusive. Sie konstruieren die Firma, besorgen Urkunden, Bankkonto und Adresse und, wenn gewünscht, auch geeignete Personen für den Aufsichtsrat. »Kreative Buchführung« nennen das viele Manager. Als der amerikanische Energieriese Enron pleiteging, ließ sich an einer Bilanz das Ausmaß der Kreativität ablesen. Enron hatte 881 Tochterfirmen in Steueroasen, davon 692 auf den Kaimaninseln.

»Schlüsselattraktion für anspruchsvolle Kunden ist oft die Möglichkeit, offshore Rechtsstrukturen zu errichten, die Steuerverpflichtungen eliminieren oder reduzieren«, bewarb die Deutsche Bank noch im Jahr 2009 ihr Büro auf der Insel. Darüber kann man sich wundern und empören. Aber fast alles, was in den Etagen über mir geschieht, ist legal. Ich könnte noch Wochen weitersuchen. Die 90 000 Firmen, die auf der Insel gemeldet sind, werde ich kaum finden. In George Town sind kaum Banker, kaum Fondsmanager, kaum Investoren, zumindest nicht so, dass man sie sehen, grüßen und beim Kaffeetrinken beobachten kann. Es ist nicht notwendig, dass sie physisch anwesend sind. Es reicht, wenn findige Zuarbeiter, die hinter den verspiegelten Fenstern der pastellfarbenen Bürohäuser sitzen, rechtsfeste Fassaden errichten, wenn sie so tun als ob – damit die Firmen und Fondsmanager und Investoren, die in New York, London oder Hongkong sein mögen, den wertvollsten Rohstoff dieser kleinen Insel abgreifen können: die totale Steuerfreiheit. Keine Steuer auf Einkommen, auf Vermögen, auf Gewinn, auf Transaktionen oder Erbschaften. Brutto gleich netto. Das ist der Schatz der Karibik.

Und das ist der Grund, auf dem hier diese künstliche Welt errichtet wurde. Eine Welt, in der es mehr Geschäfte für günstige Juwelen als für Zahnpasta gibt. Eine Welt, in der viele Tausend Unsichtbare hinter verspiegeltem Glas Milliarden Dollar dirigieren. Eine Welt, in der Firmen nur die Größe von Aktenordnern haben und trotzdem hoch profitabel sind.

»Wenn Sie das schon künstlich finden, dann steigen Sie mal ein«, sagt Michael und fährt aus George Town heraus. Michael ist Deutscher und arbeitet als Finanzjournalist für die Zeitung der Insel. Die Geschichte, die er mir unterwegs erzählt, klingt so sehr nach einer Parabel für die Absurdität all dessen, was diese Insel ausmacht, dass ich sie kaum glauben mag. Nördlich von George Town, im Hinterland des berühmten weißen, sieben Meilen langen Prachtstrandes, würde gerade eine neue Stadt gebaut, erzählt Michael. Bauherr sei ein Mr Dart, ein Amerikaner, der in seiner Heimat mit Schaumstoffbechern, die den Kaffee auch unterwegs warm halten, ein Vermögen gemacht habe. Weil Mr Dart keine Steuern zahlen wollte, zog es ihn erst nach Belize, wo er eine Art Ehrenbürger sein soll, dann auf die Kaimaninseln, wo er beschloss, Camana Bay zu bauen, eine neue Stadt, die all den Wirtschaftsprüfern und Anwälten Heimat sein soll, die helfen, Steuern zu vermeiden.

Ein Block der neuen Stadt steht schon. Halbhohe Häuser, natürlich pastellfarben, aber ohne verspiegelte Fenster. Man hat sich für den Kolonialstil, für bunte Holzverkleidungen entschieden. Eine Hauptstraße, 300 Meter lang, gesäumt von Palmen, durchzieht die neue Stadt. Springbrunnen plätschern. Die Plätze heißen Jasmine oder Gardenia Court. Und vorne, an dem gerade erbauten Hafen, haben Arbeiter eine kleine Insel aufgeschüttet. Ein Holzsteg führt ins Wasser, fächert sich kunstvoll zu sieben Anlegeplätzen auf. Noch ankert hier erst eine Jacht, aber es sollen bald mehr werden. *Arrive by boat*, werben die Mitarbeiter der Firma Dart Realty, die die Stadt verwaltet. »Kommen Sie mit dem Boot. Genießen Sie den Wind und das Salz des Meeres. Schnappen Sie sich einen Kaffee und setzen Sie sich an Ihren Schreibtisch.« Das ist das Leben, das hier verkauft wird.

Die Wirtschaftsprüfer von Ernst & Young haben ihre Büros schon hierherverlegt. Endlich sehe ich Männer in Anzügen auf dem Weg zum Lunch. Tausend Menschen arbeiten in Camana Bay, sagt mir ein Mitarbeiter von Dart im »Welcome Center«. Und er ist sich sicher, dass es bald mehr werden. »Die Hedge Fonds, die Wirtschaftsprüfer, sie alle werden kommen«, sagt er. In George Town seien die Parkplätze oft belegt, die Straßen manchmal voll. Und dann die Kreuzfahrttouristen. Hier gebe es das alles nicht. »Wir haben die Vision einer perfekten Stadt«, sagt er. »Wir wollen wachsen. Rom, Berlin oder London. Die haben doch alle mal so angefangen.« Als Bauprojekt eines steuerflüchtigen Erfinders von Schaumstoffbechern? Wohl kaum, denke ich und laufe das 300 Meter lange Flaniermeilchen auf und ab. An der Uferpromenade ist an diesem Mittag die längste Tafel auf der Terrasse des In-Restaurants Michael's Genuine ausgebucht. Eine Horde Zweijähriger hat Platz genommen. Sie tragen kleine Tropenhütchen. Wenn sie kleckern und spucken, ist sofort jemand mit einer weißen Stoffserviette zur Stelle.

Zehn Minuten sind es aus dieser schönen neuen Welt zum langen, sieben Meilen weißen Strand vor dem Ritz Carlton und dem Westin Grand Resort. Auch hier krabbeln an diesem Dienstag Babys im Sand, planschen Kleinkinder im Wasser, dösen Teenager in der Sonne. Ab 400 Dollar ohne Frühstück kostet die Nacht in diesen Hotels. Gerade sind Ferien in den USA. Da seien bei ihnen Familienwochen, sagt der Hotelmanager, mit dem ich an der Bar sitze. Manchen Menschen sei es nicht so wichtig, wie viel das Zimmer kostet. Vor allem nicht, wenn Daddy im Urlaub auch noch mal bei seinen kleinen Aktenordnerfirmchen vorbeischauen und gucken kann, wie es seinem Geld geht, denke ich. Der Hotelmanager ist Deutscher, seit Jahren hier. Die Haare zurückgekämmt, die Uniform akkurat, versucht er, mir diese künstliche Welt als völlig unproblematisch zu verkaufen. »Es ist alles ganz normal hier«, wiederholt er immer wieder. »Das mit der Steueroase ist alles aufgebauscht. Jeder will halt ein paar Cent sparen, deshalb kommen die Firmen. Das finde ich nicht schlimm.«

»Aber das Geld fehlt doch in den anderen Ländern, in den USA, in England, in Deutschland. Die Steuereinnahmen braucht man doch«, versuche ich dagegenzuhalten. Zwecklos. »Deutschland jammert doch auf höchstem Niveau«, sagt er. Nirgendwo gebe es so hohe Sozialleistungen und so viel Urlaub wie in seiner und meiner Heimat. »Jeder Hinz und Kunz kann doch in Deutschland zwei, drei Mal pro Jahr in die Ferien fahren. Und wer einen Job will, der findet doch auch einen. Wer keinen hat, der will nicht«, sagt er. Ganz einfach.

»Cheers«, sagt John. »Cheers«, sagt Catherine. Wir sitzen in einer Bar über dem Meer, in der sich am Abend die Zugezogenen treffen. In Johns Hand ist das Glas mit dem Gin Tonic, in meiner ein Bier, Catherine trinkt Wein. Wir stoßen an. John und Catherine sind Engländer. Sie sind jung, smart, und sie leben gerne hier. »Warum auch nicht?«, sagt Catherine. Da sind die Sonne, der Strand und das Meer. Sie arbeiten weniger als zu Hause, um fünf Uhr ist meist Schluss. Dann treffen sie sich auf einen Drink, zum Essen, »whatever«, sagt John. »Am Wochenende gehe ich dann tauchen, am Anfang war ich ständig im Meer. Aber irgendwann war das so gewöhnlich, wie über die Straße zu gehen. Da habe ich erst mal aufgehört«, sagt er und lacht. Die beiden haben sich auf der Insel kennengelernt, als John mit Catherines Vater auf dem Golfplatz war. So läuft das hier.

Catherine, deren dunkles Haar glatt auf die Schulter fällt, sagt, ihr John sei ein *diamond*, ein Edelstein, und fasst seine Hand. John arbeitet bei einem Profi für *captive insurances*, etwas holprig könnte man das als »gefangene Versicherungen« übersetzen. Es bedeutet, dass Firmen Risiken bei einer konzerneigenen Tochterfirma versichern. Und nicht jeder würde die Einschätzung, dass dies der Job eines »Edelsteins« ist, teilen. Denn dieses Konstrukt, bei dem die Versicherungstochter in einer Steueroase angesiedelt wird, wird meist ausgetüftelt, um Steuerzahlungen zu umgehen. Es ist ein guter Job, sagt John. »Hmm«, sage ich und frage nach Verantwortung, nach Schaden, nach Folgen. »Alles kein Problem«, sagt John. »Alles kein Problem.« Und Catherine erzählt weiter von ihrem Leben auf der Insel. »I love shopping«, sagt sie. Aber, und das sei der einzige Nachteil hier, auf Cayman könne man keine vernünftige Kleidung, keine Schuhe kaufen. Dafür müsse man immer rüber nach Miami. Hier gebe es nur Schmuck, Uhren und Parfum. »Und immer wieder, zum Geburtstag und zu Weihnachten bekommt man das geschenkt«, stöhnt Catherine. »Schmuck, Uhren und Parfum. Ermüdend.«

Nun. Das ist der Moment, in dem mein Zweifel verschwand, der Moment, der am Anfang dieses Buches stand. Es gibt kein Feuerwerk. Es ist mehr ein leises Verglimmen als eine eindrucksvolle Explosion. Wenn jetzt, in dieser karibischen Nacht, Knödel und Bier gereicht würden, könnte ich antworten auf die Frage »Woran glaubst du?«. Ich glaube daran, dass es falsch ist, mit den Schultern zu zucken, wenn man nach den Folgen des eigenen Handelns gefragt wird, daran, dass es wichtig ist, was der Einzelne tut, und dass man einfordern kann, dass er anderes unterlässt. Daran, dass John und seine unsichtbaren Kollegen mitverantwotlich sind, dass jemand hätte verhindern müssen, dass solche Orte wie dieser entstehen: eine Insel mit Firmen, die es eigentlich nicht gibt, Versicherungen, die es eigentlich nicht braucht. Um Geld zu horten. Um es an die auszuzahlen, die ohnehin schon viel haben. An die Aktionäre. Die Manager. Die Angestellten. Für die nächste Uhr. Das nächste Parfüm. Den nächsten Schmuck. Dinge, die keiner wirklich haben will.

Am nächsten Morgen fahre ich wie geplant in die Schildkrötenfarm an der Nordküste der Insel, um die Kröten zu besuchen, die die Gleichgültigkeit der Menschen überlebten. »Dot« begrüßt mich dort, eine Schildkröte, die von der Unternehmensberatung Deloitte gesponsert wird. Wie Felsen sähen sie aus, hatte Kolumbus ausgerufen, als er an der Insel vorbeisegelte. Und er hatte recht. Die Schildkröten ähneln tatsächlich archaischen Steinformationen. Gewaltige Panzer, die, angetrieben von flachen Armen, durchs Wasser gleiten. Aber die Felsen erheben sich nicht mehr aus dem türkisfarbenen Paradies, das die Insel umgibt. Die Felsen stapeln sich in der trüben Brühe eines betonierten Beckens. An den Hinterpfoten leuchten blaue Schildchen mit Nummern darauf – wie die Plaketten, die die Kreuzfahrer auf der Brust trugen. Aber im Gegensatz zu den Touristen haben sich die Schildkröten dieses Leben als nummerierter Haufen nicht ausgesucht.

Eigentlich wollte ich den Schildkröten von meiner Erkenntnis berichten, ihnen erzählen, dass mein Zweifel verschwunden ist, seit ich gesehen habe, was aus ihrer Insel wurde. Aber dann stehe ich vor den mit Wasser gefüllten Betonwaben, in denen die Schildkröten ihre Kindheit und Jugend verbringen, und sehe, wie immer wieder Besucherhände in diese Waben greifen und nach den kleinen Kröten schnappen, wie sie den Panzer mit den zappelnden Ärmchen in die Luft recken. Ich höre die »Cute, cute«-Schreie, die all das begleiten, und sehe die Küsse, die den aufgeregten Schildkröten für die Dauer eines Fotos aufgedrängt werden. Ich beschließe, sie in Ruhe zu lassen, schweige bis zum »afternoon« und fahre dann ins Marriott-Hotel, um endlich Karsten Schröder zu treffen.

Es wird immer Gaddafis geben

Es war ein Tag voller Meetings, aber Karsten Schröder sieht nach Urlaub aus. Er trägt ein blau gestreiftes Hemd, ein Strohhütchen auf der Glatze und eine Sonnenbrille, die verspiegelt ist wie die Scheiben der Bürotürme in George Town. Er ist gelassen, als er die Lobby des Marriots durchquert, entspannt. All meine Empörung perlt an ihm ab. »Cayman«, sagt er, »das ist ein Ort, an den man eine Geschäftsreise macht wie jede andere. Die Reputation, die die Insel hat, die ist nicht gerechtfertigt. Steueroase, Steuerparadies. Das sagen Leute, die nicht verstehen, warum es solche Orte geben muss.« Leute wie ich also. »Warum muss es die denn geben?«, frage ich. »Es werden eben Transaktionen getätigt, bei denen die eine Partei in einem Land sitzt, die andere in dem anderen – und es gibt keine bilateralen Steuerbeziehungen zwischen den Ländern«, sagt Schröder. »Was dann passiert, ist, dass man die Transaktion über ein steuerneutrales Gebiet macht, wie eben Cayman.« Alles kein Grund zur Aufregung also.

»Okay«, sage ich. »Und die Politiker, die schimpfen, die

Leute hier seien Piraten in Nadelstreifen? Die toben, sie bekämen einen dicken Hals, wenn sie das Wort Kaimaninseln nur hören? Die, wie Altbundeskanzler Helmut Schmidt, meinen, die Insel gehöre in die Kategorie Krebsgeschwür?« – »Argumentieren ohne Faktenwissen und populistisch«, sagt Schröder. »Und die neunzigtausend Firmen, die hier gemeldet sind? Die Steuervermeidungstöchter? Die Briefkastenfirmen?«, wage ich einen letzten Versuch. »Damit habe ich nichts tun«, sagt Schröder knapp. Seine Firma hat seit der Gründung einen Sitz in George Town. Ein bis zwei Mal pro Jahr ist er hier. »Und sonst?«, frage ich. »Wer ist sonst in Ihrem Büro? Sitzen da Verwalter, oder ist das leer?« – »Also«, sagt Schröder, »da würde ich jetzt ungern zu detailliert in unsere Firmenstruktur eintauchen, aber, ja, wir haben eine physikalische Präsenz, die über so ein sogenanntes Briefkasten-Label hinausgeht.«

Wir setzen uns an die Bar, mit Blick auf den Strand und das Meer. Die Kreuzfahrtschiffe sind schon wieder davongefahren, die Insel gehört jetzt denen, die sie sich leisten können. Drei Stunden werden wir reden. Wir werden uns nicht immer einig sein. Aber Karsten Schröder ist einer, mit dem es sich streiten lässt. Unser Gespräch beginnt so wie die allermeisten, die ich in den vergangenen Monaten geführt habe. »Sind Sie Idealist?«, will ich wissen. Hmm. Nein. Oder vielleicht doch, sagt der Befragte. Egal ob Exbundeskanzler oder Topbanker, diese Frage scheint bei den allermeisten einen Ausweichreflex auszulösen. Bei mir ja auch. Karsten Schröders Antwortvariante geht so: »Zu einem gewissen Anteil bin ich Idealist. Aber man darf sich der Realität nicht verschließen, und dann muss man auch die ein oder andere Sache machen, die nicht so hundertprozentig den eigenen Idealen entspricht.«

Alles klar. Auch andere seiner Antworten sind mir nach dem knappen Dutzend Gespräche, das ich bislang führte, bereits bekannt. Karsten Schröder ist ein Leistungsträger. »Natürlich möchte man immer der Beste sein«, sagt er. »Ich denke mal, das gilt für alle, die erfolgreich werden: vorne mit dabei zu sein. Das ist sicherlich schon mein Ehrgeiz. Das treibt mich an.« Und mit dieser Aussage verlassen wir das gewohnte Terrain, denn Karsten Schröder ist extremer als die, mit denen ich bisher gesprochen habe. Wenn er »Leistungsträger« sagt, dann meint er das uneingeschränkt, in allem. Und so ist er nicht nur ein Unternehmer, der in Deutschland zur »jungen Elite« und in England zum *rising star*, zum »aufsteigenden Stern«, gekürt wurde. Er ist auch ein guter Mathematiker und ein hervorragender Pianist. Weil er als Junge bewunderte, wie Tom Cruise in »Top Gun« seinen Tomcat-Flieger beherrschte, pinnte er sich nicht, wie andere, Plakate an die Wand, sondern machte, kaum erwachsen, seinen Pilotenschein. Er liebt es, in der Schweiz, wo er lebt, auf Skitouren zu gehen. Und auch das möchte er so gut wie möglich machen. »Also nicht einfach den Hang runterrutschen?«, frage ich. »Definitiv nicht«, sagt er entschlossen. »Ganz definitiv nicht. Mir haben das meine Eltern beigebracht«, sagt er. »Man soll immer versuchen, das, was man tut, so gut wie möglich zu machen, nie mittelmäßig sein und sich auch nicht mit dem Erreichten zufriedengeben. Das ist schon mein Ideal.« Da ist sie wieder, die Leistung, die als Ideal herhalten muss.

Karsten Schröder erlebte eine Kindheit, die, um es vorsichtig auszudrücken, nicht zwingend erwarten ließ, dass aus ihm mal ein Hedgefonds-Manager werden würde, also einer, den Politiker wie Helmut Schmidt zu den »Raubtierkapitalisten« zählen. Karsten Schröder wurde im kommunistischen Teil Deutschlands geboren, zwölf Jahre bevor die Mauer fiel. Sein Vater war Ingenieur in einem Tiefbauunternehmen, die Mutter Grundschullehrerin. »Ich hatte eine friedliche Kindheit«, sagt Schröder. »Das Gute an der DDR war ja, dass man als Kind da recht unschuldig aufwachsen konnte. Auch weil es diese ganze mediale Vergewaltigung noch nicht gab. Man ist halt zur Schule gegangen, hat in der Freizeit Sport oder Musik gemacht und mit Freunden gespielt.« Und man habe die Chance gehabt, tatsächlich gefördert zu werden. »Die Grundlagen für meine Mathekenntnisse wurden nur in der DDR gelegt«, sagt er. »Meine Ausbildung da war exzellent.« Denn weil der kleine Karsten sehr gut im Rechnen war, kam er in eine Spezialklasse, lernte mehr und mehr. Wissen, das ihm später helfen sollte, in einem anderen System sehr, sehr viel Geld zu verdienen. Die Geschichte kann manchmal recht komisch sein.

Drei Schritte waren es, die aus dem Rostocker Mathefreak dann einen Kapitaljäger machten. Die Mauer fiel, ein Cousin lernte bei einer Bank und erklärte Schröder die Grundlagen des Börsengeschäfts – und er sah nach »Top Gun« den zweiten Hollywoodfilm, der ihn tief beeindruckte: »Wall Street«, die Geschichte des skrupellosen Händlers Gordon Gekko. »Tja, das ist immer so eine Sache«, sagt Karsten Schröder. »Da macht man so einen Film, um das Geschäft kritisch zu beleuchten, und dann setzt man da aber so einen coolen Michael Douglas in die Hauptrolle.« Die kritische Message, sagt Schröder, sei bei ihm deshalb stark untergegangen. »Ich weiß heute, dass die zeigen wollten: Guck mal, der hat schlimme Sachen gemacht, und jetzt ist er im Knast. Aber für mich als Kind war Gordon Gekko einfach der coole Typ, und das Ende, das blendet man dann aus.«

Der Schüler Schröder begann also zu handeln. »So mit fünftausend Mark«, sagt er, »mit dem, was man sich so auf Geburtstagen oder bei der Konfirmation zusammengespart hatte.« Er merkt schnell, dass ihn einzelne Unternehmen eher langweilen, ihn kickt das große Ganze. »Währungen, Zinsentscheidungen, wie entwickelt sich ein Land gegen das andere? Das fand ich interessanter«, sagt er. Er investiert mehr, während er bei der Bundeswehr ist, mehr während des Studiums und noch mehr während seiner ersten beiden Berufsjahre als Unternehmensberater von McKinsey. Weil es ihm dort nicht gefällt und weil er gemeinsam mit zwei Freunden ein Computerprogramm entwickelt hat, das seine Handelsstrategie automatisiert, entschließt er sich, im Jahr 2004, da ist er fünfundzwanzig, eine eigene Firma zu gründen. »Amplitude« eben, der heute sehr erfolgreiche Hedgefonds.

Eigentlich wollten sie ihr Unternehmen in Deutschland starten. Sie gingen zur Genehmigungsbehörde, der Bundesanstalt für Finanzdienstleister, und sprachen vor. »Und dann haben die gesagt: Was habt ihr denn vorher gemacht?«, erzählt Schröder. »Und ich hab gesagt: Ich war bei McKinsey, ein Kollege handelt selber, und einer ist aus der Computer-Games-Industrie.« Die Aufseher hätten ihn dann angeguckt, als wäre er nicht ganz bei Sinnen, und ihm vorgeschrieben, erfahrene Leute in den Aufsichtsrat zu nehmen, Bankdirektoren zum Beispiel. »Was denn für Bankdirektoren?«, habe er gefragt. »Oder Bereichsvorstände«, hätten die Prüfer gemeint. »Certainly not«, habe er geantwortet und klargemacht: »Ich werde nicht irgendwelche Unsummen für komplett nicht wertgenerierende Aufsichtsratsmandate ausgeben, nur damit hier irgendwelche sinnbefreiten Regulierungsvorschriften erfüllt werden.« Er verließ die Behörde. Er verließ das Land. Und sie meldeten die Firma in London und auf den Kaimaninseln an.

Und seitdem läuft es, seitdem handelt das Computerprogramm, das die Gründer entwickelten, an allen großen Märkten gleichzeitig, kauft und verkauft Währungen, Anleihen, Öl, Weizen, Soja, was auch immer. Ein Computer, der nach Regeln handelt, die ihm Karsten Schröder und seine Kollegen diktierten, und damit viel Geld macht. »Ich verstehe nicht, wie das funktioniert«, sage ich. »Das ist ja auch ein Geheimnis«, meint

Schröder und lacht. »Können Sie es denn so oberflächlich erklären, dass ich es verstehe und Sie ihr Geheimnis trotzdem nicht verraten?«, bitte ich. »Natürlich«, sagt er großzügig. Und dann erklärt er mir, dass sie vor allem ein simples Prinzip ausnutzen würden: »Vieles im menschlichen Leben ist herdengetrieben«, sagt er. »Politik ist ein Herdenspiel, Mode ist ein Herdenspiel und die Märkte auch. Irgendjemand findet, es müsste jetzt irgendetwas gekauft werden.« Mathematisch beleuchtet sei das nichts anderes als eine Autokorrelation, sagt Schröder und sieht Fragezeichen in meinem Blick. »Das heißt, dass Sachen eben hoch-, hoch-, hochgehen und dann wieder runter, runter, runter und wieder hoch. Und diese Trends greift man ab.«

»Das heißt, Sie haben versucht, diese Herdensachen zu berechnen, und das Programm weiß das und versucht, sich dementsprechend zu verhalten?«, frage ich zögernd. »Ja, so grob«, sagt Schröder. »Und was Sie kaufen und verkaufen, errechnet der Computer?«, frage ich noch mal. »Ja«, sagt Schröder. »Aber der überlegt dann nicht, wenn er jetzt Weizen kauft, welche Folgen das haben kann, dass der Weizen dann in einem armen Land vielleicht teurer wird, oder?«, frage ich. »Das sind Milchmädchenrechnungen«, sagt Schröder. Wenn es um das Wohl der Entwicklungsländer gehe, müsse ich andere Fragen stellen, meint er und sagt, er fände Kritik wie meine, gerade wenn sie aus Deutschland komme, extrem lächerlich. »Schauen Sie sich doch mal die normalen Leute auf der Straße an«, sagt er. »Die kaufen sich das Billigshirt für neun Euro und den Billigfernseher für 399 Euro und stellen nicht die Frage, ob das *made in China* ist und wahrscheinlich ökologisch nicht nachhaltig und unter menschenverachtenden Arbeitsbedingungen hergestellt wurde.«

»Sie lenken ab«, sage ich. »Sie zeigen auf andere.« – »Ich zeige auf wesentliche Faktoren«, sagt er. »Diese Trends, dass

Nahrungsmittelpreise fallen oder steigen, die werden nicht von uns ausgelöst.« – »Aber Sie hängen sich dran.« – »Ja, gut, zum kleinen Teil, aber das beeinflusst die Welt nicht. Ob ich diesen Markt jetzt abschalte oder nicht, hat überhaupt keine Auswirkungen auf die Preisentwicklung dieses Marktes.« – »Gab es denn mal Momente, in denen Sie dachten, dass das, was Sie tun, falsch sein könnte?« – »Nö«, sagt Schröder. Und dann hat er es satt, sich zu rechtfertigen. »Wissen Sie was?«, sagt er, »nehmen Sie die hochbezahlten Formel-1-Fahrer – wer von denen hat gesagt, ich fahre nicht in Bahrain, wo das Regime die eigenen Leute erschießt? Oder nehmen Sie den«, sagt er und zeigt auf einen Flachbildschirm hinter sich. Gerade werden in den Nachrichten Bilder von Muammar Gaddafi eingeblendet, der um sein Despotendasein in Libyen kämpft. »Von Politikern, die mit solchen Leuten Geschäfte machen«, sagt Karsten Schröder, »lasse ich mir nichts von Moral erzählen.«

»Sie lenken ab«, sage ich, schon wieder, diesmal leiser. Es ist kein witziges Spiel, dieses »Ich hätte ja, wenn nicht«. Nach über einem Jahr Recherche habe ich die Regeln langsam begriffen. Ich hätte ja gerne anderen die Aufstiegschancen ermöglicht, die ich hatte, aber gegen die Wirtschaft ist nichts zu machen, sagte Gerhard Schröder. Ich hätte den Job ja auch für weniger Geld gemacht, aber gegen die Regeln des Marktes dürfen sie sich nicht stellen, sagte Frank Krings. Ich verstehe ja, dass man Einwände gegen Geschäfte von Spekulanten haben kann, aber solange Politiker mit Despoten verhandeln, sehe ich mich nicht in der Verantwortung, sagt Karsten Schröder. Und wir, die ganzen anderen, sind in der Mehrheit wahrscheinlich die Könige in diesem Spiel, können wir doch auf »die da oben«, auf Politik und Wirtschaft weisen, um von uns selbst abzulenken. So, wie ich es tat, als ich mit Gerhard Schröder sprach. Wir sagen dann: Ich finde Schwarzarbeit ja auch doof, aber es ist so aufwändig, meine Putzfrau zu versichern. Ich finde ja auch, dass es sinnlos ist, fünf Milliarden Subventionen für die Verschrottung von noch fahrenden Autos auszugeben, aber wenn die Abwrackprämie nun mal gezahlt wird?

Als in Griechenland klar wurde, dass die Politiker über Jahrzehnte versagt hatten, dass sie das Land in den Ruin geführt hatten, fragte Kai Strittmatter in der *Süddeutschen Zeitung*, wie es dazu kommen konnte. Und er gab eine Antwort, die den Blick von denen da oben auf uns alle lenkt: Die Politiker hätten so handeln können, »weil die Griechen Komplizen sind«, schrieb er, »weil eine Mehrheit das Spiel mitspielt, solange sie selbst davon profitiert: Sie sind die Steuerhinterzieher, die nicht verfolgt werden. Sie sind die Bauherren der illegal im Wald errichteten Wochenendhäuschen, die von den Behörden mit Strom und Wasser versorgt werden. Sie sind die Bauern, die auf abgebranntem Schutzwald ihre Ackerfurchen ziehen.«

Ich glaube, dass dieses Verhalten nicht nur unter griechischer Sonne gedeiht. Dass Gewinne privatisiert und Verluste auf die Allgemeinheit abgewälzt werden, ist mittlerweile ein Allgemeinplatz der politischen Debatte. Ich glaube, dieses Prinzip geht noch weiter: Auch Erfolg wird privatisiert. Er ist vielen Resultat der eigenen Leistung, des eigenen Könnens, des eigenen Einsatzes. Nur wenn etwas schiefläuft, wenn es Misserfolg zu verteilen gilt, fällt einem dann doch ein, dass man für das eigene Handeln nicht allein verantwortlich ist. Eigentlich ziemlich durchsichtig. Aber funktionieren wir so? Fahren wir die Welt gegen die Wand – und niemand war es dann? Außer vielleicht Gaddafi?

»Bei der Finanzkrise«, setze ich noch einmal an, »war da nicht genau das das Problem? Dass Leute gefehlt haben, die Verantwortung übernommen haben, die gesagt haben: Ich mache diese Geschäfte nicht, weil ich weiß, dass es schaden wird?« – »Das können Sie nicht erwarten«, sagt Karsten Schröder. »Warum nicht? Ich erwarte das aber.« »Nein«, sagt er. »Können Sie aber nicht. Das ist ein Ideal, da widerspreche ich Ihnen gar nicht. Aber damit verschließt man sich der Realität, der grundpsychologischen Struktur der meisten Menschen.« – »Aber wenn ich einen Job habe, der verdammt gut bezahlt wird, eben weil ich Verantwortung trage, dann muss ich doch Nein sagen können.« – »Sie dürfen nicht vergessen, von wem der Mensch abstammt«, sagt Schröder. »Die Natur der Sache ist: Man kämpft für sich. Das ist ein Verdrängungswettbewerb. Schauen Sie nach Afrika. Wissen Sie, wie hoch der Prozentsatz der Tiere ist, die eines natürlichen Todes sterben?« – »Ein Drittel?«, frage ich. »Es sind zehn Prozent«, sagt Schröder, als wäre damit alles erklärt, »der Rest frisst sich auf.« – »Aber ...«, sage ich, und so streiten wir noch lange weiter.

Über eine Stunde später, erst in der Lobby bei Oliven und Nüsschen, dann an der Bar bei drei Glas Wein für 47 Dollar, zeigt auch Karsten Schröder, dass ihm der Schmerz an dieser Welt, die er beschrieb, so fremd nicht ist. In der warmen karibischen Nacht übt sich auch der Hedgefonds-Manager in Zivilisationskritik. »Schauen Sie sich doch mal an, was im Fernsehen läuft«, sagt er. »Früher war MTV doch ein Musiksender, das konnte man so nebenbei mitlaufen lassen.« Wenn er heute irgendwo im »gym« MTV anschalte, würde auch er verzweifeln. »Haben Sie schon mal ›My sweet sixteen‹ gesehen?«, fragt er. Ich schüttele den Kopf. »Muss man auch nicht«, sagt er. »Da geht es nur darum: Ich schmeiße die dickste Party, ich bin die Schönste, ich kriege eine riesendicke Karre zum Geburtstag geschenkt, und alle lieben mich, weil ich so reich und so schön bin. Und das«, empört er sich, »wird einem nicht unerheblichen Teil unserer Jugend ins Hirn reingebrannt. Wenn Sie dann fragen, was die vom Leben wollen, sagen die: Dicke Karre, fettes Haus, super Urlaub. Der Rest ist mir egal.« Ich denke an die Briefe der Schüler. »Es ist ja nicht so, dass ich nicht versuche, meinen Beitrag zu leisten«, sagt Schröder. Er kaufe nur Bioprodukte, in seiner Küche stünden sechs Mülltüten, »für zwei Sorten Plaste, Pappe, Papier und so weiter«, er bezahle seine Putzfrau anständig, und er unterstütze zwei Schulen für inzwischen fünfhundert arme Kinder in Kambodscha.

»Und mit dem Nein-Sagen«, fängt er noch einmal an, »ich glaube auch, dass dieses Rebellische den Jungen oft fehlt. Ich glaube, dass diese ›Ich-setze-mich-für-etwas-ein-Generation‹ so ein bisschen weg ist, dass den meisten nur wichtig ist, mit sich selber klarzukommen und so ihr eigenes Leben halbwegs okay zu haben. Richtig gut«, sagt er, »finde ich das auch nicht.«

Am nächsten Morgen bin ich zum letzten Mal im Café del Sol. Zwei kanadische Kreuzfahrer sprechen mich an, sie sind gerade am Betonplatz ausgeladen worden. Ob es schön sei auf der Insel, wollen sie wissen. »Klar«, sage ich, das Meer sei phantastisch, die Luft immer warm, die Fische atemberaubend. Ob ich hier leben wolle, fragen sie. Ich schüttele so lange und entschieden den Kopf, dass die beiden nach einer Erklärung verlangen. »*It's not the real world*«, sage ich, »es ist nicht die wirkliche Welt.« – »*Do you like the real world?*«, fragt der Kanadier erstaunt. Ich nicke. Ich mag das echte Leben. Es ist gut, heute wieder fahren zu können.

Latte

Ein Taxifahrer chauffiert mich vom Flughafen durch das früh-
morgendliche Berlin und klagt über Deutschland. Das Benzin
sei zu teuer, die Versicherung auch; die Leute zu geizig, der
Euro eine Katastrophe. »Miami«, sagt er dann, »das wär's.« Er
sei, sooft es gehe, »drüben«, würde am liebsten ganz gehen. Da
meine Maschine über 20 Stunden Verspätung hatte, habe ich
gerade eine Nacht in einem Motel über einer Autobahnkreu-
zung in Miami verbracht. »Dann machen Sie das doch«, sage
ich, als ich aussteige, »ziehen Sie doch dorthin.« Vielleicht liegt
es daran, dass es erst sechs Uhr ist und ich völlig übermüdet
bin, aber ich bin gerührt, als ich über den Hof zu unserem
Treppenaufgang gehe. Das ist mein Zuhause, denke ich, ein
Backsteinbau, in dem die Menschen arbeiten und wohnen
können, eine Straße, baumbewachsen und voller Cafés. Da
sind Kinos und ein großer Park, Busse und die U-Bahn, der
Kindergarten meines Sohnes und das Krankenhaus, in dem er
zur Welt kam. Es ist schon schöner hier als in einer Steueroase.
Selbst das Meer vermisse ich erst mal nicht.

Als ich wieder am Schreibtisch sitze, greife ich nach meiner
Liste mit den guten Vorsätzen und finde auch sie plötzlich
ganz gelungen. Es hat acht Wochen gedauert und vieler Nach-
fragen bedurft, aber inzwischen ist mein persönlicher Einkaufsführer für den Berliner Hauptbahnhof fertig. Als Erste
hatte die Geschäftsführerin von Crobag angerufen. Ich könne
weiter bei ihnen kaufen, sie würden gut zahlen. Was das heiße,
hatte ich gefragt. 7,50 Euro Mindestlohn, 9,50 Euro im Durchschnitt, hatte sie geantwortet und noch gemeint, dass sie von
Dumpinglöhnen, wie sie manche Konkurrenten hätten, nichts
halte, dass sich niedrigere Löhne auch meist rächen würden,

weil die unzufriedenen Mitarbeiter dann die Brotwaren klauen würden.

Als Nächster rief mich der Marketingleiter von SSP – The Food Travel Experts an. Das ist der mir bis dahin unbekannte Riese, der allein am Hauptbahnhof fünf der Geschäfte betreibt, in denen ich oft einkaufe. Ich erfahre, dass SSP 294 »Outlets« hat – das SSP-Wort für Läden – an achtzig Standorten fast dreitausend Mitarbeiter. Und dann erzählte mir der Marketingleiter die Geschichte der Firma, die erst sieben Jahre alt ist, aber nach dem, was sie erlebt hat, wohl nicht nur »Food Travel Expert« ist, sondern auch Experte in Sachen globalisierte Wirtschaft. Also: Bis zum Jahr 2004 betrieb die gute alte Mitropa, die Mitteleuropäische Schlafwagen- und Speisewagen Aktiengesellschaft, die Läden an den Bahnhöfen, gegründet 1916 von den Eisenbahnverwaltungen aus Deutschland, Österreich und Ungarn, verkauft 2004 vom damaligen Bahnchef Hartmut Mehdorn. Käufer war die Compass Group, ein britisches Gastronomiegroßunternehmen, das mal Nestlé gehörte, dann unter dem Namen Eurest firmierte, später Teil der französischen Kette Accor war und jetzt eben als Compass das Bahnhofgeschäft der Mitropa kaufte.

2006 verkaufte Compass die Ex-Mitropa aber schon wieder. Der neue Besitzer heißt EQT4 und ist eine Tochter der Firma EQT. Die wiederum gehört der schwedischen Industriellendynastie Wallenberg und ist deren Private-Equity-Kind. »Das ist das, was immer Heuschrecke genannt wird«, sagte der Marketingleiter an dieser Stelle, und ich dachte: Wahnsinn, was ein Herumgekaufe. Es geht doch nur um die Läden, bei denen ich meine Brötchen besorge. Mitropa, Compass, Eurest, EQT.

»Und was verdienen die Leute jetzt bei Ihnen?«, frage ich, als ich mich wieder sortiert habe. SSP gehöre zwar einem Private Equity Fonds, die Firma sei auch gegen einen gesetzlichen Mindestlohn, aber ich könne trotzdem beruhigt weiter bei ihnen kaufen, sagt der Marketingleiter. Sie hätten als »Erbe der Mitropa« einen starken Betriebsrat, niemand würde weniger verdienen als 7,62 Euro pro Stunde, im Schnitt hätten die Mitarbeiter 8,50 pro Stunde. Es gebe Urlaubsgeld, Weihnachtsgeld und für die besten Teams die Chance auf einen Bonus. Zwei Mal pro Monat komme der SSP *mystery shopper* in die Filialen, der »geheime Einkäufer«. Ein Tester, der die Arbeit der Mitarbeiter überprüfe. Die Freundlichsten, die Perfektesten, die Besten bekämen eine Prämie, sagte er und war begeistert von diesem Mittel der Mitarbeiterführung. »Da entsteht so ein olympischer Wettbewerb«, schwärmte er, »welche Kamps-Filiale performt besser?«

Starbucks, die Kaffeekette, rief nicht an. Per Mail luden sie mich ein. Und so saß ich an einem Mittwochmorgen in einem Sessel der Starbucks-Filiale am Berliner Checkpoint Charlie, hielt meine Hand wie einen Trichter über einen winzigen Pappbecher und steckte die Nase hinein. »Kräuter«, sagte die Starbucks-Mitarbeiterin neben mir, »ich rieche Kräuter. Das ist die Sumatra-Bohne.« Dann sagte sie noch, dass sie vorhin, als sie ihre Nase an die Kaffeebohnen hielt, einen Gemüseladen errochen habe. »Ich rieche Kaffee«, sagte ich. »Das ist nicht schlimm«, tröstete sie mich, »das geht vielen bei der ersten Kaffeedegustation so.« Dann brachte die Mitarbeiterin noch ein Blech mit Zitronenbaisers, die sie am Vorabend in zweistündiger Arbeit zu Hause gebacken hatte. Die Baisers seien die passende Süßigkeit, die ich zum Kaffee probieren solle, sagte sie: »*Perfect pairing* nennen wir das bei Starbucks.« Mir gegenüber im Sessel saß der Geschäftsführer von Starbucks Deutschland, der Kanadier Ross Shadix. Auch er hielt einen Pappbecher in der Hand, auch er roch und schlürfte dann genüsslich.

Kaffee, Kuchen, eine begeisterte Mitarbeiterin, den Chef des Deutschlandgeschäfts – all das präsentierte mir Starbucks

an diesem Morgen. Dabei hatte ich nur nach den Mitarbeiter-
löhnen gefragt. Eine halbe Stunde dauerte die Kaffeeprobe,
dann sprach Shadix. Als Kundin, die von nun an auf die Arbeitsbedingungen der Mitarbeiter achten wolle, habe er gute
Nachrichten für mich, sagte er. »*This is good news for you, you
found your Coffee House*« – ich hätte mein Café gefunden.
»Warum?«, wollte ich wissen. »*You and all our customers would
be very proud to know that we put our partners first*«, sagte er –
ich und all die anderen Kunden würden also stolz sein zu wissen, dass Starbucks die Partner (so nennt man dort die Mitarbeiter) an erster Stelle sehe. Ich nickte und sagte: »Aber wie
viel verdienen sie denn nun?« Shadix wurde von einer Unter-
nehmenssprecherin begleitet, und sie nannte mir alle Zahlen,
nach denen ich fragte.

8,18 Euro verdiene ein Mitarbeiter bei Starbucks mindestens, das sei mehr, als der Tarifvertrag verlange. Zudem bekäme jeder Mitarbeiter Aktien, deren Pakete im vergangenen
Jahr durchschnittlich einen Wert von 345 Euro hatten. Alle
dürften während der Schicht umsonst Kaffee trinken und sich
ein Mal pro Woche ein Pfund Kaffeebohnen mit nach Hause
nehmen. Ein kleiner Cappuccino kostet am Berliner Hauptbahnhof fast drei Euro, Starbucks hat im vergangenen Jahr
217 Millionen Euro Gewinn erzielt. »Können Sie nicht mehr
zahlen?«, frage ich. »*It's a fair wage*«, sagt Shadix, es sei ein fai-
rer Lohn.

Lange saß ich vor dem Zettel, auf dem ich mir die Löhne der
Unternehmen notiert hatte, und dachte darüber nach, was das
für meine Einkäufe bedeutet. Eines stand schnell fest: Relay
und Virgin, die Läden, bei denen ich immer meine Zeitungen
kaufte, würde ich von nun an meiden. Die Firma weigerte sich
trotz mehrmaliger Nachfrage, mir Informationen zu den Mit-
arbeiterlöhnen zu geben. Zu solchen Anfragen äußere sich das
Unternehmen grundsätzlich nicht, schrieb man mir. Von der

Gewerkschaft erfuhr ich, dass die Firma auch nicht tarifge-
bunden sei.

Und die anderen? Geht man von einem Vollarbeitsverhält-
nis aus, verdienen die Leute in den Geschäften, in denen ich
kaufe, mindestens 1132 Euro (Crobag), 1150 Euro (SSP) und
1235 Euro (Starbucks). Das sind Bruttolöhne, und das ist nicht
viel. Der Deutsche Gewerkschaftsbund fordert einen Mindestlohn in Höhe von 8,50 Euro pro Stunde, alle drei Unternehmen zahlen weniger. Schon für meine Nebenjobs als Schülerin
habe ich meist 15 Mark in der Stunde bekommen, und das ist
15 Jahre her. Und leben musste ich davon nicht. Gerade hat das
Deutsche Institut für Wirtschaftsforschung eine Studie veröffentlicht, wonach die realen Nettoeinkommen der Gering-
verdiener in den letzten zehn Jahren um rund 20 Prozent ge-
sunken sind. Das legt nahe, dass das Leben derer, die nicht viel
verdienen, in dieser Zeit nicht einfacher geworden ist.

Auf der anderen Seite sind es auch keine Ausbeuterlöhne,
die mich dazu brächten, die Shops von nun an zu boykottie-
ren. Alle drei Unternehmen legten ihre Gehaltszahlungen offen, bekannten sich zu festen Lohnuntergrenzen und über-
schrieben ihre Läden nicht an Subunternehmer, wie es viele
andere tun, um sich damit jeder Verantwortung für die Lohn-
höhe zu entledigen. Das ist doch gut, oder?

Ich hatte mir ein eindeutigeres Ergebnis erhofft, hatte gedacht, dass es Geschäfte geben würde, die entschieden besser
zahlen und die ich mit meinem Kundengeld fördern könnte.
Trotzdem bin ich froh, meinen Einkaufsführer zu haben, denn
seit ich weiß, wie wenig die Leute, die mir die Brötchen und
den Kaffee über die Theke reichen, verdienen, hat sich mein
Verhalten verändert: Ich bleibe ruhiger, auch wenn einer der
Verkäufer ewig braucht, um zwei Brötchen und ein Wasser ab-
zurechnen, ich lasse Trinkgeld liegen, was ich früher nie getan
habe, und ich schaue im Vorbeigehen immer wieder auf die

Mitarbeiter in den beiden Zeitungsläden und fürchte, dass sie wirklich noch weniger bekommen.

Als Nächstes strich ich den ohnehin ja nur inoffiziellen letzten Punkt von meiner Liste – die Bettelei um das Interview mit Alice Schwarzer. Gerade war der Prozess gegen den Wettermoderator Jörg Kachelmann zu Ende gegangen, Alice Schwarzer hatte das Verfahren als *Bild*-Kolumnistin begleitet und in 26 Folgen kommentiert. Diese trugen Überschriften wie »Nichts zu lachen für Jörg Kachelmann« oder »Kachelmann und die Mitleidsmasche«. Ich verstehe nicht, wie so eine Artikelserie ausgerechnet in der *Bild*-Zeitung den Kampf für die Gleichberechtigung der Frau unterstützen soll. Aber ich habe mich damit abgefunden, dass ich das im Interview nicht werde fragen können. Vielleicht ist das auch ganz gut so. Eine Kollegin erzählte, dass sie einmal für einen Fernsehbeitrag ein Interview mit Alice Schwarzer führte. Nach vielen freundlichen Fragen stellte sie auch eine kritische, sagte, es habe Vorbehalte gegen Schwarzers Führungsstil bei der Zeitschrift *Emma* gegeben. In diesem Moment habe Alice Schwarzer das Mikrophon genommen, in das sie sprechen sollte, und es auf dem Tisch entzweigeschlagen. Danach habe sie dem (männlichen) Chef des Senders einen Brief geschrieben und geklagt: Wie können Sie so eine Mitarbeiterin beschäftigen?

Im *Rheinischen Merkur* spottet ein Kommentator: Jörg Kachelmann und die *Bild*-Zeitung hätten Alice Schwarzer erlöst. Sie habe endlich die Last abgeworfen, ein Vorbild zu sein. Wenn es wirklich darum ging, kann sie die Serie in der *Bild* zumindest bei mir als Erfolg verbuchen.

Als Letztes erledige ich Punkt zwei auf meiner Liste: »Ich will, wenn ich fliege, Geld an Projekte überweisen, die das, was für mich an zusätzlichem Dreck in die Luft gerät, wieder ausgleichen.« Ich überweise 112 Euro – denke kurz, ganz schön viel, sehe dann aber, dass ich durch meinen Flug etwa

4820 Kilogramm Kohlendioxid verursacht habe, mehr als das klimaverträgliche Jahresbudget eines Menschen. Ich denke an Hanna, die den Flug abgelehnt hätte, und an Frank Krings, der meint, wer in diesem Punkt absoluten Verzicht fordere, sei auf dem Holzweg, der die »individuelle Mobilität als ein sehr hoch zu schätzendes freiheitliches Gut« verteidigt und darauf vertraut, dass man irgendwann Lösungen finde, mit der Umweltbelastung umzugehen. »Es gibt einen roten Faden durch die Menschheitsgeschichte, dass man die Möglichkeit technologischen Fortschritts immer unterschätzt hat.«

Und auch in diesem Punkt ist es wie mit den Läden am Bahnhof: Ich kann mich für kein Extrem begeistern. Es mag sein, dass ich mich mit meiner Liste für ein latte-macchiatohaftes Sowohl-als-auch entschieden habe, aber plötzlich habe ich das Gefühl, damit im Reinen zu sein. Auf der Insel habe ich beschlossen, dass ich nicht einfach weiter Dinge machen will, die ich für falsch halte, weil ich dann vermutlich irgendwann von mir selbst völlig enttäuscht wäre, weil mich die Gleichgültigkeit der Welt gegenüber mehr und mehr empört. Ich weiß aber auch, dass ich zu keiner Entscheidung käme, wenn ich hundertprozentig konsequent sein müsste, dass ich dann verzagte – und es vermutlich doch lassen würde, Überzeugung hin oder her. Und auch, wenn ich ahne, dass es schwierig ist, ein bisschen idealistisch zu sein, beschließe ich, dass das nun der Plan ist.

Die Schnecke

Es ist ein wunderschöner Tag, an dem ich raus nach Ratzeburg fahre. Der Raps blüht, und dort, wo die Hügel sich dem Elbe-Lübeck-Kanal entgegenneigen, am Rande eines kleinen Waldes, steht ein großes weißes Haus, eine »Zahnarztvilla«, wird der Bewohner später bemerken. Ein Hund, kniehoch, hellbraun und mit schwarzen Strähnchen am Ohr, kommt bellend gelaufen. Ich trete ein, blicke suchend umher, traue mich nicht, weiterzugehen, kraule als Übersprungshandlung den Kopf des Hundes. Denn schließlich lebt hier keineswegs ein Zahnarzt, sondern Günter Grass, Schriftsteller, Bildhauer, Zeichner und seit 1999 zudem mit einem, wie er sagt, »vierten Beruf« geehrt, Literaturnobelpreisträger. Und ich habe vor ihm, den so viele als strenges, ein wenig oberlehrerhaftes Gewissen der Republik beschrieben, ein wenig Angst. »Wenn Grass bei Gelegenheit den Großdichter gibt, der knurrend Kenntnis seines Werkes verlangt, bevor Fragen gestellt werden, dann ist das nicht gespielt«, hatte ich in der Biographie, die Michael Jürgs verfasste, gelesen. Falls Grass beim Interviewer Leere erkenne, schreibt Jürgs weiter, »ist ein Gespräch schnell beendet«.

Diesen Absatz las ich vor sechseinhalb Tagen, am vergangenen Samstag gegen 9 Uhr 30, als ich auf einer Holzplanke am Rande des Spielplatzes saß. Er löste einen Panikschub aus. Seitdem sah man mich nicht mehr ohne Grass-Buch. Ich hielt eines in der Hand, während ich den Kinderwagen schob, 192 Seiten *Katz und Maus*. Ich saß morgens mit einem beim Frühstück, 325 Seiten *Aus dem Tagebuch einer Schnecke*, ging abends mit einem zu Bett, 479 Seiten *Beim Häuten der Zwiebel*. »Wie viele hast du schon?«, fragten meine Mitbewohner. »Dreieinhalb«, sagte ich am Mittwoch und las 211 Seiten *Die Box*. Auf dem

Weg nach Lübeck dann noch die 358 Seiten der Liebeserklärung an *Grimms Wörter* und eine halbe *Blechtrommel*.

Vor Monaten hatte ich Günter Grass um ein Treffen gebeten, weil ich ein Interview mit ihm im *Spiegel* gelesen hatte, in dem er bedauerte, dass sich junge Schriftsteller so selten einmischen, so selten zu Wort melden. »Sie sollten nicht die Fehler der Weimarer Republik wiederholen und sich in privater Distanz halten«, sagte Grass. Der Beitrag der Intellektuellen zur Demokratie sei erheblich gewesen. Er sehe aber Anzeichen, dass dieser Beitrag abreiße. »Finanzkrise, Kinderarmut, Abschiebepraxis, das Auseinanderdriften in Reich und Arm: Das sind Themen, zu denen jüngere Autoren eine Haltung entwickeln und verlautbaren sollten«, schloss er. Was, so wollte ich wissen, sollen wir denn tun? Für wen solle man Partei ergreifen? Und ob er glaube, dass sein Leben als Vorbild dienen könne?

Nun stehe ich im Garten und wage mich nicht weiter vor. Soll ich links in das Wohnhaus? Oder rechts in den umgebauten Stall, in dem, wie ich las, das Atelier ist? Wird er mir zuhören? Oder mich wegschicken, weil ich nur fünfeinhalb Bücher geschafft habe? Die Angst, gespeist von dem Bild, das andere prägten, bleibt. Ein Bild, das Grass selbst in seinen *Grimms Wörtern* bitter beschreibt: Er sei »verschrien als Rechthaber, Besserwisser, Moralapostel«, »verhöhnt und missachtet«. Dieses Image passt so gar nicht zu dem, was ich in den letzten Tagen in seinen Büchern las. Es war eine genüssliche Woche. Ich mochte die Zärtlichkeit, mit der er in *Katz und Maus* von halbwüchsigen Jungen erzählte, die Absurdität der Situation, in der die Mutter des ewig kleinen Oskars unter den vier Röcken seiner kaschubischen Großmutter auf einem Kartoffelacker gezeugt wurde, und die Klarheit, mit der er über die Freiheit schrieb, sie sei »eine Hure, die jeder ficken darf, der zahlen kann«.

Ich las, dass Günter Grass ein aufmüpfiges Kind war, ein schwieriger Schüler, der zwei Mal die Schule wechseln musste und diese nie zu Ende machte. Das war mir sympathisch. »Manchmal glaube ich, dass mich die bloße, doch Vater und Mutter tief grämende Tatsache, kein Abitur gemacht zu haben, geschützt hat«, sagt Grass. Und sein Biograph Jürgs kommentiert: »Geschützt vor einer Existenz in geordneten Bahnen; Träume abgelegt in Schubladen.« Mich beeindruckte, mit welcher Entschlossenheit er den väterlichen Plan, eine Lehre zu machen, ablehnte: »Lächerlich!«, habe er gerufen, schreibt er in *Beim Häuten der Zwiebel*. Nach drei Wochen im Betrieb wäre er auf und davon, womöglich unter Mitnahme aller werkeigenen Briefmarken. »Willst du mich zum Kriminellen machen?«, verwirft er den Vorschlag, einer »geregelten Beschäftigung« nachzugehen, obwohl die Familie arm war. Das fand ich lässig.

Am längsten aber verweilte ich beim *Tagebuch einer Schnecke*. Darin erzählt er sowohl die Geschichte seines Wahlkampfes für die SPD als auch die eines Danziger Schneckensammlers, der die Nazizeit im Keller eines Fahrradhändlers verbringt und dessen Tochter mithilfe einer samtigen Nacktschnecke die Schwermut aus dem Körper zieht. Die Schnecke, die »nur knapp und selten« siegt, ist Grass Symbol für Fortschritt. Ganz langsam kriecht sie voran. Sie glaubt an ihr Ziel, glaubt, dass sie es erreichen wird, aber sie ist keine Utopistin, die sofort dorthingelangen muss. »Man darf mich beschimpfen. Ich bin ein Revisionist«, schreibt Grass. Und wenn die Studenten damals Ende der sechziger Jahre bei den Wahlveranstaltungen »Liberaler Scheißer« brüllten, sagte er: »Hört man gerne, bin nun mal einer.« Das gefällt mir. Es klingt wie der Kompromiss zwischen Hanna und Frank Krings, nach dem ich so lange gesucht habe. Und ich überlege, ob diese Schnecke nicht auch das Wappentier meines »bisschen Idealismus« sein könnte. Und schließlich, mit mehreren dicken Strichen, markierte ich die Seite 83, auf der Grass schreibt: »Denn soviel läßt sich sagen: ich lebe gern. Froh wäre ich, wenn alle, die mich ausdauernd lehren wollen, richtig zu leben, auch gerne lebten. Die Verbesserung der Welt sollte nicht den magenkranken Bitterlingen überlassen bleiben.« Es ist mir ein bisschen peinlich, dass ich dachte, Günter Grass sei genauso einer.

Noch immer zögernd nähere ich mich dem umgebauten Stall. Die Tür steht ein wenig offen. Ich trete ein. Die Decke des hinteren Raumes ist aus Glas, was den Stall überraschend hell macht. Vorne stehen ein paar Sessel, hinten, vor einer Wand voller Bücher, an einem kleinen Tisch sitzt Günter Grass, in einer orangefarbenen Hose und einem roten Wollpulli. Er ist kleiner und magerer als erwartet. Sein Haar wird langsam grau. Er trägt ein Hörgerät. Aber ansonsten ist von seinem hohen Alter – Grass ist inzwischen vierundachtzig – wenig zu merken. Er führt mich durch sein Atelier und steigt unter das Dach des Stalles, um die Radierungen zu zeigen, an denen er gerade arbeitet. Er ritzt seine Zeichnungen in Metallplatten, ätzt sie hinein, manchmal sechs, sieben Stunden am Tag. Es soll ein Band voller Bilder werden, die seinen dritten Roman, *Die Hundejahre*, illustrieren. Überall auf dem Boden liegen schon fertige Blätter. Die dünne Tulla, die in die Hundehütte zieht, der Deutsche Schäferhund Prinz, ein Geschenk an den »Führer«, kleine Männer, die in einer düsteren Höhle hocken. Hundert Radierungen sollen es einmal werden, sagt Grass.

Dann steigt er wieder hinab in seinen Schreibraum. An der Wand lehnt ein hölzernes Pult, darauf ein himmelblaues mechanisches Schreibmaschinchen. »Meine Olivetti«, sagt Günter Grass. Auf ihr, nicht auf einem Computer, mit Blick zur Wand – weil die Natur draußen vor dem Fenster nur ablenkt – tippt er seine Bücher. »Ich kann Ihnen kein Vorbild sein«, sagt Grass. »Aber einen Rat fürs Leben kann ich Ihnen geben.« Ich bin gespannt, das fängt ja gut an. »Denken Sie an Ihren Rücken«, sagt Grass, »schreiben Sie im Stehen.« Da ahne ich, dass ich heute den Günter Grass treffen werde, den ich so mochte, als ich seine Bücher las.

Trotz dieses Ratschlags sprechen wir im Sitzen, zwei Stunden lang. Grass hat eine Kanne Tee vor sich, eine gestopfte Pfeife in der Hand. Er fragt kein Mal, welches seiner Bücher ich las. Ruhig und genau beantwortet er all meine Fragen. Ich erzähle ihm von meiner Unentschlossenheit, davon, dass es mir so schwerfällt, zu sagen, wofür ich einstehe, und davon, dass es noch schwerer fällt, dies, selbst wenn man einmal entschieden ist, auch tatsächlich zu tun.

Grass zog nicht nur für Willy Brandt in den Wahlkampf, er schrieb auch Offene Briefe in Reihe, er nutzte Preisreden, nicht, um zu danken, sondern auch, um aufzubegehren, er half mit Geld und Wohnung, wenn Autoren ihre Heimat verlassen mussten, er äußerte sich, wann immer er es für nötig hielt. Und das war oft, vielen zu oft. »Warum haben Sie sich ständig eingemischt?«, frage ich. »Woher wussten Sie, dass das richtig ist?«

»Ich war bei Kriegsende siebzehn«, sagt Günter Grass »und habe mich immer gefragt, wie dieser Absturz in die Barbarei bis zum größten Verbrechen geschehen konnte, in einer Gesellschaft, die sich für aufgeklärt hielt. Ich glaube, der Hauptgrund war wohl der, dass die schwach begründete Weimarer Republik zu wenig Bürger hatte, die sich schützend vor sie gestellt haben. Man muss sich als Bürger engagieren, man muss sich einsetzen. Das ist die eigentliche Konsequenz, die ich gezogen habe.« Er raucht. Er schaut. Er sagt: »Demokratie ist kein fester Besitz. Demokratie ist etwas, was dauernd bröckelt, was dauernd wiederhergestellt werden muss.« Ich schrecke kurz zurück. Ich bin es nicht gewohnt, dass jemand mit so grundsätzlichen Kategorien operiert. Demokratie. Der schützende Bürger. Die Last der Geschichte. Aber vielleicht ist genau das unser Problem, dass wir zu kurzatmig agieren, im Moment gefangen, das vergessen, was vorher war, und das, was kommen wird. Wenn man verstünde, dass es darum geht, sich schützend vor die Demokratie zu stellen, wären die meisten wohl sofort dabei.

Im Gespräch merkt man, dass Grass bei allem, was er sagt, im Wissen dieser Erfahrung argumentiert: der Erfahrung, dass die Demokratie auch verloren gehen kann. Natürlich hatte ich in *Häuten der Zwiebel* auch die Passagen gelesen, die vor fünf Jahren einen Sommer lang das Feuilleton empörten, die Passagen, in denen Grass von seinen drei Wochen erzählte, die er kurz vor Kriegsende bei der Waffen-SS verbrachte. Ich erinnerte mich, dass auch ich, als ich von dem, was man »SS-Geständnis« nannte, hörte, reflexartig dachte: Gerade der. Warum hat er das verschwiegen? Ich hatte sofort geurteilt, ähnlich harsch wie Philip Mißfelder, der Vorsitzende der Jungen Union. 26 Jahre alt war er damals, als er entschieden forderte, Grass müsse nun den Nobelpreis zurückgeben. Die »moralisierende Haltung« des Schriftstellers fiele nun auf ihn selbst zurück, meinte Mißfelder. Grass' spätes Geständnis sei »beschämend«, er habe seine Leser »wissentlich getäuscht«.

Ein Ziel meines Interviews war auch, Günter Grass zu seinen verratenen Idealen auszuhorchen. Aber das, was ich las, die offene, sich selbst nicht schonende Erklärung, nahm mir meine Empörung. Sie verschwand nach und nach, je mehr ich über die Umstände erfuhr. »Ich war ja als Hitlerjunge ein Jungnazi«, schreibt Grass. »Gläubig bis zum Schluß.« Er sei nicht vorneweg marschiert, aber immer dabei gewesen. Es gebe nichts, schreibt er klar und deutlich, das ihn entlasten könne, er könne nicht einmal sagen: »Man hat uns verführt! Nein«, lese ich, »wir haben uns, ich habe mich verführen lassen.« Das habe er immer offen gesagt. Auch, dass er mit 17 Jah-

ren drei Wochen an der Front war, dass er nie einen Schuss ab-
gegeben habe, weil er das Glück hatte, früh verwundet zu
werden. Aber er habe sich, schreibt Grass weiter, über Jahrzehnte geweigert, sich »das Wort und den Doppelbuchstaben
einzugestehen. Was ich mit dem dummen Stolz meiner jungen
Jahre hingenommen hatte, wollte ich mir nach dem Krieg aus
nachwachsender Scham verschweigen. Doch die Last blieb,
und niemand konnte sie erleichtern.«

»Was mich immer noch umtreibt, ist mein Versagen als
Vierzehnjähriger, als zum Beispiel ein Cousin meiner Mutter,
der zu den Verteidigern der Polnischen Post gehörte, erschos-
sen wurde, keine Fragen gestellt zu haben«, sagt Grass, dass er
nicht habe wissen wollen, was passiert sei, dass er hingenom-
men habe, dass über den Toten geschwiegen wurde, so wie über
Lehrer, die plötzlich verschwanden, das quäle ihn mehr als die
Wochen bei der Waffen-SS. »Da hatte ich das Glück, in der
Schlussphase dazugekommen zu sein, sodass die grässliche
Chance nicht bestand, in Verbrechen verwickelt zu werden.«

»Sie haben immer bekannt, dass Sie ein Nazijunge waren,
aber nie das mit der SS. Haben Sie den Moment, darüber zu
sprechen, verpasst?«, frage ich. »Es ist merkwürdig«, sagt er.
»Bis in die sechziger Jahre habe ich darüber mit Freunden ge-
redet. Und danach? Es ist eine Sache der Scham.« – »War das
der Fehler Ihres Lebens, so spät zu sprechen?«, will ich wissen.
»Ein Versäumnis ist es gewesen«, sagt Grass, »ein Versäumnis.«
In diesem Moment bin ich sehr erleichtert darüber, dass ich,
als ich vierzehn war, ein Jahr zwischen Mathearbeiten und
Korsika-Urlaub verbringen durfte und dass das größte Ärger-
nis das frühe Ausscheiden der Nationalmannschaft bei der
Fußball-WM im Achtelfinale gegen Bulgarien war. »Es ist gut,
dass Ihrer Generation diese Erfahrungen erspart worden
sind«, sagt Günter Grass, »dass Sie nur Frieden erfahren haben, dass Grundrechte und Demokratie eine Selbstverständ-

lichkeit sind. Aber es wäre ein Irrtum, wenn Sie dächten, dass es deshalb nicht nötig ist, sich einzumischen.«

»Aber wie? Und wofür?«, frage ich. »Ich weiß ja noch nicht mal genau, welchen Weg ich meinem Sohn weisen soll?« – »Haben Sie nur einen?«, fragt Grass. »Ja.« Er selbst hat sechs Kinder mit drei Frauen, außerdem die beiden Jungs seiner zweiten Ehefrau Ute mit großgezogen. Man kann ihm also bei dem Thema mit gutem Grund eine ausgesprochene Expertise unterstellen. »Wie haben Sie sich überlegt, welche Werte Sie denen mitgeben?« – »Ich habe da keine Postulate aufgestellt«, sagt er, »das sind keine Werte, die man auf einen Punkt bringt. Ich habe meine Kinder im Geist der europäischen Aufklärung erzogen, das ist ein unabgeschlossener Prozess.« Okay, denke ich, das Grundsätzliche in allen Ehren, aber jetzt wird es vielleicht etwas zu vage. »Wofür stehen Sie?«, frage ich noch einmal. »Ein Ideal?«, will er wissen. Ich nicke.

»Wir werden als Gesellschaft nicht überleben können, wenn wir nicht wieder zu einem solidarischen Verhalten zurückfinden. Wenn wir diese Ellbogenmentalität nicht überwinden, ist der Kapitalismus durchaus in der Lage, sich selbst und uns mit zu zerstören.« Der Auslöser, der ihn von diesem Ideal zum Engagement brachte, sei eine Rede von Konrad Adenauer gewesen, sagt Grass. Damals war Willy Brandt Regierender Bürgermeister von Berlin und kandidierte für das Amt des Bundeskanzlers. Sein Kontrahent Konrad Adenauer nahm an einem Abend im Jahr 1961 – es war Wahlkampf in Regensburg – 22 Rettiche und 22 Würstchen als Gastgeschenke für seine Großfamilie entgegen, um dann über Brandts Herkunft zu spotten. »Brandt alias Frahm«, nannte er ihn, eine Anspielung auf Brandts Mutter, eine Verkäuferin, die ihn unverheiratet zur Welt gebracht hatte. »Er diffamierte ihn damit«, sagt Grass. »Uneheliches Kind, das hatte damals eine ungeheure Wirkung. Später griff Adenauer Brandt an, weil dieser im Exil gelebt hatte. Das hat mich dazu gebracht, mich zu engagieren«, sagt Grass. »Solidarität, weil der Diffamierte selbst sich immer schwer wehren kann.«

»Und heute?«, frage ich. »Wie findet man heute solche Auslöser?« – »Daran fehlt es in letzter Zeit nun weiß Gott nicht«, sagt Grass. »Ich erlebe dieses Jahr 2011 als Zäsur, ein Jahr, das man sich merken muss, weil so viel gleichzeitig geschieht, wie die Atomkatastrophe in Fukushima, die Flüchtlinge aus Nordafrika und anderes, das schon vorher begonnen hatte, ja nicht aufhört: Klimaveränderung, Eisschmelze, Wasserknappheit, die Engpässe in der Versorgung der Menschen. So vermögend wir sind, was Kommunikationsmittel und Informationen betrifft, sind wir nach wie vor nicht in der Lage, die Menschheit zu ernähren. Das sind Dinge, die Anstoß geben, die Auslöser sein können. Ihr habt keine Wahl, ihr müsst euch einmischen«, sagt er. »Ich meine das, was hier alles politisch in Frage steht, von den Atomkraftwerken über die Klimaveränderung bis zu den Schulden, die sich angehäuft haben, das betrifft doch alles euch, diese junge Generation. Ihr habt auszubaden, was heute oder was gestern schon gesündigt wurde.«

»Luisa, mach bitte das, bevor du das tust …«, »Ronja, du solltest mit oder ohne Abitur …«, »Lucas und Leon, ich rate euch dringlich …« bricht Günter Grass im *Häuten der Zwiebel* seine Appelle an die eigenen Enkel immer wieder ab, weil er sich nicht sicher ist, welchen Rat er ihnen mitgeben soll. »Ach, wäre mir doch heute«, schreibt er, »befragt von jenen Enkelkindern, die mittlerweile oder demnächst Schulabgänger sind und nicht wissen, wohin und was tun, solch schnurstracks zu befolgende Wegweisung zur Hand.« Und in seiner Liebeserklärung an *Grimms Wörter* ergänzt er: »Gegenwärtig steht, trotz behaupteter Meinungsfreiheit, der Opportunismus in Blüte: man gibt sich cool oder singt im Chor.«

Da klingt es, als würde er wissen, dass das alles nicht so einfach ist. »Weiß ich ja auch«, sagt Grass. Einmal pro Jahr lädt er junge Schriftsteller in sein Atelier, spricht mit ihnen über ihre Bücher. »Ich sehe, wie Autoren – gute Autoren, begabte Autoren – mit ihrem ersten Roman, wenn sie einigermaßen günstige Besprechungen haben, vielleicht auf eine Viertausender-Auflage kommen«, sagt er. Da hätten sie drei Jahre an dem Buch gesessen und würden vielleicht fünftausend, vielleicht zehntausend Euro verdienen. »Das führt in solchen Berufslagen zu einer Verunsicherung. Wenn man dann, weil man sich politisch einmischt, als Gutmensch beschimpft wird oder als uncool, wägt man ab. Aber ihr müsst euch dennoch einmischen.« Er sehe keine Alternative.

Ich erzähle von den Jugendlichen, deren Briefe ich erhielt, von ihren Träumen, die um Auto und Job, um Familie und Sicherheit kreisen und deren Sorge nicht wirklich der Demokratie, der Solidarität, auch nicht dem Klima gilt. »Wie konnten Sie damals so anders sein?«, frage ich, »wie konnten Sie Ihrem Vater nach dem Krieg sagen: Bleib mir mit der Lehrstelle weg, obwohl Ihre Familie arm war – und heute ist da bei vielen so eine Verzagtheit, obwohl die Situation ja ungleich komfortabler ist?«

»Ich tauge da schlecht als Beispiel«, sagt Grass, »ich war privilegiert. Ich hatte zwar keinen Besitz, aber zwei Talente und den Willen zu lernen. Erst Bildhauer, dann in Sachen Literatur. Diese Sorgen, die Sie beschreiben, habe ich mir nie gemacht.« Vieles, seine vier ersten Kinder zum Beispiel, sei ihm ohne Plan, ohne Vorsatz einfach passiert. »Und das war schön. Die Zukunft war offen.« Es tue ihm leid, dass das vorbei sei. »Die Jugend bangt – schon früh vergreist – um ihre Rente«, zitiert er eines seiner Gedichte. »Zu meinem Erstaunen und Kopfschütteln beobachte ich das«, sagt er. »Ich verstehe es, aber gleichzeitig möchte ich am liebsten darüber lachen. Ihr redet mit 18, mit 19 Jahren über eure Rente. Was soll das? Da ist so ein Sicherheitsbedürfnis, das über der gesamten Gesellschaft liegt. Das macht junge Leute immobil und nimmt den Mut, auch Irrwege einzuschlagen. Aber die müsst ihr machen, sie gehören dazu.«

»Und wenn sich kaum einer findet, der diesen Weg dann mitgeht?«, frage ich. »Dann geht man erst einmal allein«, sagt Grass. Vielleicht kämen ja später noch welche nach. Im *Häuten der Zwiebel* schreibt er, er habe sich früh mit dem Risiko befreundet, »als Außenseiter dem jeweiligen Zeitgeist widerstehen zu müssen«. Das klang so, als wäre er das Alleingehen gewohnt, als wäre es kein Zufall, dass er hier in der Abgeschiedenheit, in dem Haus am Waldrand lebt. »Wie meinen Sie das: ›als Außenseiter dem Zeitgeist widerstehen‹«?, frage ich. »Ich habe zum Beispiel kein Handy, ich habe keinen Computer«, sagt Grass. »Ich komme mir altmodisch vor, aber ich habe Gründe. Ich will nicht überall erreichbar sein. Ich will mir meine Informationen erarbeiten. Das ist das eine. Das andere ist, dass ich auf eine altmodische Art auf Dingen beharre, die notwendig sind, unverzichtbar. Dazu gehört dieser alte Hut Solidarität. Doch es ist ja nicht cool, wenn man das sagt.«

»Und wie lebt es sich so als Außenseiter?«, will ich wissen. »Es hält jung«, sagt Grass. – »Wie das?« – »Weil man sich dauernd zwischen den Stühlen befindet, muss man sich bewegen. Man kommt nicht zum Sitzen, nicht zum Ruhen.« Das hört sich ja erst mal nicht so schlecht an, denke ich. Aber Grass klagte gleichzeitig in *Grimms Wörter*, er sei als »Moralapostel« »bespuckt und verhöhnt und mißachtet worden«. Das wiederum klingt weder angenehm noch entspannt. »Das sind die Dinge, die sie einem dauernd entgegenschreien«, sagt Grass, »man muss aufpassen, dass man sich nicht verbittern lässt, wenn man als ›Gutmensch‹ beleidigt wird. Aber wissen Sie, es sind oft genug ehemalige Achtundsechziger, deren revolutionäre Träume von damals sich nicht erfüllt haben und deren

Enttäuschung sie dann ganz umschwenken lässt. Denen sind das, was sie mal dachten, Jugendsünden.«

»Der Wunsch, die Welt zu verbessern so wie das Kiffen und der Sex mit vielen Frauen?«, frage ich. »Ja«, sagt Grass, »so Veteranengeplauder.« Vor einiger Zeit habe er zum Beispiel mit Joschka Fischer in Lübeck diskutiert. »Das, was er sagte, war stichhaltig. Aber wie er über die Grünen sprach, hörte sich so an, als sei das eine Phase, die er jetzt hinter sich hat, abgeschlossen.«

Inzwischen ist die Pfeife erloschen. Ich hatte sie während unseres Gesprächs ein wenig nervös beobachtet, dachte ich doch, dass mit ihr auch das Interview enden würde. Aber Günter Grass hat Zeit. »Haben Sie noch Fragen?«, will er wissen. Ich denke nach und wünsche mir so etwas wie eine Schlussfolgerung. Okay, er meint, die Jungen müssen sich einmischen, können der Welt nicht gleichgültig begegnen. Das war mir spätestens seit den Kaimaninseln klar. Wir sollen nicht verzagen, ruhig auch mal loslaufen, auf die Gefahr hin, dass man irrt oder abseits steht, sagt er. Das gefällt mir, setzt es doch dem permanenten Planen etwas entgegen, das mich umgibt, dem Hang, in Lebensentscheidungen dann doch recht konformistisch zu sein.

»Aber was mache ich, wenn ich zwar Überzeugungen habe, aber nie zu hundert Prozent? Nie so sehr, dass es für ein Leben als absoluter Idealist reicht?« – »Versuchen Sie es mit pragmatischer Utopie«, sagt Grass. »Man braucht Träume, aber wenn Sie sie umsetzen wollen, müssen Sie pragmatisch handeln. Sonst sind Sie irgendwann der abgewandte Idealist, der nie mit der ekelhaften Wirklichkeit zu tun haben will, oder der enttäuschte, der steil anfängt und der, weil sich seine Erwartungen nicht erfüllen, im Zynismus landet.«

Pragmatische Utopie, das mag ich. Das ist die Schnecke, die langsam vorwärts kriecht, seine Übersetzung dessen, was ich etwas ungelenk ein »bisschen Idealismus« nannte. »Kant hat den Menschen als ein krummes Holz definiert«, sagt Grass. »Wenn man es geradebiegen will, bricht es. Wir müssen immer davon ausgehen, dass wir eine geniale Fehlkonstruktion sind, mit all den Möglichkeiten, die wir haben, und all den Gefährnissen.« Man dürfe also nicht zu viel von sich und den anderen erwarten, aber man sollte sich auch nicht verweigern, das mit der Welt und der Lösung einiger ihrer Probleme zumindest zu versuchen.

Wenn die Schnecke das Wappentier der pragmatischen Utopie ist, ist Sisyphos, von dem Günter Grass nun erzählt, ihr Held. Zu Hause werde ich seine Geschichte, wie sie Albert Camus beschrieb, nachlesen: »Die Götter hatten Sisyphos dazu verurteilt, einen Felsblock unablässig den Berg hinaufzuwälzen, von dessen Gipfel der Stein kraft seines eigenen Gewichts wieder hinunterrollte. Sie meinten nicht ganz ohne Grund, es gäbe keine grausamere Strafe als unnütze und aussichtslose Arbeit.« Aber Sisyphos nahm diese Aufgabe als seine an. Und ab da kam ihm der Fels weder unfruchtbar noch wertlos vor. »Der Kampf gegen Gipfel vermag ein Menschenherz auszufüllen«, schreibt Camus. »Wir müssen uns Sisyphos als einen glücklichen Menschen vorstellen.«

»Wir dürfen uns Sisyphos als glücklichen Menschen vorstellen, das stimmt«, sagt Günter Grass. Und ich verlasse beruhigt und zufrieden den Stall auf dem einsamen Grundstück am Rande des kleinen Waldes, weit hinter dem Raps von Ratzeburg. Sobald mein Sohn ein wenig größer ist, werde ich ihm Schnecken zeigen.

Epilog

Frühsommer 2011. Der isländische Vulkan Grímsvötn hat Asche in die Atmosphäre über Europa gespuckt. Der Flugraum ist in weiten Teilen gesperrt, die Maschine, mit der Finanzminister Wolfgang Schäuble nach Liechtenstein fliegen wollte, kann nicht starten. Er verpasst seine Verabredung mit den Finanzministern von Liechtenstein, Österreich und der Schweiz. Die Länder, mit denen Schäuble verhandeln wollte, sind so etwas wie die Kaimaninseln Europas, allein in der Schweiz haben die Reichen des Kontinents fast 700 Milliarden Euro gebunkert. Nach Schätzungen des Finanzdienstleisters Helvea ist nicht einmal ein Fünftel dieses Geldes regulär versteuert worden. Innerhalb der Europäischen Union haben sich die Mitgliedsländer verpflichtet, den jeweils anderen Staaten mitzuteilen, wenn ausländische Bürger Zinseinkünfte beziehen. Diese Regel gilt seit 2005 und erschwert die Steuerhinterziehung ungemein. Zwei Staaten weigern sich, mitzumachen: Luxemburg und Österreich; und zwei versteckten sich dahinter: die Schweiz und Liechtenstein.

Trotzdem wollte Wolfgang Schäuble nach allem, was man weiß, nicht nach Vaduz, um diesen drei Problemstaaten mal so richtig die Meinung zu sagen. Schäubles Ministerium verhandelt gerade mit der Schweiz ein Abkommen, das fast unterschriftsreif ist. Vermutlich wird man sich auf Folgendes einigen: All die Deutschen, die ihr unversteuertes Geld in die Schweiz brachten, sollen einmalig eine zwanzigprozentige Abgeltungssteuer zahlen. Das Geld würden die Schweizer Behörden anonym nach Deutschland überweisen, die Steuerhinterzieher blieben unerkannt. Ihr Verhalten wäre quasi behördlich akzeptiert. Und die Luxemburger und Österreicher hätten ein ganz starkes Argument, um sich auch weiterhin zu weigern, den anderen EU-Staaten mitzuteilen, wer welche Zinseinkünfte erzielt: Warum wir, wenn man doch in der Schweiz und Liechtenstein auch weiter anonym sein Geld parken kann?

Und auch am anderen Ende der Welt wird man so ein Abkommen zu nutzen wissen, denn auch hier hörte ich dieses Argument immer wieder: Warum sollen wir Steuern kassieren und das Geld vertreiben, wo es doch in der Schweiz, in Delaware, auf den Kanalinseln oder in Liechtenstein nicht so viel anders aussieht? Fast muss man dem Vulkan Grímsvötn dankbar sein, dass er den Flug zu diesem Treffen unmöglich machte. Aber da der Vulkan nicht ewig spucken wird, wird man einen neuen Termin finden.

Der Mann, der mir diese Geschichte erzählt, ist 41 Jahre alt, früh ergraut, immer ordentlich in Hemd und Sakko gehüllt. Trotzdem geht er noch als Jungpolitiker durch, fast als Revolutionär, zumindest als unbestrittener Idealist, eine Rarität, wie ich inzwischen weiß. Sven Giegold, Mitglied des Europäischen Parlamentes, ist anders als die Politiker, mit denen ich bislang sprach. Er ist nicht hier, weil er Karriere machen will, er hat ein Anliegen: Giegold ist ein Kämpfer für eine gerechte Steuerverteilung. »Den Staaten fehlt Geld, weil es dem Finanzkapital ständig gelingt, sie zu erpressen, sie gegeneinander auszuspielen«, sagt er. »Wir brauchen aber Geld, um die Gesellschaft sozial und ökologisch umbauen zu können. Das ist ein Grund für meine Arbeit.« Er hat vier Mitarbeiter, die ihn dabei unterstützen. Auf der anderen Seite stehen die Lobbyorganisationen der Finanzindustrie, die Millionen aufwenden können, um für ihre Interessen zu werben. Die Folge seien »einseitige Entscheidungen zugunsten des Finanzsektors«, sagt Giegold. Gemeinsam mit anderen Europaabgeordneten fast aller Fraktionen hat er deshalb die Gesellschaft aufgerufen, eine Nicht-Regierungsorganisation zu gründen, die ein Gegengewicht zu der Übermacht des Finanzsektors bilden könnte.

Ich hatte Sven Giegold geschrieben, weil ich dabei bin, eine neue Liste mit guten Vorsätzen zusammenzustellen. Nach Startschwierigkeiten lief es letzen Endes mit der alten Liste ja ganz gut. Spenden, demonstrieren, den Klimaschutzablasshandel bei Flügen – all das will ich beibehalten, es hat sich bewährt. Ich merke aber, dass das, was Ingo Schulze mir erzählte, stimmt: Wenn man einmal anfängt, sich mit der Welt zu beschäftigen, fallen einem tausend Dinge ein, um die man sich noch kümmern könnte. Ich weiß, dass meine Listen die Welt nicht aus den Fugen heben werden, dass es nicht mehr als winzige Schrittchen sind, eine Schneckenmethode eben. Ein Freund hat überall auf seinem Schreibtisch kleine gelbe Zettel kleben, auf denen Dinge stehen, die er dringend in naher oder ferner Zukunft erledigen will: Friseur, Fitness-Studio kündigen, Finnlandurlaub planen, so etwas. Wenn es irgendwann auf meinem Schreibtisch mal so aussehen sollte und überall Zettel mit kleinen und großen Vorhaben kleben werden, addieren sich vielleicht die vielen Schneckenschrittchen zu einem großen – deshalb die neue Liste.

»Weltverbesserungsmaßnahmen Teil zwei« heißt sie:

– Ich will Überflüssiges verkaufen oder verschenken. Dann haben andere noch etwas davon.

– Ich will Anteile an einem Windrad kaufen und versuchen, meinen Vermieter von einer Solaranlage zu überzeugen.

– Ich will kein Fleisch aus Massentierhaltung mehr essen.

– Ich will einen Gehalts-Einkaufsführer für die Supermärkte in unserer Nähe erstellen.

– Bis der Einkaufsführer fertig ist, werde ich ein Gemüse-

Abo beim Bauern in Brandenburg nutzen. Wenn es sich als gut erweist, danach auch.

Ein Punkt auf der Liste hat drei Ausrufezeichen bekommen, ein Souvenir von den Kaimaninseln:

– Ich will mich gegen Steuerflucht engagieren, steht da. Ein vages, aber mir enorm wichtiges Anliegen. Deshalb treffe ich Giegold im Europäischen Parlament in Brüssel – wobei »treffen« ein unpassender Begriff für diese Begegnung ist. Einen Tag lang versuche ich, Anschluss an den ewig davonspurtenden Giegold zu halten. Einen kleinen Rucksack über der Schulter, rast er durch die langen Gänge des Parlamentsgebäudes von Termin zu Termin. Er spricht mit österreichischen Gewerkschaftern und polnischen Umweltschützern, er befragt die Kandidaten für die Europäische Finanzaufsicht, er bereitet Reden vor und nach. Mal zwölf, mal 14, mal 16 Stunden können diese Tage dauern. Seine Frau sieht er alle zwei Wochen, seine Freunde selten, »viel zu selten«, wie er sagt.

Er versucht auch hier, in diesem Politikbetrieb, die Regeln, die er mal für sein Leben aufgestellt hat, einzuhalten: Er fliegt so selten wie möglich, auch wenn das heißt, dass seine Arbeitstage um vier Uhr am Morgen beginnen, weil er mit dem Zug anreist. Er probiert, die Fahrten mit dem Auto zu meiden, auch wenn das bedeutet, dass er vom Bahnhof zwei Kilometer zum Studio der Sendung »Anne Will« läuft. Er »korrigiert« die Privilegien, über die Parlamentarier wie er – unberechtigterweise, wie er meint – verfügen. Rund 7000 Euro pro Monat erhält er für seine Arbeit. »Das reicht wirklich«, sagt er. Die 304 Euro, die er außerdem pro Tag steuerfrei bekommt, an dem er auch tatsächlich im Parlament auftaucht, spendet er. »Ich könnte das vor mir selbst nicht erklären«, sagt er. Auch die Entfernungspauschale, die ihm bei jeder Anreise überwiesen wird, gibt er an andere ab. »Es geht darum, mir treu zu bleiben.«

iDEALE

An diesem Tag in Brüssel läuft Sven Giegold stets vor mir. Mal schaffe ich es, den Abstand auf einen Meter zu verkürzen, dann enteilt er wieder, liegt zwei, drei Meter vor mir. Giegold erzählt und erklärt ohne Unterlass, und wenn der Abstand zu groß wird, verstehe ich nur die Hälfte. Aber ich müsste rennen, um Schritt halten zu können. Zur Ruhe kommt er nur in den Momenten, in denen er eine blaue Dose aus seinem Rucksack nimmt, in der ein Lederetui mit seiner Handcreme steckt. Dieses Auspacken und Eincremen ist ein Ritual, das er mehrmals täglich wiederholt – wie ein Luftholen. Wenn man ihn fragt, warum er so unermüdlich unterwegs ist, warum er auf große Teile seines Privatlebens verzichtet, dann antwortet er ernst und schlicht, wie es auch Bettina Leber und Nina Ofer taten, ohne Umschweife und Ausflüchte: »Ich finde, dass diese Welt unerträglich ungerecht ist, dass unsere Natur und unsere Schöpfung zerstört werden. Ich kann das nicht ertragen«, sagt Giegold. »Ich habe den Anspruch, meinen Beitrag zu leisten, dass die Welt gerechter wird. Ich finde, aus irgendwelchen Gründen ist mir viel geschenkt worden, und daraus wächst eine Verpflichtung, das auch zu nutzen.«

Als Sohn eines Schlossers und einer Fotolaborantin in einem Reihenhäuschen aufgewachsen, schien Giegold schon immer getrieben von der Idee, sich um die Welt jenseits der Reihe kümmern zu müssen. Im Kindergarten gründete er eine Naturschutzgruppe, und wenn er im Hort malte, sah das anders aus als bei den anderen Kindern. Eines der ersten selbstgemalten Bilder, das seine Eltern aufbewahrten, zeigt kein Auto, keine Sonne, kein Haus, sondern ein durchgestrichenes Atomkraftwerk, erzählt Giegold. Als Teenager legte er Tümpel für Libellen an und versorgte seine Schule mit Umweltschutzpapier. Als Student baute er mit Freunden in Verden bei Bremen ein Ökozentrum auf. Sie gründeten Werkstätten, schufen Versammlungsräume, einen Bauernhof zum Wohnen.

2001 gehörte Giegold zu denen, die die Idee des Globalisierungsnetzwerks Attac nach Deutschland holten. Von nun an war er ein Reisender im Kampf für eine Steuer auf Finanztransaktionen. Er hielt 300 Vorträge im Jahr, lebte von 1000 Euro im Monat und wurde von der Zeitschrift *Neon* zum »wichtigsten jungen Deutschen« gekürt. Seit 2009 ist er nun Abgeordneter der Grünen im Europaparlament. Er war kein Parteimitglied. Erst als die Grünen ihn fragten, ob er als Abgeordneter kandidieren wolle, trat er ein – weil er glaubt, dass dieses Parlament der Ort sei, an dem er seinem Ziel, an einem globalen und gerechten Steuersystem mitzuarbeiten, näher kommen kann. Hier erfährt er Dinge, die ihm bei Attac verborgen geblieben wären – das mit Schäuble und den Finanzministern zum Beispiel.

»Und sind Sie frustriert, weil die Welt trotz Ihrer Vierzehn-, Sechzehnstundentage ja doch noch nicht wirklich anders ist?«, frage ich. Und wieder antwortet er schlicht und überzeugt: »Dieses Problem habe ich nicht. Zu Frust neige ich nicht. Ich mache alles, was ich kann, um für Gerechtigkeit zu streiten. Wie das enden wird, weiß kein Mensch. Deshalb ist es sinnlos, sich Gedanken zu machen, wie viel oder wie wenig man erreicht.«

Nur einmal zögert Giegold und weigert sich, zu antworten. Als ich wissen will, ob es das wert sei, seine Frau nur alle zwei Wochen zu sehen in der vagen Aussicht, dadurch die Welt besser zu machen, sagt er: »Das ist eine zu harte Frage. Damit hadere ich. Mehr will ich dazu nicht sagen.«

Sven Giegold ist der Zwölfte, den ich auf meiner Suche traf, mit ihm geht sie zu Ende. Denn ich weiß inzwischen, dass ich noch ein Dutzend weitere mehr oder weniger geeignete Vorbilder treffen könnte, kopieren kann ich sie nicht. Da mag es mich noch so sehr beeindrucken, dass es Menschen gibt, die sich anders verhalten als die meisten und die dadurch, so bin ich mittlerweile überzeugt, die Welt besser machen. Bettina Leber, die den Kindern hilft, damit sie und auch sonst niemand außerhalb der Plattensiedlung spüren, dass sie arm sind. Nina Ofer, die sich konzentriert über einen Körper beugt, der von Flammen entstellt wurde, die alles tut, um dem Menschen, dem dieser Körper gehört, ein würdiges Leben zurückzugeben, 60 Stunden in der Woche, meist ohne Mittagspause. Hans-Christian Ströbele, der auf seine Akten weist und erzählt, dass er immer wieder darin blättert, um sich davor zu bewahren, ein Fähnchen im Wind der Macht zu werden, wie so viele. Ingo Schulze, der viel zu selten zum Schreiben kommt, weil er Reden hält, weil er gegen Nazis demonstriert, weil er für die Rechte der Praktikanten eintritt. Und eben Sven Giegold, der grauhaarige Jungpolitiker, der seine Frau und seine Freunde auf dem gemeinsamen Bauernhof zurückließ, um durch die Gänge im Europaparlament zu rennen – im einsamen Kampf gegen die Finanzlobby.

Ich weiß, dass ich mit meinen Listen im Vergleich dazu unzureichend bin. Es ist eben eine schneckenhafte Weltverbesserung, die ich mir vorgenommen habe. Sie ist mit Sicherheit inkonsequent und mit großer Wahrscheinlichkeit relativ unbedeutend. Aber das stört mich nicht mehr. Es ist, so weiß ich inzwischen, viel besser, als nichts zu tun, und es ist der einzige Weg, der für mich gangbar ist. Denn müsste ich mich zu hundert Prozent für eine Richtung entscheiden, würde ich vor Schreck und auf Dauer stehen bleiben.

Vor zwei Wochen hat mein Sohn auf einer Wiese in Brandenburg seine ersten fünf Schritte getan, bald wird er laufen können. Ich weiß nicht, ob ich wirklich dazu beitragen kann, dass die Welt, die ihn erwartet, keine ganz schlechte ist. Noch immer könnte er mir mit Fug und Recht vorwerfen, viel zu wenig getan zu haben – gegen das Öl im Meer, gegen all den Plastikschrott, gegen die Erwärmung der Luft, die droht, so stickig zu werden wie in einem U-Boot. Aber mittlerweile könnte ich ihm guten Gewissens antworten, zumindest ein bisschen zu tun. Ein bisschen ist nicht viel, aber mehr als nichts. Es ist die Dosis, die zu mir passt. Der Kampf gegen den Felsen mag, wie Camus schrieb, ein Menschenherz ausfüllen. Ich will ausprobieren, ob das auch durch das Rollen von Kieselsteinen gelingt.

Dank

Ich danke denen, die sich die Zeit genommen haben, mit mir zu sprechen, die stundenlang, manchmal an mehreren Terminen Fragen beantwortet haben, auf die es nicht immer einfache Antworten gab.

Ich danke dem Verlag Hoffmann und Campe, insbesondere Kathrin Liedtke, der ich den Text gerne in die Hände gab. Ich danke Florian Glässing und Torsten Padberg, die lasen und die zu meinem großen Glück so viel wissen.

Ich danke Christian Fuchs, der mir beim Suchen der Guten half, und Brigitte Große-Honebrink und Anja Freyer, die das, was die Interviewten sagten, auf hunderte Seiten Papier brachten, zur Not auch übers Wochenende.

Ich danke Elke Baumgart und Axel Schnedler für die wertvollen Pakete.

Ich danke Mathias für die journalistische Lehre.

Juliane und Ingmar fürs Freundsein.

Und ganz besonders Tom. Jeder ihm würdige Dank klänge zu kitschig.

Literatur

Prof. Dr. Mathias Albert, Prof. Dr. Klaus Hurrelmann, Dr. Gudrun Quenzel, TNS Infratest Sozialforschung: *16. Shell Jugendstudie. Jugend 2010. Eine pragmatische Generation behauptet sich*, Frankfurt am Main 2010

Aristoteles: *Nikomachische Ethik*, Köln 2009 (Deutsche Erstausgabe 1911)

Albert Camus: *Der Mythos des Sisyphos*, Hamburg 2000 (Erstausgabe 1942)

Ulrich Chaussy: *Die drei Leben des Rudi Dutschke*, Frankfurt am Main 1983

Daniel Cohn-Bendit, Rüdiger Dammann (Hg.): *1968. Die Revolte*, Frankfurt am Main 2007

Daniel Cohn-Bendit: *Wir haben sie so geliebt, die Revolution*, Frankfurt am Main 1987

Gretchen Dutschke: *Rudi Dutschke. Wir hatten ein barbarisches, schönes Leben*, Köln 2007 (Erstausgabe 1996)

Joschka Fischer: *Von grüner Kraft und Herrlichkeit*, Hamburg 1984

Joschka Fischer: *Die rot-grünen Jahre. Deutsche Außenpolitik vom Kosovo bis zum 11. September*, München 2007

Jan Fleischhauer: *Unter Linken. Von einem, der aus Versehen konservativ wurde*, Hamburg 2009

Norbert Frei: *1968. Jugendrevolte und globaler Protest*, München 2008

Milton Friedman: *Kapitalismus und Freiheit*, München 2009 (Erstausgabe 1962)

Matthias Geis, Bernd Ulrich: *Der Unvollendete. Das Leben des Joschka Fischer*, Hamburg 2002

Matthias Geyer, Dirk Kurbjuweit, Cordt Schnibben: *Operation Rot-Grün. Geschichte eines politischen Abenteuers*, München 2005

Sven Giegold: *Steueroasen: trockenlegen! Die verborgenen Billionen für Entwicklung und soziale Gerechtigkeit heranziehen*, Hamburg 2003

Günter Grass: *Die Blechtrommel*, München 2007 (Erstausgabe 1959)

Günter Grass: *Aus dem Tagebuch einer Schnecke*, München 2006 (Erstausgabe 1972)

Günter Grass: *Beim Häuten der Zwiebel*, Göttingen 2006
Günter Grass: *Die Box. Dunkelkammergeschichten*, Göttingen 2008
Günter Grass: *Grimms Wörter. Eine Liebeserklärung*, Göttingen 2010
Fred Grimm: *»Wir wollen eine andere Welt«. Jugend in Deutschland 1900–2010. Eine private Geschichte aus Tagebüchern, Briefen, Dokumenten*, Berlin 2010
Axel Hacke, Giovanni di Lorenzo: *Wofür stehst Du? Was in unserem Leben wichtig ist – eine Suche*, Köln 2010
Peter Hartz: *Job Revolution. Wie wir neue Arbeitsplätze gewinnen können*, Frankfurt am Main 2001
Peter Hartz: *Macht und Ohnmacht. Ein Gespräch mit Inge Kloepfer*, Hamburg 2007
Stéphane Hessel: *Empört Euch!*, Berlin 2011
Leo Hickman: *A Life Stripped Bare. My year trying to live ethically*, London 2005
Jürgen Hogrefe: *Gerhard Schröder: Ein Porträt*, Berlin 2002
Josef Joffe, Dirk Maxeiner, Michael Mierch, Henryk M. Broder: *Schöner Denken. Wie man politisch unkorrekt ist*, München 2007
Michael Jürgs: *Bürger Grass. Biografie eines deutschen Dichters*, München 2002
Erich Kästner: *Die Konferenz der Tiere*, Hamburg 2011 (Erstausgabe 1949)
Katja Kullmann: *Echtleben. Warum es heute so kompliziert ist, eine Haltung zu haben*, Frankfurt am Main 2011
Wolfgang Kraushaar: *Achtundsechzig. Eine Bilanz*, Berlin 2008
Claus Leggewie, Harald Welzer: *Das Ende der Welt, wie wir sie kannten. Klima, Zukunft und die Chancen der Demokratie*, Frankfurt am Main 2009
Thomas Leif: *Angepasst und ausgebrannt. Die Parteien in der Nachwuchsfalle. Warum Deutschland der Stillstand droht*, München 2009
Jürgen Leinemann: *Das Leben ist der Ernstfall*, Hamburg 2009
Michael Lewis: *The Big Short. Wie eine Handvoll Trader die Welt verzockte*, Frankfurt am Main 2010
Hans Leyendecker: *Die große Gier. Korruption, Kartelle, Lustreisen: Warum unsere Wirtschaft eine neue Moral braucht*, Berlin 2007
Oskar Negt: *Achtundsechzig. Politische Intellektuelle und die Macht*, Göttingen 2008 (Erstausgabe 1995)
Barbara Nolte und Jan Heidtmann: *Die da oben. Innenansichten aus deutschen Chefetagen*, Frankfurt am Main 2009
Hans-Lothar Merten: *Steueroasen. Ausgabe 2010. Handbuch für flexible Steuerzahler*, Regensburg 2009

Bascha Mika: *Alice Schwarzer. Eine kritische Biographie*, Hamburg 1998

Tobias Mündemann: *Die 68er … und was aus ihnen geworden ist*, München 1988

Hanna Poddig: *Radikal mutig. Meine Anleitung zum Anderssein*, Berlin 2009

Richard David Precht: *Die Kunst, kein Egoist zu sein. Warum wir gerne gut sein wollen und was uns davon abhält*, München 2010

Stefan Reinecke: *Otto Schily. Vom RAF-Anwalt zum Innenminister*, Hamburg 2003

Hans Jörg Sandkühler (Hg.): *Handbuch Deutscher Idealismus*, Stuttgart 2005

Helmut Schelsky: *Die skeptische Generation. Eine Soziologie der deutschen Jugend*, Düsseldorf, Köln 1957

Tom Schimmeck: *Am besten nichts Neues. Medien, Macht und Meinungsmache*, München 2010

Ingo Schulze: *Was wollen wir? Essays, Reden, Skizzen*, Berlin 2009

Ingo Schulze: *Handy. Dreizehn Geschichten in alter Manier*, Berlin 2007

Ingo Schulze: *Neue Leben* (Hörbuch), Audio-Verlag 2007

Gerhard Schröder: *Entscheidungen. Mein Leben in der Politik*, Hamburg 2006

Alice Schwarzer: *Der kleine Unterschied und seine großen Folgen. Frauen über sich. Beginn einer Befreiung*, Frankfurt am Main 2007 (Erstausgabe 1975)

Nicholas Shaxson: *Treasure Islands. Tax Havens and the Men Who Stole the World*, London 2011

Johano Strasser: *Als wir noch Götter waren im Mai. Erinnerungen*, München und Zürich 2007

Ludger Volmer: *Die Grünen. Von der Protestbewegung zur etablierten Partei – Eine Bilanz*, München 2009

Franz Walter: *Die SPD. Biographie einer Partei*, Hamburg 2009

Klaus Werle: *Die Perfektionierer. Warum der Optimierungswahn uns schadet – und wer wirklich davon profitiert*, Frankfurt am Main 2010

»In den letzten fünfzig Jahren habe ich viele aufregende Menschen getroffen. Darüber erzähle ich in meinem neuen Buch.« Ulrich Wickert

Als Sohn eines Diplomaten in Tokio geboren, am Fuß des Fuji aufgewachsen, in Paris zur Schule gegangen, in den USA studiert, wurde sein Blick für Neues früh geschärft. Schon als Kind hat Ulrich Wickert gelernt, auf Menschen zuzugehen. Journalist ist er wohl geworden, weil er, ohne aufdringlich zu wirken, Menschen treffen konnte, die ihn interessierten und bewegten. Ulrich Wickert zeichnet mit seinen Geschichten über Menschen, die er traf, ein überraschendes Bild der letzten fünfzig Jahre.

432 Seiten, gebunden. Auch als Hörbuch erhältlich.

| Hoffmann und Campe |